U0811830

传媒集刊
2025
总第9辑

总主编 / 高贵武

中国主持传播研究

Research on Host Communication in China

主 编 ◉ 强海峰

中国传媒大学 出版社
·北 京·

学术顾问：

吴洪林　毕一鸣　姚喜双　俞　虹　敬一丹

中国主持传播论坛学术委员名单

（按姓氏首字母排序）

卜晨光　北京语言大学

蔡明可　北京广播电视台

陈　虹　华东师范大学

陈　淼　湖南师范大学

陈　芝　赣南师范大学

成越洋　陕西师范大学

董　健　上海戏剧学院

杜晓红　浙江传媒学院

费　泳　上海戏剧学院

高贵武　中国人民大学

高国庆　湖州师范学院

高祥荣　上海师范大学

巩晓亮　华东师范大学

韩　敏　西南大学

胡芃原　河南大学

姜　燕　山东师范大学

金重建　宁波财经学院

李伯冉　辽宁师范大学

李聪聪　杭州师范大学

李　东　南昌大学

李国顺　南京艺术学院

李洪岩　中国传媒大学

李亚虹　河北大学

李亚铭　陕西科技大学

林小榆　暨南大学

刘　晶　山西大同大学

刘双庆　中国政法大学

刘兴宇　浙江传媒学院

刘秀梅　华东师范大学

刘云丹　中央戏剧学院

路建宁　青海师范大学

栾洪金　上海视觉艺术学院

罗　幸　厦门大学

马　欣　重庆大学

马玉坤　中国传媒大学

孟　翀　东北师范大学

米斯茹　四川师范大学

牛　力　中华女子学院

彭　松　华中科技大学
强海峰　河南大学
邱　蔚　浙江传媒学院
施　斌　吉林大学
时统宇　中国社会科学院
宋常云　山西传媒学院
宋锦燕　四川广播电视台
宋　立　中原工学院
宋晓阳　中国传媒大学
孙　璐　浙江传媒学院
王　彪　西藏民族大学
王海燕　山东青年政治学院
王黎明　内蒙古艺术学院
王　丽　华中师范大学
王琍琍　安徽艺术学院
王　婷　深圳大学
王韦皓　西南石油大学
王　杨　山东青年政治学院
王一婷　浙江传媒学院
王宇红　中国传媒大学
魏　伟　北京外国语大学
徐树华　中国传媒大学
薛文婷　北京体育大学
荀　瑶　黑龙江大学
阎　菲　哈尔滨师范大学
杨小锋　四川师范大学
姚　静　西安体育学院
叶昌前　深圳大学
于　琳　江西师范大学
战　迪　深圳大学
张爱凤　广州大学
张静涛　宁夏教育电视台
张　龙　中国传媒大学
张世轩　重庆广播电视台
张骁将　山东艺术学院
张妍妍　南昌航空大学
张毓强　中国传媒大学
赵娅军　山西传媒学院
郑　伟　首都师范大学科德学院
仲梓源　中国传媒大学
周东华　西北大学
周　隽　南京艺术学院
周子云　中华女子学院
朱晓彧　陕西师范大学
朱俊河　上海体育大学
曾志华　中国传媒大学

目　录

本期话题｜再造·重构：智媒时代的主持传播

中国播音主持学科自主知识体系建设

主持传播口语研究

主持传播前沿话题

主持传播实证研究

青年视点

会议综述

本期话题丨再造·重构：智媒时代的主持传播

突出特色,提高质量:培养高素质播音主持人才

◎ 姚喜双*

在当今信息爆炸的时代,播音主持作为新闻传播的关键环节,肩负着传递信息、引导舆论、服务社会的重要使命。随着媒体技术的飞速发展和社会对新闻传播要求的不断提高,如何培养出高素质的播音主持人才,成为播音主持教育领域亟待解决的重要课题。在中国传媒大学建校70周年之际,习近平总书记给中国传媒大学全体师生回信指出,新时代新征程,希望学校落实立德树人根本任务,这一指示为播音主持教育指明了方向。无论时代如何变迁,媒体如何变化,培养具有高尚道德品质、强烈社会责任感和扎实专业知识的播音主持人才,始终是播音主持教育的核心目标。总书记在回信中还强调,要聚焦新闻舆论工作需要,突出办学特色,深化改革创新,这为播音主持教育的发展提供了具体的行动指南。在媒体技术日新月异的今天,播音主持教育必须紧密结合行业需求,不断优化课程设置,创新教学方法,加强实践教学,培养出具有创新能力和实践能力的高素质播音主持人才。同时,要注重学科交叉融合,打破学科壁垒,将新闻传播学、语言学、艺术学、信息技术等多学科知识有机融合,构建具有特色的播音主持教育体系,提高教学科研水平,为党的宣传思想文化事业发展作出新的贡献。因此,本文的题目“突出特色,提高质量:培养高素质播音主持人才”,正是对习近平总书记指示的深入贯彻和具体落实。

* 姚喜双,中国传媒大学播音主持艺术学院教授、国家督学、国家语委咨询委员。

一、四维一体:播音主持能力的系统重构

播音主持能力的系统重构应从新闻传播、语言交际、艺术创作和信息技术四个维度展开。在新闻传播维度,要坚守马克思主义新闻观,强化新闻敏感性和真实性意识,通过采编播一体化训练提升信息甄别能力,确保在多元传播格局中准确传递中国声音。在语言交际维度,构建"规范意识—文化视野—情感投射"三位一体的能力体系,培养既能保持主流话语权威性,又能运用圈层化表达构建情感共鸣的复合型语言人才。在艺术创作维度,注重声画符号的审美建构,通过语音造型、镜头表现和空间叙事的综合训练,提升学生的艺术创造力和审美表现力。在信息技术维度,应对 AIGC 技术带来的行业变革,重构"人类主体—智能主体"协同培养模式,深化人机交互能力培养,推动传统播音主持教育向智能化、融合化方向转型。这四个维度相互支撑、有机统一,共同构建起适应全媒体时代需求的播音主持人才培养新体系。

(一)新闻传播属性

播音主持工作首先是一项新闻实践活动,播音员主持人是党的新闻工作者,肩负着传播党的声音、传递正能量的使命。尽管传播技术迭代更新,媒介载体推陈出新,但新闻传播的核心任务始终不变。因此,播音主持人才的培养必须立足于新闻传播学的角度,注重培养学生的新闻敏感性和新闻真实性意识,使其能够准确、及时地传递有价值的信息。作为新闻传播活动的核心载体,播音主持工作本质上是具有政治属性的专业传播实践。在媒介形态持续演进的背景下,播音员主持人作为新型主流媒体建设者,应始终坚持马克思主义新闻观,在信息传播中把握时、度、效的辩证统一。人才培养需强化新闻传播学理根基,通过新闻采编播一体化训练,锻造学生的新闻敏感度与信息甄别能力,确保在多元传播格局中准确传递中国声音。

(二)语言交际属性

语言交际是我们的立身之本,语言是播音主持工作的基本工具,播音员主持人通过语言与受众进行交流和沟通。因此,语言表达能力的培养至关重要。这不

仅包括语言的准确性、规范性,还涉及语言的感染力和表现力。在培养过程中,要注重学生语言能力的全面发展,使其能够运用丰富的语言手段,有效地传达信息和表达情感。在5G通信与智能语音技术重构传播生态的当下,语言交际已突破传统单向传播模式。人才培养应构建“三位一体”语言能力体系:强化语言规范意识,培育跨文化传播视野,深化情感投射技巧。特别要注重网络空间的话语转换能力培养,使从业者既能保持主流话语的权威性,又能运用圈层化表达构建情感共鸣。

(三)艺术创作属性

从艺术的角度来看,播音主持是一项艺术创造活动。播音主持艺术本质是声画符号的审美建构,需要构建包含语音造型、镜头表现、空间叙事在内的视听符号系统。播音员主持人需要通过声音、形象等手段,创造出具有艺术感染力的作品,吸引受众的关注。因此,播音主持人才的培养要注重艺术素养的提升,培养学生的审美能力和创造力,使其能够在播音主持工作中展现出独特的艺术魅力。虽然播音主持是一项艺术的创作活动,但是它的核心和根本在于新闻。新闻的真实性、客观性和时效性是播音主持工作的基石,艺术创作必须服务于新闻传播的基本要求。播音员主持人在追求艺术表现力的同时,不能偏离新闻传播的宗旨,必须确保信息的准确传递和舆论导向的正确性。

(四)信息技术属性

伴随信息技术的飞速发展,播音主持工作与技术的结合越来越紧密。从广播到电视,再到全媒体、融媒体,技术的发展为播音主持工作带来了新的机遇和挑战。面对AIGC技术带来的行业变革,须重新定义“技术”的内涵维度,塑造具有数字生存能力的新型传播人才。在当今技术发展的语境下,播音主持教育正经历着从单一的人类主体培养模式向复合主体培养模式的转变。传统模式下,培养对象主要为具备专业素养的人类播音员与主持人。然而,随着人工智能与信息技术的飞速发展,机器主持人与智能主持人逐渐成为新闻传播领域不可忽视的新兴力量。在此背景下,播音主持教育亟须重构其培养体系,以适应人类主体与智能主体并存的新格局。这种重构不仅涉及对人类播音主持人才技能与素养的更新,还须探索人类与智能主体之间的协同机制,以及在技术赋能下二者角色与功能的动态变化。具体而言,需要深入研究如何在教育过程中实现人类播音主持人才与智能技术的深度融合,如何优化二者之间的交互模式,以及如何在技术迭代的浪潮中,保持播音主持教育的前瞻性与适应性,从而推动行业向更高层次发展。

二、理论维度:习近平新时代中国特色社会主义思想的世界观方法论

党的二十大报告指出:“不断谱写马克思主义中国化时代化新篇章,是当代中国共产党人的庄严历史责任。继续推进实践基础上的理论创新,首先要把握好新时代中国特色社会主义思想的世界观和方法论,坚持好、运用好贯穿其中的立场观点方法。”所以,在播音主持人才的培养过程中,也应该坚持以下六个原则:

(一)必须坚持人民至上

在播音主持实践中,必须始终坚持人民至上的核心理念。这一理念要求从业者将人民作为一切工作的出发点与归宿,深刻洞察人民群众的实际需求与根本利益,并以服务人民为己任。广播与电视作为大众传媒的重要组成部分,本质上是人民的传播平台,是传递民众心声的重要载体。因此,播音员和主持人应将听众和观众置于工作的核心地位,以高度的责任感和使命感为他们服务。齐越先生曾指出,受众是播音员的良师益友。当播音员面对麦克风时,应时刻铭记受众的存在,仿佛他们正与自己同在。只有将听众和观众的利益放在首位,才能真正实现播音主持工作的社会价值,赢得人民群众的信任与支持。

(二)必须坚持自信自立

播音员和主持人必须具备坚定的自信,这是其专业素养的重要体现。自信不仅源自对自身能力的充分信任,更源于对自己职业价值的深刻认知。播音员和主持人作为信息传播的重要桥梁,肩负着引导舆论、传递正能量的重任。他们需要在复杂多变的媒体环境中,凭借扎实的专业基础、丰富的实践经验以及敏锐的新闻洞察力,自信地表达观点,准确地传递信息,从而赢得受众的信赖与尊重。只有通过独立思考,才能在众多声音中坚守自己的专业立场,以独特的视角和深刻的见解为受众提供有价值的内容。

(三)必须坚持守正创新

在当今时代,播音主持工作不仅是信息传播的工具,更是意识形态领域的前沿阵地。因此,播音员和主持人必须始终坚持正确的政治方向和舆论导向,这是其工作的根本原则和底线。在此基础上,积极探索创新,不断改进播音主持的方式和手段,是适应时代发展、满足受众需求、提升传播效果的必然要求。在新的数字时代,创新不仅是播音主持工作的必然选择,更是提升其影响力和竞争力的关键。

(四)必须坚持问题导向

在当今时代,播音主持工作的研究不应局限于表面现象或琐碎细节,而应聚焦于具有深远意义和广泛影响的"大问题""真问题"以及"保底的问题"。当前,我国正处于社会发展的关键阶段,随着经济的快速发展和社会结构的深刻变革,社会的主要矛盾已经发生了历史性变化。具体而言,人民日益增长的美好生活需要和不平衡不充分的发展之间的矛盾,已经成为制约社会进步和人民生活质量提升的关键所在。在新的时代背景下,社会对播音主持工作提出了更高的要求。播音员和主持人不能仅满足于信息的传递者角色,而应成为社会问题的观察者、思考者和引导者,为解决这些问题贡献力量。

(五)必须坚持系统观念

播音主持工作应被视为一个系统工程,注重内部各板块的融合与外部环境的协同。内部系统涵盖内容创作、语言表达、艺术呈现和技术应用等环节,须打破壁垒,实现无缝对接,提升整体效率。同时,要与社会需求、受众反馈、技术发展和政策导向等外部因素紧密结合,形成内外联动的动态体系。这种系统性思维有助于拓宽工作思路,推动播音主持在新时代的发展,提升其传播效果和社会价值。

(六)必须坚持胸怀天下

在全球化时代,国际形势瞬息万变,国际舆论场也日益复杂多元。作为播音主持工作者,应密切关注国际形势的最新发展和国际舆论的动态变化,敏锐捕捉全球热点话题和不同文化背景下的舆论焦点。在此基础上,积极发挥自身优势,通过多种传播渠道和形式,主动传播中国的声音,向世界展示真实、立体、全面的中国形象。

三、实践向度:“六个坚持”原则

党的二十届三中全会提出了“六个坚持”重大原则,这些原则是经过反复实践检验并被证明是正确的世界观和方法论,是我们党在一定历史阶段对社会发展规律的科学把握和总结。它们经过关键性提炼,已成为指导实践的重要准则,可以直接运用而无须再怀疑其正确性。

(一)坚持党的全面领导

在播音主持工作中,必须始终坚持党的全面领导。播音员作为党的宣传工作者,肩负着传播党的声音、引导社会舆论的重要使命。正如齐越先生所言,播音员虽被视作“传声筒”,但这一角色并非简单地传递信息,而是承载着传播党的路线、方针、政策以及社会主义核心价值观的重要职责。在战争年代,播音员传递的是毛主席、朱总司令的解放号令;在和平建设时期,传递的则是以雷锋、焦裕禄、王进喜为代表的先进事迹与精神力量。这些声音不仅是中国人民战胜艰难险阻、走向胜利的见证,更是中国共产党真理之声的体现。播音员以传递这些声音为荣,并愿在来世继续担任党的传声筒。党的领导贯穿于播音工作的始终,体现在对党的声音的精准传递与深刻铭记中。

(二)坚持以人民为中心

在播音主持工作中,坚持以人民为中心是根本原则。正如齐越先生所言,每当播音员坐在话筒前,听众和观众就如同亲临现场,与播音员共同参与这一传播过程。这不仅是一种生动的比喻,更是对播音员工作性质的深刻揭示——播音员的每一次发声,都是与广大人民群众的直接对话。因此,如何为他们提供优质的服务,是播音员和主持人必须时刻思考的核心问题。这要求播音员在工作中始终保持对受众的敬畏之心,将他们的需求、情感和利益放在首位。

(三)坚持守正创新

第三个原则是必须坚持守正创新,这与之前提到的世界观和方法论是一致的。守正创新强调在坚守正确方向和基本原则的基础上,积极探索新的思路和方法,推动事物的发展。世界观和方法论为我们提供认识世界和改造世界的科学指导,而守正创新则是这一指导思想在实践中的具体体现。它要求我们在工作中既要坚持正确的政治方向、价值取向和职业操守,又要勇于突破传统思维的束缚,以创新的思维和方法应对新的挑战,实现高质量发展。

(四)坚持以制度建设为主线

在播音主持管理体系中,制度建设是核心主线,是组织管理的基础和保障。须建立科学、规范的制度体系,明确工作流程和职责分工,涵盖内容审核、技术保障、人员管理和应急处置等关键环节,以预防风险、确保安全播出。同时,制度建设应具备动态性和适应性,随媒体环境和技术变化及时调整,为高质量发展提供保障,维护传播秩序和社会形象。

(五)坚持全面依法治国

普通话水平测试能够发展到今天,普通话的推广和规范化得以保障,正是得益于国家通用语言文字的法律地位和依法治理的有力支撑。我们应牢固树立依法治国的观念,认识到普通话水平测试不仅是语言能力的考核,更是国家通用语言文字规范化的重要体现。当年推动普通话水平测试的设立并非易事,面对诸多质疑和反对,我们始终坚持这一具有前瞻性的举措。如今,普通话水平测试已发展出硕士、博士,甚至博士后研究方向,成为全球唯一被纳入国家级标准的语言测试体系,充分彰显了国家通用语言文字的权威性和严肃性。因此,我们应进一步强化依法治理的意识,深刻认识到依法治国对语言文字规范化的重要意义,持续推动普通话水平测试及相关工作的高质量发展。

(六)必须坚持系统观念

在播音主持工作中,坚持系统观念是实现高质量发展和有效传播的关键。从内部看,播音主持涵盖内容创作、语言表达、技术应用和艺术呈现等环节,这些环节相互关联,构成完整系统,需通过系统化管理实现协同运作,提升传播效果。从外部看,播音主持服务于国家战略目标,如传递政策信息、铸牢中华民族共同体意识、促进文化传播和国际交流等。在这一方面我们也作出了很大贡献,具体我就不在此展开论述了。

四、结　语

培养高素质播音主持人才是时代的要求,也是播音主持教育的重要使命。播音主持能力的系统重构应以习近平新时代中国特色社会主义思想的世界观和方法论为指导,从新闻传播、语言交际、艺术创作和信息技术四个维度展开系统性改革。这一重构过程必须坚持人民至上、自信自强、守正创新、问题导向、系统观念和胸怀天下的原则,通过强化党的全面领导、坚持以人民为中心、推进制度建设、坚持依法治理等具体举措,培养具有政治定力、专业实力和创新活力的新时代播音主持人才,为构建全媒体传播体系、提升国际传播能力提供人才支撑。在未来的播音主持教育中,我们要不断探索和创新,不断完善人才培养体系,为社会培养出更多优秀的播音主持人才。

(整理丨河南大学新闻与传播学院硕士研究生 李仲豪)

智媒时代中原媒体播音主持专业发展复局与展望

◎ 吴震宇*

非常高兴有这样一个机会,和在座的各位一起,向我们的专业,向我们的研究方向致敬。作为业界的代表,我还是从业界角度出发,围绕中原媒体特别是河南广播电视台播音主持专业,从其发展历程出发,深入剖析当下实践举措,并对未来发展作出展望。

一、起局·是念念不忘

2016 年 5 月,习近平总书记在哲学社会科学工作座谈会上提出:"不忘本来、吸收外来、面向未来的要求。"这就要求中国新闻界、中国播音学研究或口语传播研究,要基于我们党和国家的发展历程去总结经验,为我们当下工作及未来实践带来有益的启示,提供切实的指导。我想这也许就是我们这个论坛的初心,所以我说起局是念念不忘。

河南广播电视台播音主持事业的发展伴随广播电视事业发展一路前行。1950 年,河南人民广播电台在开封宣告成立,1969 年 7 月,河南电视台在郑州成立。画面上的这两位是我们河南电视台当时的两位播音员,一位是申桂英,一位是姚佳,我们要向这些老一辈播音主持艺术家致敬。2022 年,河南台首位广播播音员詹嫩琢已达百岁高龄,其工作影像成为珍贵的历史资料。这些影像不仅记录了一位播音员的职业生涯,更见证了河南广播事业的发展历程。

---

* 吴震宇,河南广播电视台播音指导、大象新闻编委办副总监。

20世纪90年代,河南广播电视台播音主持专业进入快速发展的黄金时期。进入21世纪,河南广播电视台播音主持专业迎来跨越式发展,部分优秀主持人如任鲁豫、丁丽等人凭借出色的专业能力和独特的个人魅力,进入央广、央视等国家级媒体平台,在更广阔的舞台上,展现河南播音主持人才的风采。与此同时,也有众多主持人在河南广播电视台的各个频道和节目中,继续发挥着重要作用,为台里的发展贡献着自己的智慧和力量。我想这些都是我们河南广播电视台和河南播音主持专业的宝贵财富。

如今,在媒体融合的大背景下,河南广播电视台深入贯彻落实习近平总书记关于推动媒体融合向纵深发展的重要讲话精神,于2023年1月成立大象新闻。大象新闻整合广播、电视、客户端、报纸,以及18个地方记者站和县级融媒体中心的资源,构建12个内容生产单元,形成一个庞大而高效的媒体旗舰。这一举措为河南广播电视台播音主持专业的发展提供全新平台和机遇,也对播音员主持人提出更高要求和挑战。

大象新闻编委办下的主持人部规模近30人,而整个大象新闻拥有近1200名员工,节目形式丰富多样,涵盖12种不同生态。播音员主持人不仅要承担河南新闻联播、河南卫视新闻等传统新闻节目的播音工作,还要参与广播中心节目以及电视新闻频道全天8小时的直播节目。小屏直播、外景直播等新兴业务,也成为播音员主持人工作的重要组成部分。直播带货业务的拓展,更是为播音员主持人开辟新的发展空间。《阳光少年报》等项目每年为台里创造高达2亿元的收入。这些都要求播音员主持人对自己能力的培养有所变化。

二、新局·是一日千里

在整个河南广电移动优先的格局下,河南广播电视台对播音员主持人队伍的管理也提出新要求。作为依靠视听技术革新来推动发展的行业,我们和虚拟交互技术有着天然的交集和匹配度。目前,广电与新媒体正处于深度的融合期。如何节省成本?如何利用不断进步和变革的新技术来提升生产效率?河南广播电视台积极拥抱AI技术,在内容生产与传播方面进行了诸多探索,推出了《中国节日》系列节目,坚持创意驱动、美学引领、科技赋能,让中华优秀传统文化看得见、摸得着。此外,以大象客户端的《大象早报》《大象晚报》为例,AI技术的应用改变了传统的内容生产模式。过去，早报的录制需要主持人凌晨3点起床工作，如今AI技术的介入，解放了主持人的机械性工作，让他们能够将更多精力投入内容策划与创意表达中。但这也对主持人提出了新的要求，他们需要熟练掌握各种新兴的AI工具，以适应技术发展带来的变化。

在AI形象应用方面，河南广播电视台同样走在行业前列。从早期关注AI形象在其他媒体的应用，如新疆广播电视台的虚拟主持人“小迪”以及央视新闻中AI手语主播的使用，到自身积极尝试AI形象的创新应用。此外，在元宇宙领域，河南广播电视台推出“大象元AI创作应用平台”，同时开展主持人建模工作，目前已有两个相关产品问世，这标志着河南广播电视台在AI技术应用方面迈出了重要的一步，为未来发展奠定了坚实基础。

三、破局·是先行一手

我认为对于播音主持来说，万变不离其宗，最重要的是人，是对人潜力的挖掘，尤其是对于一线工作者来说更是如此。技术不是我们行业的重心，但如何让播音员主持人队伍在智媒时代充分发挥潜力？那就是“破局·是先行一手”。基于此，我们做了以下几点工作。

在政策层面，2023年河南省对播音主持专业的职称评定标准进行修订。作为修订组组长，我将融媒体和新媒体创作纳入新的职称评估体系，这一举措具有重要的导向作用。以往，作品评奖仅限于电视播音奖、电视主持奖、广播播音奖等传统形式，已经不符合当下的时代环境，此次修订后，融媒体作品、连线直播作品等都能在播音主持作品奖中得到体现。2023年有一个融媒体产品荣获电视主持一等奖，这一奖项的颁发充分体现了新政策对融媒体创作的鼓励与支持，引导播音员主持人积极投身于融媒体领域的创优创新。

河南广播电视台台内积极开展大V孵化项目，致力于扶持一批具有专精特新特质的新媒体产品。每周，台里都会对主播账号在新媒体平台的传播情况进行通报，并根据点击量、传播量制定多层级的分配方案，通过这一举措，鼓励播音员主持人不再局限于“大屏”，而是在第三方平台也积极发声，发挥自身个性，提升个人影响力，为台里的新媒体发展注入活力。

此外，大象新闻实行主持人预约制，面对10个节目平台和近30个主持人的资源配置问题,平台可以根据自身需求向主持人发出预约申请。这种模式打破了传统的统一分发模式,让平台能够根据节目特点和需求选择最合适的主持人,充分发挥主持人的潜力,提高节目质量。

对于播音主持专业来说,人是最重要的,我们要注重梯队建设。自2023年以来,大象新闻与全国多所头部播音专业院校展开深度合作。2023年,大象新闻从众多院校招聘近10名在编人员,这些人员来自中国传媒大学、浙江传媒学院、中央戏剧学院、上海戏剧学院、河南大学、华东师范大学等不同院校。不同院校的学生带来的多元化的专业素养和创新思维,为河南广播电视台注入新的活力,也更符合当下时代的传播要求。

除招聘人才外,大象新闻还与部分院校如中国传媒大学、浙江传媒学院、河南大学等开展具体项目对接。例如,与浙江传媒学院合作搭建实习平台,去年暑假前,就有15名浙江传媒学院学生在大象新闻的12个平台进行实习。通过业界与学界的深入合作,学生能够将理论知识与实践相结合,提升专业能力;同时,业界也能从学生的创意和活力中获取新的思路,实现校企双赢。业界与学界的深度融合,为播音主持专业的发展提供源源不断的动力,让这个专业越来越好。

四、结　语

“棋逢敌手难藏行,诗到重吟始见功。”行,代表实践,代表能力,播音主持专业具有极强的实践性。在当今竞争激烈的媒体环境中,如同棋局对弈,从业者面临着诸多挑战与机遇,播音主持人员必须高度重视自身的专业能力。功,代表内功,代表基本功,即使是在智媒时代,这些同样重要。

具有中国特色和中国气派的播音主持专业这棵参天大树始终挺立,我们背靠这棵大树砥砺前行,播音主持专业的自信风貌要永存。在新时代发展格局下,无论内容、技术、渠道和政策环境如何变化,对于业界和学界来说都是挑战与机遇并存,只有保持我们的定力、感知力和创新力,才能盘活这盘大棋,把播音主持事业向前推进,阔步走在时代前列。

(整理丨河南大学新闻与传播学院硕士研究生 郝胤泽)

智媒时代主持传播的再造与重构

◎ 朱俊河*

百年历史看上海,五千年历史看河南。在如今信息技术迅猛发展、日新月异的当下,智媒时代如汹涌浪潮般呼啸而来,其影响力无远弗届,全方位重塑着社会的各个领域,而文化传播与教育领域更是首当其冲,成为变革的前沿阵地。本次在河南大学以“再造·重构:智媒时代的主持传播”为主题的论坛,犹如一场思想的盛宴,汇聚了来自各界的独到见解,深入探讨了智媒时代语境下文化传播与教育的全新课题,为我们洞察这一时代变革提供了丰富且多元的视角。

各位专家已经就许多问题进行了深入阐述,共同探讨了如何回答这个时代的主持传播问题,以及时代教育能否迈向更高的层次。我认为,答案是肯定的,因为这里是河南——中华文明的发源地。

一、新文科:智媒时代的主持传播的学科思考

我们常说,“百年文明看上海,五千年文明看河南”。河南是中华文明可以重新出发的地方。这次论坛设在河南,围绕如此宏大的主题,让我们有机会重新思考出发的意义,并以此为起点,以此为“平台”再次启程。这里的“平台”指的是我们所身处的媒介环境。我今天的题目是“口语的近处与文字的远方——智媒时代主持传播的再造与重构”。

* 朱俊河,上海体育大学艺术学院教授。

(一)交叉与融合:主持传播的学科定位

在智媒时代,学科之间的界限逐渐模糊,呈现出相互交叉、相互渗透的发展趋势。以传媒学科为例,新闻与传播学不再孤立存在,需要与计算机科学、数据分析、人工智能等多学科进行深度融合。传统学科的课程体系和教学内容必须与时俱进,增设跨学科课程,培养学生的综合素养与创新能力,以适应行业发展需求。

新文科需要从语言符号、语言表达和语言优化三个维度进行重构。在互联网时代,所有学科都需要进行重构。智媒时代的到来,使主持传播的模式发生了深刻变化。人工智能、算法推荐等技术的应用,使主持传播更加精准化与个性化,但同时也对主持传播的未来提出了新的挑战。口语传播与文字传播在主持传播中各有优劣,如何实现二者的融合成为关键。

(二)语言与权力:主持传播学科的核心载体

我提出了一个观点,即所有学科最终可能都会归结到播音这一原型权利上,这意味着我们需要从语言符号认知出发,不断优化和调整教育方式,以适应时代的发展需求,从而使主持传播教育更上一层楼。

原型权利强调对文化传播和教育中原始文化元素与认知模式的尊重及保护。语言作为文化的核心载体,不仅是交流工具,而且承载着权利属性。如不同语言和方言背后蕴含着独特的文化内涵、思维方式与价值观念。

二、旧角色:智媒时代的主持传播中口语与文字的角色

在智媒时代,口语传播以其即时性与互动性,为主持传播注入了鲜活的情感与现场感;而文字传播则以其深度性与持久性,为文化传承与知识积累提供了坚实的支撑。二者在主持传播中各有优势,如何实现口语与文字的有机融合,成为智媒时代主持传播发展的关键。

(一)口语的近处:口语传播的即时魅力与互动优势

口语传播具有即时响应的特点,在直播、现场主持等场景中,主持人能够通过抑扬顿挫的语调、丰富的语气变化,瞬间传递情感,拉近与观众的距离。例如,在

体育赛事直播中,主持人激情澎湃的解说能让观众身临其境,感受赛事的紧张与精彩。当解说员用高亢的声音喊出“球进了!”时,观众的情绪也会被瞬间点燃,仿佛自己也置身于赛场之中。

口语交流便于主持人与观众实时互动,通过提问、引导讨论等方式,激发观众的参与热情,形成良好的传播氛围。如在体育节目直播中,主持人与观众的互动抽奖、话题讨论环节,能有效提升观众的观看体验和参与度。观众通过发送弹幕、评论等方式参与互动,与主持人和其他观众形成良好的互动关系。

(二)文字的远方:文字传播的深度价值与持久影响力

文字传播能够精准地阐述复杂的概念、理论和观点,适合深度文化内容的传播。在撰写新闻报道、文化评论等稿件时,文字的逻辑性和严谨性能够确保信息准确传达,引导受众深入思考。例如,一篇深入分析社会现象的新闻评论,通过严谨的论证和清晰的逻辑结构,能够让读者对事件有更深刻的理解和认识。文字记录可长期保存,成为文化传承的重要载体。

经典的文学作品、学术著作等以文字形式流传千古,为后人积累了丰富的知识财富。在主持传播中,文字稿件的撰写为口语表达提供了坚实基础,确保传播内容的质量与深度。主持人在准备节目时,通过撰写详细的脚本和稿件,能够更好地组织语言,表达观点,提升节目质量。

三、结　语

文科教育受互联网时代的冲击,整体面临很大的问题。这个时代的改变不仅仅是政策问题,更是技术和社会环境的变化。互联网时代让所有人都站在了同一个平台上,无论是浙江、北京还是河南,我们都面临着同样的挑战。关于“再造与重构”的观点,我认为,无论是文化传播、学科重构,还是主持人的培养,我们都需要在互联网时代找到新的方向。

(整理丨河南大学新闻与传播学院硕士研究生 盖学彬)

作为中介的人格:主持传播中的关系建构

◎ 高贵武*

今天我给大家带来这样一个题目:《作为中介的人格:主持传播中的关系建构》。这其实也是我去年论坛发言的一个延续,因为在探讨主持传播时,我们发现它具有一个重要特征,也就是人格化的特征。从这一特征出发,可以发现主持传播在新媒体时代的一些最本质的东西。因此,近两年我对于人格和人格化较为关注。

首先,从主持传播作为中介引入,从大众传媒的整体结构来看,以人格化方式出现的这样一种传播形态本身就是作为一种中介,建构起媒介与受众之间的关系。但如果我们对主持传播再做进一步剖析,会发现在这样一种独特的传播样态中,又存在着自己的中介,这个中介就是人格。人格充当了一个在主持传播和受众之间建立关系的关键物。这一结论在现实中也可以看到其实践发展。

随着 AI、虚拟主播和人工智能主播的出现,尽管之前老师们提到过人工智能主播呈现出多种样态,但如果我们仔细进行分析,就会发现人格化依然是其前进方向,或者说是 AI 主播和人工智能技术在当今技术发展条件之下的出路所在。

一、作为中介的主持传播

简单来说,所有传播都发生于关系存在的环境中,没有关系可能就不存在传播。那关系又是什么?关系是主体间基于观点相似性建立的互动纽带。因此,关

* 高贵武,中国人民大学新闻学院教授。

系并非天生的,而是被形成的,所有关系都需要去建构。在关系建构的过程中,中介发挥着重要作用。所以,在新闻传播学的学科体系中,从媒介学角度出发,这是非常重要的研究领域。

主持传播主要以人格化方式呈现,在整个传播环境中,它作为独特的传播形态,通过人格化将媒体与受众连接起来。在这个连接过程中,正是因为主持传播发挥了中介作用,所以它改变了以往的传播界面,和受众之间建立了关系、拉近了与受众之间的距离,增进了和受众的情感,也进入了人与人之间的交往之中。

二、作为主持传播的中介:人格和人格化

主持传播作为中介建构起大众传播与受众之间的关系。那么,主持传播本身的中介又是什么呢?带着这样的问题,我进行了一些思考,并将其与人际传播进行了比较。众所周知,主持传播的一个重要特点就是它将大众传播与人际传播结合起来。如果我们稍微关注一下人际传播是如何建立起来的,人际关系是如何建立的,或许就能找到主持传播的中介。

从人际关系的角度来看,我在这里引用了吴桂君的诗句:“始于颜值,陷于才华,忠于人品。”无论是颜值、才华还是人品,甚至是人际关系建构和人际吸引基本规律所体现出的外貌、言语、能力、品学、名望等,这些从学术角度来讲都可以归结为人格。对于人格的理解,不同学科有不同侧重。如果将其抽象化,其实人格就是人区别于物的特质,是人之为人的本质。人格可以被概括为个体人性的成熟与显现。人格作为一个重要着眼点,在传播事件中有其具体应用,我们将其称为人格化。所谓人格化,就是对非人的事物赋予人的因素或特征。

那么,媒介又是什么呢?简单来说,媒介是一种中间物、一种桥接。但在当今传播学的研究范式下,媒介的含义和功能也在不断扩大。例如,从麦克卢汉的角度来看,“媒介即讯息”,媒介已经不再仅仅作为一种桥接、一种工具而存在。从列斐伏尔的角度来看,媒介是一种中间物,可以建构起我们与物之间的关系。

今天,我们生活在一个万物皆可为媒介的世界,任何事物都可以成为连接两个主体之间关系的桥梁。对于主持传播而言,连接传播者与受众的桥梁是什么呢?根据人际传播的规律,我们已经发现,这个桥梁就是人格。人格作为中介,连接着传播者与受众。

三、人格何以成为主持传播的中介

那么,为什么人格可以成为主持传播的中介呢?简单来说,通过人格可以形成辨识度并产生吸引力。此外,通过人格能够体现专业胜任能力、建立信任、形成风格。所有一切都从不同角度指向“人格”。我们常说要想成为优秀的主持人,要有自己的风格、品格和能力,或是称赞一位主持人有能力、有个性。这些其实都指向“人格”这一核心特质。

人格在主持传播发展路径中起着至关重要的作用。最初,主持传播样态是非人格的,比如在早期传播中,传播主体不能使用自己的名字,更不能表达个人情感。然而,随着时间推移,人格特色越来越明显。时至今日,我们不仅拥有真实的人格,而且通过各种手段塑造出理想的人格。以声音为例,为何我们要利用技术去塑造贴近真人的声音形象,寻找熟悉的声音,甚至为 AI 主体起人性化的名字?这是因为在智能化趋势下,具有鲜明人格特色和魅力的人声将成为宝贵的稀缺资源。这也从实践角度证明了人格为何能成为中介,为何能建构传播者与受众之间的关系。

四、新技术条件下主持传播的人格化

去年我曾经提到,在人工智能领域,我们通过各种手段赋予人工智能人格化特征,比如声音、名字、性格和行为举止等,总之,都是在对人格进行更为仔细的剖析。目的就是在主持传播中体现人格化特征。但我想说的是,目前的 AI 技术对于人格塑造的水平仍处于初级阶段。例如,人工智能可能只能制造二维或三维的形象,有一些表情和动作,但与真正的人格相比,差距仍然很大。从技术发展的角度来看,在 AI 中深化人格的物质性、精神性和实践性是未来 AI 发展的方向,而目前我们还只是处于第一步。虽然有些技术在第二步或第三步上有所拓展,但仍然远远不够。

五、总结与展望

我关注人格的原因,与张政法老师的出发点是一样的。我想强调的是在传播学中,无论何时,传播作为一种人际交流活动,应该更贴合人性,回归人性。对于以人格作为中介的主持传播来讲,应以人性为底色。因此,人格不仅是主持传播的中介,更是主持传播的技巧和目的。如果明年再做演讲,我的题目可能会是《作为技艺的人格》。

(整理丨河南大学新闻与传播学院硕士研究生 郝胤泽)

中国播音主持学科
自主知识体系建设

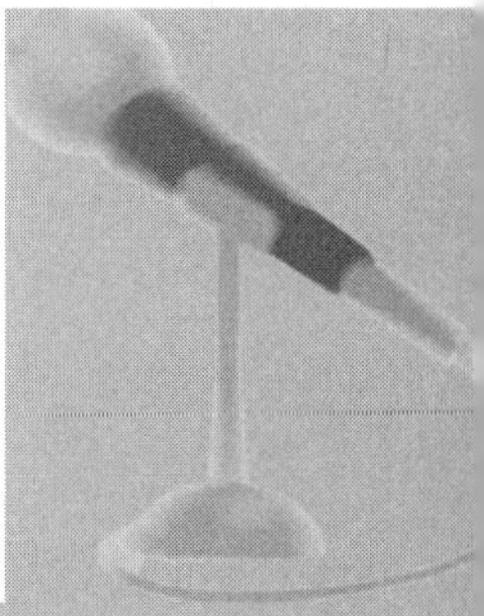

智媒时代语言传播相关理论命题推析

◎ 张政法*

今天,我想带着大家一起讨论的题目是《智媒时代语言传播相关理论命题推析》,为什么用"推析",因为很多东西还在推理之中。我觉得这个时代的转变已经不可逆地到来了,它是具有迭代性的,但在发展过程中,它也有很多可能性,因此我们需要去辨析,而辨析要基于实践本身并基于实践性基础之上,要合乎必然性,考虑可能性,找到合理性。现在大众传播进行的信息生产、构筑的信息世界、设置的工作岗位以及围绕这一切功能与工作序列建构出的各种生产模式、工作模式、学习模式其实是很全面的。

智媒时代发生了什么变化?传统生态是如何被打破的?它如何重构?或者我们称之为重构或新生态,合理吗?它一定是健康有序的吗?是有活力的吗?因为从网络到电视到新媒体再到智媒,媒体更新的频率越来越快,我们广播还没有搞得很明白,电视来了;电视的潜力还没有完全挖掘出来,新媒体来了;新媒体现在还一团混乱的时候,智媒又来了。存在即合理,但一定是健康而有活力的吗?我们应该接受什么,我们应该主动地介入去建构什么?在座的各位,我们如何定位自我?我们是谁?我们欲何为?我们能何为?我们又当何为?其中有太多的复杂性需要辨析,也有太多的不确定性需要斟酌,这就是我今天想带给大家的一些关于理论命题的思考,可能漏洞很多,仅供大家启发。

在讨论之前,有一个基本前提要确定,我们讨论的是有主体的传播。智媒时代如果都是机器传播而没有人,不在我今天所说的考虑之内,我相信到那个时候

* 张政法,中国传媒大学人文学院教授。

我们也没有意义了,那么我们的前提就是围绕传播主体展开传播实践及其他活动。它的视域是传播主体,是围绕人来做文章、来看问题、来分析、来推进的。这里有三个维度,一是实践维度,我们如何利用智媒进行传播活动;二是理论维度:我们如何看待智媒,给它建立一个伦理、规则和评价体系,再围绕它建立新的模式;三是教育维度:教育怎么办?教育总是落后于实践,那么在智媒时代,教育能不能跑到实践前面,至少跑到传统媒体前面?我觉得有希望。一个参照系是以传统媒体和传统传媒教育为参照。以前做得好的有哪些,哪些是我们要改进的,现在要超越,或者说我们直接弯道超车到新的赛道,这些都是蛮有趣的,我想从这个角度进行讨论。

一、人机伦理和创作模式:人类主体与传播主体

在第一个命题中,我提到的关键词是"人类主体"和"传播主体"。我的观点是,"人是主体,传播是因人而存在、因人而发起、以人为目的,发起和目的很重要"。联合国教科文组织在 2024 年 9 月发布了《学生人工智能能力框架》和《教师人工智能能力框架》,其中提到几个层面:第一个层面就是以人为本的人工智能观念(无论是学生还是教师),我认为这一点应该是所有有智慧或理性的人目前的共识,此处不再展开讨论。

应用到语言传播领域,一是以人为本,我认为"人是机器的发明者、使用者和评判者"的观点,是没有问题的。二是以主体为本,我在想,纯由 AI 完成的语言传播,从指令到审核这个全流程可能吗?有可能。可以吗?我觉得不太可以。我认为这不是一个技术问题,技术上它可以完成,但是从伦理上、规则上和模式上来看,我们要考虑在人工智能时代是否应该继续由人来主导。我认为,"主体+AI"或"AI+主体"的这种模式应该是也必须是新的语言传播的基本模式,还是要有人在,以人为主。但我们要考虑的是:AI 给了我们什么?"AI+主体"等于什么?我们和"AI+作品"之间是什么关系?总之,我认为要基于人的思维逻辑,利用机器的技术系统进行综合创作与传播。

二、传媒观察和研究姿态:要素迁化与自我视角

我们作为研究者、教育者、实践者,应该从什么视角来观察人工智能?这里我

提出要素迁化与自我视角两种。我做了一个解读:中间专门放了一个“我”,我是谁?比如刚才吴震宇老师说他是实践者,李晓华老师说他是教育者,杨萌芽老师是管理者,像高贵武老师可能是研修者,在座的很多同学是学习者,我们在这个系统里,跟传播、跟作品、跟大的环境、跟媒介发生关联,站在不同的角度,我们的感受是不一样的,所以大家的发言都很精彩,都有各自的视角。但同时我们要掌握这个系统,要知道我是谁,在哪里,做什么。这里边的要素迁化,是媒介。1994 年中国有了互联网,30 多年来,媒介变化太大,人工智能来了以后变化更大。我认为人工智能来了以后,共融的利益度可能是前所未有的。在一般性应用的层面, AI 可以保证作品的基本品相,原先业余的东西就是很业余,但现在机器和大模型保证了信息池里的东西不那么生硬,保证了作品的基本品相,作品比以前好很多这是必然的,现在传统媒体的组织成本、制作成本、时间成本都降低了,它的传者端、创作端的能力都有了提升。但是竞争加剧,将来做一个传播主体更难,因为大家都有“武器”。接下来看什么?看打法。你有无人机我也有,你有新装备我也有,现在传统媒体和自媒体之间的技术门槛不存在了。当然,到时候可能还得拼钱,钱还是很重要的。正如刚才说的,我们一定要在某一个架构里、某一个节点上发挥作用,对自己的定位要具体化,不要一说人工智能就是好,你是谁,它跟你有什么关系?不能永远拍手为别人叫好,或者就是要打倒它。

自我视角是指人类,包括用户、教师和媒体人等。自我视角通常有两种姿态,一是旁观姿态:做批判。我特别珍惜这个批判的姿态,因为新媒介来了以后,像原先的法兰克福学派的东西,我们现在说到的许多与传播相关的经典理论,还是法兰克福学派提出的,这个特别重要。二是入局去做应用。比如我们这个大的组织传播论坛的团队有各式各样的角色分工,不能所有人都做同样的工作。另外,学界有责任介入新事物,以规范和伦理来加以引导,而不是任由新媒体、新模式爆破式发展,这也是很重要的一点。

三、内容分析和劳动认定:人工智能生成内容的价值认定与作品评价

人工智能生成内容与真实世界的关系如何?它是否具有真实价值?是否会在虚假信息基础上生成更多的虚假信息,导致劣质信息充满语言世界?这些问题

没有确定的答案,但可以肯定的是,我们在使用人工智能早期就要注意它的选择价值、记忆价值、情感价值、信用价值和建构价值,让它规范起来。

除此之外,人工智能的“人智”含量究竟有多少?比如有智力投入、思想参与、创造性劳动的作品是受著作权法保护的前提,人工智能生成内容如果没有这些,那么还有价值吗?检查人们在创作的时候有没有用人工智能生成内容很重要,我觉得高老师在主持传播这一块可以引导大家去研究,目前来说,人工智能在语言传播领域的应用研究尚且不多。

四、样态认知和实践起点:应用场景与言语样态

所有的言语样态都是语言在不同的应用场景里的具体体现。过去的播音主持是,后来的自媒体是,将来的人工智能也是,这说明言语样态其实主要改变的是应用场景。我们抓住应用场景比抓住浅层的、不断变化的言语样态更重要。换句话说,抓住应用场景怎么变、新的语言传播如何适应和建构新的应用场景,才是更重要的。

五、主体调整和创作方向:回归真我与完整创作

主体当中的创作方向有两个:回归真我、完整创作。这个真我是字面意义上的真我,不需要加引号,不是哲学上的,也不是心理学上的。在 AI 时代,传播主体或主体传播将超越中介定位。我们原来受制于集体意志、平台主体、商业资本,常常是它们的代言人,虽然我们以后也难免如此,但一定程度上,我认为我们可能会超越中介定位。

接下来是重视文本的完整创作,原先是“他”文本转化为“我”文本,别人写的稿子由我来进行口语表达,是被动转化。而现在是私人定制转化,我使用 AI,再转换为个体化、个性化的传播作品。原先我们是大众传播的最后一环,现在我们可能会有很多的变化。我希望我们做的是自觉的完整创作,这方面请大家拭目以待,看看我们最后到底是变得更有出息了,还是被资本和技术所控制。

六、传播主体发展和传媒教育推进：教育能力进阶

传统播音主持被政治权力绑定，自媒体被经济资本绑定，现在在很多情况下，人工智能被技术资本绑定。但是将来，人工智能可能有更大的社会应用。再来看教育，教育范式从师生二元结构转化为师机生三元结构，可能很快就成为现实，主要是看国内人工智能发展情况以及资金情况。

七、结　语

最后，在历史演变的洪流里，学者的力量是有限的，但是在对历史的记录、分析和评价中，学者的声音常常是不变而长久的。在媒介积极变革的社会环境里，教育并不担任主角，但教育培养主角并最终成为引领媒介发展方向的重要支点。学者应与教育相结合，和传媒信念一起为媒介赋能，让媒介这匹烈马创造奇迹。

（整理丨河南大学新闻与传播学院硕士研究生 杨梦）

从“创作论”到“景观论”

——当代中国“主持精神”构建的学术可能性

◎ 叶昌前*

摘要:本文以中国语言文化资源的现代性维度为视角,立足播音主持学科的基础思维和底层逻辑,反思构成主持传播活动运转流程中某种质的规定性,以此形成一种更开放的视域,使理论具有更深广的发展景观。话语分析和话语效果作为本文的基本研究框架和思路,由内而外地寻求播音主持学科建设真正的历史定位和价值承担,从而探寻建构该学科新的理论话语和体系的生长点与参照系,以彰显学术叙述及思维判断的规整性。

关键词:声音景观;主持传播;文论;思考维度;价值构建

一、引　言

在寻找与被寻找的循环往复中,一个新鲜而别致的学术词语跳到我们面前——“融合研究”。它既是一种思维框架,也是一个观物视角,启迪着广大学者对主持传播力与美的探索和追寻。在一个传播充满活力、具有高度问题意识的年代里,我们理论研究者和实践从业者要养成善于理解世界多元性的开放品格,对新的主持原则持有多维视角和灵动研判,唯其如此,方可满足学问的探寻和思想的需要。

---

* 叶昌前,深圳大学传播学院副教授。

对新的主持原则这一命题,专家学者及莘莘学子的解构与重构,都显示出可贵的学科探索精神和理论建设意识。所谓“新的主持原则”的一个明显特征就是,播音主持专业教育已从精英化转到大众化①。新媒体语境和媒介技术的发展使传者与受者合而为一,挑战了新闻传播理论、实践的话语构成,播音主持学科及其专业教育似乎迎来了自我本质认同与改写的一场深度危机。美国传播学家沃伦·韦弗(Warren Weaver)认为,传播是一个心灵影响另一个心灵的全部程序②。而主持传播则是一种美的传播、美的程序。在全球化和人工智能快速发展的大背景下,主持传播研究的知识生态、研究主体的活力以及学科的构建等都将在空间维度中重新展开。换句话说,若是没有社会形态与传播样态的转化和变迁,传播研究就没有存在与拓展的空间,主持传播研究同样如此。新生代主持传播学理论研究的观念、方法、方式以及内涵等理论范式将是我们留观、驻足的重要节点。我们的研究永远都不会离开对中国主持传播现象的关注③。

张颂先生的《中国播音学》,奠定了中国播音主持学科概念体系和理论基础,由此生成了播音主持学科初始理论形态。主持传播艺术活动最显著的特征就是语言性,它的审美生成隐匿在能动性、创造性、体验性、唤醒性等方面,通过对人的感知方式、思维方式、语言形式和精神取向进行重新塑形,使人生成感性的审美。在我看来,语言应该与诗性融合,获得诗的外形和样貌,只有这样的诗性熔铸出来的世界才能把对象变为理想,同时又将理想变为现实。可以说,有声语言创作,是这一庞大理论体系的逻辑起点。历来众多学人都把研究声音美视作这个学科的核心关注点和基石。的确,高度限定性的声音质地和技巧造就了学科的美学特征,也促使我们对声音美学价值进行无限追求和倾力探索。毫无疑问,传播的仪式化或仪式化传播势必催生出声音形塑的多种可能性,但美——美的声音、美的意境、美的情感始终是声音形塑的终极目标。这里,我不想在声音美学的领域里作过多停留,而是想跳到另一层界面来认识,即声音筑造的景观,这种传播化的景观正是播音主持语言表现力的最高职能。

---

① 叶昌前. 回顾与前瞻:中国节目主持人走势探讨[J]. 南方电视学刊, 2017(1):79-86.

② 邵培仁. 传播学[M]. 北京:高等教育出版社, 2004:7.

③ 叶昌前. 主持人研究,不能离开以节目为本位的出发点:以主持群现象研究为例[J]. 南方电视学刊, 2017(5):55-58.

二、声音景观的概念

声音景观(简称“声景”)这一概念是由加拿大作曲家默里·谢弗(R.Murray Schafer)于20世纪70年代提出的,其理论内涵在各个学科的讨论下得以丰富。“声景”意指一个外在于人的声音环境,强调经由听觉方式或感官文化的作用、在主体界限之内所形成的对这一声音环境的印象,甚至是内心中听到/构想的各种声音[①]。谢弗认为,声音景观是任何可研究的声音领域(acoustic field)[②]。“任何可研究的声音领域”意味着将某个空间中的所有声音包含进来,这说明声音是客观存在的;但同一空间中的不同声音对身处其中的听者而言,是存在差异的,这说明“声景”是主观的,尽管这一主观仅仅是人们对声音蕴含的信息及意义的理解。有学者对“声音环境”和“声音景观”作出区分,前者是物理的,是特定环境中所有声音能量的总和,而声音景观更强调这个声音环境是如何被个体所理解的,换句话说,人们实际上创造着“声景”[③]。声音景观不仅是对声音环境的理解,也是一种身体的经验。汤普森将外部声音环境和对这一环境的内在经验与感受同时纳入“声景”这一概念中,并给出综合定义:声音景观既是一个物理环境,又是感知该环境的方式及其呈现出的文化建构,包括物理和文化两个层面[④]。从大众文化艺术实践及其文本生产机制的角度来看,声音景观是一种由视听交互主导的跨媒介文化实践产物。在大众文化中,声音景观是精心编码之后的产物,影响着受众的听觉方式以及延伸的听觉文化,反映着背后的权力关系与物质技术特征。

三、声音景观的相关研究

许多学科,如建筑学、文学、人类学、美学等从时间与空间、声音与听觉、自然环境与人文环境等维度极大地丰富了声音景观的概念和理论。薛艺兵在音乐地理学研究中提出“流动的声音景观”,认为相关研究应该打破静态音乐区划的局限

---

① 季凌霄. 从“声景”思考传播:声音、空间与听觉感官文化[J]. 国际新闻界, 2019(3): 24-41.

② SCHAFER R M. The soundscape: our sonic environment and the tuning of the world[M]. Toronto: Destiny Books, 1977.

③ TRUAX B. Acoustc communication[M]. New Jersey: Ablex Publishing Corporation, 1984.

④ 汤普森, 王敦, 张舒然. 声音、现代性和历史[J]. 文学与文化, 2016(2): 95-99.

性,以时间与空间动态变化的新视角去审视在历史过程和地理分布中变化着的声音景观①。叙事学研究在人文意识的兴起与听觉在叙事中泛起的回声中实现了叙事学研究的听觉转向②。这些学科都在强调听觉作为人类感官在文化研究中的重要性。在传播学中,声音景观理论的研究范式与媒介环境学的研究范式有着异曲同工之妙。听觉媒介的发展、声音政治的变迁、视听技术的融合,使得声音景观和听觉文化产生变化。有研究者从微观角度强调声音对特定群体的意义问题,更多强调声音景观与听觉文化、感官文化的塑造。声音环境、声音景观和听觉方式是一种感官文化的同构呈现,季凌霄基于现有的声景研究,阐述了以上三者是如何被塑造的,指出声音景观与听觉方式的同构关系,以及在同一时期的社会文化之下两者被形塑的方式与过程。李健和翁再红认为声音景观是跨媒介文化实践的产物,强调声音景观的物质形态和感知方式,他们认为声音景观在主体维度的接受和感知,是现有研究必须重视的问题③。媒介作为一种"为观念的生活世界提供给养的技术资源",通过大众文化直接影响人类的日常生活,改变着人类的认知方式。作为研究人员,我们不仅要思考传播过程中的信息与意义,还应考察声音对人的感官的直接作用。在传播学中,媒介环境学派同样关注媒介与感官的关系。麦克卢汉认为媒介是人的延伸。他指出留声机、广播、手机等媒介不断延伸着人的耳朵。"耳朵的苏醒"和听觉文化的回归不断改变着大众的感知方式,也重塑着传媒业态④。媒介技术的发展、听觉文化的回归反映了技术与人类关系这一永恒命题。"声景"引起关注不仅意味着研究者开始转向长期以来常常被忽略的声音现象与听觉感官文化,更意味着在特定的环境与生活世界中来考察它⑤。我们不仅要关注媒介技术呈现的声音景观和塑造的听觉方式,更要探究具体时空下声音景观背后的生产机制,通过考察各场景下的声景,洞见背后的权力关系。

四、声音景观与播音主持学科的关系

声音景观理论不仅强调物理层面上的声音总体,更强调文化层面上主体对声

① 薛艺兵. 流动的声音景观:音乐地理学方法新探[J]. 中央音乐学院学报, 2008(1): 83-88.

② 周志高. 叙事学中的听觉转向与研究范式[J]. 外语教学, 2018(6): 108-113.

③ 李健, 翁再红. 论作为跨媒介文化实践的声音景观[J]. 天津社会科学, 2020(5): 116-123.

④ 许加彪, 张宇然. 耳朵的苏醒:场景时代下的声音景观与听觉文化[J]. 编辑之友, 2021(8): 12-17,23.

⑤ 张超. 从"声音观"到"声景观":电视城市形象广告声音创作路径研究[J]. 编辑之友, 2022(5): 60-64.

音环境的理解与感知。声音景观重视声音与听觉,契合播音主持学科的研究方向。技术文化促进了传播文化的革新,技术革新更是带来了媒体从业者声音生产实践的改变,也实现了声音景观的转变①。从以播音员主持人为代表的官方声音生产实践营造出的规范声音景观到网络空间中的各种自媒体声音景观,我们需要基于具体的时空对播音主持的创作理念进行相应的调整与革新。目前将声音景观理论应用至播音主持学科的研究极少,仅有少数学者将网络音频创作的范式创新纳入声音景观的研究范围,探讨互联网背景下播音创作的内部技巧与外部技巧的重新适配②。然而,从声音景观的角度探究中国播音主持学科研究范式的转变,不仅可以拓展播音主持学科的理论研究,还可以对播音主持的实践作出新的解释。它可以为我们提供更大的研究空间和意义上的对话,以便激起议题间的双重互动效应。

(一)声音景观的互动仪式链

这里的"景"不单是指声音经过雕琢与演绎后产生的联想性景致画面,更是一种"意"的传达。如同居伊·德波指出的那样:"生活本身展现为景观的庞大堆聚,直接存在的一切全都转化为一个表象。"③而"意"正是这些表象的内涵。声音景观对视听传播界的影响主要在于,使我们不再沉溺于播音主持语汇自身的美感和表现力,而是另辟蹊径,从声画景观的维度来重新认知和理解播音主持学科的理论重心。

纵观传播学的发展,传播研究的一大特色是,采用图像模式对传播现象进行描述和解释。这里的"模式"是指对现实事件的内在机制以及事件之间的关系进行直观和简洁的描述。而无论"模式"还是"景观",追求的都是传播效果。这就在无形中促成了声音与图像的结盟,从而锻造出一种互动仪式链。播音与主持艺术专业的实质是有声语言表达,这是我们学科系统研究的基础。基于声环境对人主观感受的影响,学科的重点始终都落在研究人、听觉、声环境与社会之间的相互关系上,而这也正是播音员主持人"话素"的起点。其实,声景研究的众多学者都是从整体上考虑人们对于声音的感受,研究声环境如何使人放松、愉悦,并通过针对

---

① 叶昌前. 面对机器人主播:人工智能时代的主持人将向何方[J]. 南方电视学刊, 2018(1): 14-18.

② 李亚铭, 李波. 声景变迁与听觉演绎:网络音频播音创作的范式创新[J]. 传媒, 2022(8): 63-65.

③ 德波. 景观社会[M]. 王昭风,译.南京: 南京大学出版社, 2006.

性的规划与设计,使人们心理感受更为舒适①。长期以来,我们研究声音景观的评价体系、视听交互作用,无不是在景观和声景满意度、协调性之间构筑起理论的家园,在选择给定场景时景致和欣赏度之间。作为媒介预言家的麦克卢汉早有预料,在电子时代,耳朵将卷土重来,与眼睛相抗衡,实现"再部落化",重新实现感官平衡,实现人的回归。技术的飞速发展使他的预判得到证实。如今,听的内容的丰富性、听的场景的多元性,使视听传播由先前媒介生态下的广场模式走向家庭模式、私人模式,在这样的态势中,受众在其中不断进行自我身份的塑造,构成了各种社会行为,进而演绎成一种文化表达。

(二)声音——营造一个创造的空间

从人类传播发展阶段来看,口语传播促进了社会交往与互动,加速了人类社会发展进程,然而它受到时空限制,这是技术不发达造成的传播态势。今日的电子技术实现了信息的远距离快速传播,使人类知识经验的积累和文化传承的效率与质量有了新的飞跃。技术理性使我们不难理解视听传播正成为一个时代的主潮②。无论从宏观的规定性来说,还是在语体表达的微观层面,有声语言的表达都能够发挥极大的作用。有声语言传播者对自己内在感知活动的整体把握,以建立有声语言的控纵自如的技能而展开社会层面的精神交往,是我们的理论关注点。

当然,今天的研究不能只停留在理论的思考和学理的研判上,而应该介入社会的具体实践。这就要求我们必须重视传播转型的实践过程,在这一过程中分析有声语言传播发展的现实逻辑,以更深入地剖析社会转型过程中视听传播领域发生的实质性的变迁。近年来,关于口语传播的研究、有声语言符号传播与社会变迁的嵌入式观察和分析等③,取得了一些成果。但有人指出,在视听传播的实践层面,存在刻意生产缺乏深度的内容产品;在传播学理层面,过分重视局部的、个人的、微观的行为研究,而忽视了宏观的、结构的、历史的研究,技巧分析限制了理性观察;在传播实践层面,将商业效果等同于社会效果,从而导致新型理论的缺位。总之,我们在进行视听语汇研究时不能背离互动与交流这个主题。

众所周知,西方结构主义方法论对传播业的发展有着深远和持久的影响,其

---

① 丁亦凡,刘馨然,郑秋玲.城市地面轨道交通沿线住区设计研究及优化策略[J].安徽建筑,2020(9):10,34.

② 伊尼斯.传播的偏向[M].何道宽,译.北京:中国传媒大学出版社,2003:34.

③ 姚君喜.社会转型传播学的理论与方法[J].当代传播,2007(4):17-21.

中表现在一个方面就是：大力强化对视听文化信息的分析，以致于衍生出符号学。符号学是结构主义思想方法系列中最有影响力的操作工具①。美国传播学者拉斯韦尔直接将传播过程总结为 Who(谁)，Say what(说了什么)，In which channel(通过什么渠道)，To whom(向谁说)，With what effect(有什么效果)，为人们理解传播过程的结构和特性提供了具体的出发点，对形成传播学理论体系具有指向性意义。我们用符号学的观点认识传播现象，把声音理解为一种传播符号，我们的理论假说则是声音在不同阶段扮演的角色：编码者(符号化和传达)、解释者(解释意义)和译码者(接受和解读符号)。

在语言意义的世界里，通俗来讲，信息是意义和符号的统一体，内在的意义只有通过一定的外在形式(动作、表情、文字、声音、图画、影像等符号)才能表现出来。张颂教授在《中国播音学》中指出："语音只是有声语言的形式，意义才是语言的核心。"因而，每一种符号体系在广义上都自觉不自觉地成为传达意义的语言，而它们表达的意义则构成了特定的语义空间。传播既是在社会空间进行的，也是在语义空间中展开的。传播得以实现的一个先决条件就是传受双方必须有共同的语义空间，即对符号含义的共同理解或拥有共同的文化背景。在这方面，视听语言无疑具有先天优势和效能。在当今社会，视听传播创造了人类交往和社会生活的某种新方式。声音传播介质带来的不同的认知效果和社会影响就是我们要开展的理论探寻。

(三)声音的维度

既然"播音不是个人随意的言语行为"，那么意义的印迹就一定会超越声音。而声音构筑的意义景观里更多凸显的是空间的包容和扩展，在今天的语境中，我们孜孜以求地讨论、辨析播音主持是"一度创作"还是"二度创作"，意义似乎不是很大，我们要聚焦的是，多媒体业态中，移动媒介的发声又一次令耳朵"苏醒"，移动音频产业的飞速崛起，为传媒业的发展提供了哪些新的可能性。声音已经开始或正在随着受众置身的场景而流动、漂移，强烈的伴随感日渐消弭了私人听觉空间与公共听觉空间之间固有的界限。技术的日新月异使现代人的游徙性与声音的弥散性相互勾连、交集，无形中创造了移动的声音景观。听觉文化的回归，在为

① 陈卫星. 西方当代传播学学术思想的回顾和展望(上)[J]. 国外社会科学，1998(1)：3-7.

大众生活提供更多的选择与期待的同时,也迫使我们进行理论转向。我们不禁要问:现代语境下,这一主要由媒介主导的听觉转向出现的机理何在?媒介技术是如何与声音景观、听觉文化合谋融通、交相辉映的?移动的声音与行走的风景之间暗含怎样一种时空关联?播音主持学科本身又处于一种怎样的二重矛盾之中?对这些问题的探究和拷问,或许有助于我们更好地厘清移动互联时代下,极具特色的移动声音景观在一种新的时空关系中的表现。

当下的声音景观呈现出一种深度卷入的姿态,于无形和有形中创造着想象与空白,营造着传播的在场感。它与先前的口语文化有些不谋而合,都在着力强调深度的情感表达。声音是一种带有想象的、诉诸情绪的、具有后现代主义气质的表达。在中国的音频产业发展中,2013 年被视为一个特殊的年份,这年 3 月,喜马拉雅正式上线,因此这一年又被业内人士称作“移动音频产业元年”。之后,蜻蜓 FM、荔枝 FM 等 App 也纷纷破土而出,在媒介的舞台上演化为移动音频巨头,音频 App 市场占有率分列前三。

移动互联网的迅猛发展,使电台的价值重新凸显,活跃在大众现实生活的各个场景中,构筑着一道道声音景观。移动音频从 UGC、PGC 发展到 PUGC,内容制作也本着“内容为王”的媒介铁律逐渐走向精细化,不断为大众生活和信息消费提供着琳琅满目的音频产品,如有声小说、音乐节目、相声评书、广播剧等。人们沉浸乃至陶醉在声音的世界中,在多样化的语流和景致中寻找着个性化。

目前,国内学术界对媒体音频产品发展策略方面的研究主要集中于以下三个方面:第一,从媒介融合的角度进行研究,探讨传统媒体在媒介融合环境下的发展策略,重点研究传统媒体如何借助新媒体力量进行融合发展。第二,从新媒体环境角度进行研究,研究对象既包括传统广播媒体又包括网络广播,而更侧重于对后者的研究。第三,从运营模式角度研究,侧重于对网络电台的内容、渠道、盈利模式和节目编排进行发展策略的探讨。以《南方都市报》为例,该报从 2019 年 1 月开始试水音频新闻,在其 App 中增设音频板块。2019 年 3 月,《南方都市报》入驻喜马拉雅、蜻蜓 FM 以及天猫精灵智能音箱。入驻这些头部音频平台不足 4 个月,累计收听量破亿①。《南方都市报》的音频产品创新从未停止,在内容运营方面,其在 2020 年实行内容生产去中心化,打造个人音频 IP,将私域流量引流至大

① 尹佳林, 伍静妍. 南都 7 档王牌音频栏目的探索与实践[J]. 青年记者, 2019(21): 18-19.

IP。此外,《南方都市报》还着力打造用户社群生态,将音频内容与社交紧密结合,共生发展。

五、从事实到实质的理论过程

播音主持学科一贯强调从经验行动者的角度理解传受互动、传播过程和传播变化,倡导以经验事实为依据的理论表征。然而,在形式理论演进的过程中,也不免出现困惑和烦忧。对于理论工作者来说,应该对现有的理论、前人的理论以及资料中呈现的理论时刻保持一种学术敏感,注意捕捉新的建构理论的线索。然而从当前状况来看,纯粹的描述比理论似乎有更强的解释力度,因而,概念类属、类属的特性以及概念类属之间的关系问题就凸显出来。在这里,我们能否构建一个以人类美的声音传播为中心的人格社会化的理论概念体系,在今天学科发展的关键节点上就显得比较紧要。对于播音主持学界来说,"人格化传播"早已不是一个新名词,它使以往传播理论中对于语言传播行为的直觉解释,被另一种观念所取代,即符号互动学说。现在的传播已不再是特定个体对特定事件的特定反应,不再拘泥于一种特殊的情境,而是组成群体生活的每一位社会大众普遍采取的立场和态度。这给人格化传播打上了一层"社会标签论"的印记,也为播音主持理论研究的转向提供了思维雏形。

多年的理论探求告诫我们:要想把握视听传播现象和现实的经验世界,似乎更应当使用那种虽未被明确限定、但内容更丰富的概念——敏化概念(sensitizing concept)来进行推理。尽管这类概念暂时缺乏对属性和事件的精准表述,却能够为我们提供线索和启迪,播音主持学科中的很多概念都有这样的特点,如主播、人格化主持等。这里,我想起一向以胆大睿智和最具原创性的媒介理论而闻名于世的多伦多传播学派。他们在探寻新技术和新媒体的发展对文化与社会产生的影响后,提出富有理论创见的新主张——"媒介即信息""媒介是人的延伸",对比今天中国的视听传播现实,我们多少能找到一些吻合的表征和理论的呼应。

六、声觉本位的传播

有感于多伦多学派的"媒介即信息",我们是不是可以借用这一理念推导出

“声音即景观”呢？我们在这里谈的不是单纯的方法论问题，而是植根于中国现实的媒介生态和传播实务带来的深远沉思。长久以来，有意义的符号联结有意义的发音，正在改写着人们的想象空间，在与视听媒介无休止的接触中，颇具现代性和意义感的信息传递变成了多伦多学派所谓的“旋转而变幻不定的情景”。新的研究视点似乎更加关注由声音建构的睿智的媒介思想。

有感于美国社会学家库利的“镜中我”理论，笔者以为，从事播音主持行业的人的行为在很大程度上取决于对自我的认识，这种认识主要通过与他者的社会互动与交集形成。他者对自己的评价、态度等，是反映自我的一面“镜子”，我们可以透过它来认识和改正自己。因此，传播者的自我是在与他人的联系中形成的。而这种联系包括：他者如何“认识”自己的想象、他者如何“评价”自己的想象、自己对他者的这些“认识”或“评价”的情感。在库利那里，“镜中我”也是“社会我”，传播特别是视听传播群体中的人际交往与互动，是形成“镜中我”的主要机制。

传播者的自我，如果从声音的维度来看便是耳朵的苏醒。移动传播媒介的兴盛，使读屏成为人们日常生活，声音在场景时代获得了更大的表现力，不由自主地再造着移动、变换的声音景观。听觉文化的回归，在一定程度上缓解了视觉文化带给大众的压迫感。

在历史的长河中，人类对于声音的渴求从未停止。无论是遥远的部落鼓抑或中世纪的钟声，还是再现的留声机和“对空言说”的广播，都在强调人类从未遗忘声音这一事实。而在视觉文化占据主导地位的今天，移动传播媒介的发展、移动音频产业的快速崛起，为传媒业的发展提供了新的可能。声音随着大众置身的场景而流动，出现在行走时、乘车时、做饭时、运动时，日渐消弭了私人听觉空间与公共听觉空间之间的界限，现代大众的游移性与声音的弥散性相勾连，创造了移动的声音景观，昭示着新的时空关系出现。而独立声格的思想主体是我们要追寻的，因为所有传播的意义均由人来解释。

七、人化的过程铸成景观性传播

今天的传播，不管是直线模式还是互动交替模式，传播过程的特点不外乎有这么几个：动态性——作用与反作用；序列性——流向依次执行功能；结构性——要素本身还有各自的层次结构；双向性——相互作用。

传播学中象征互动理论的集大成者布鲁默,在其著作《象征互动论》中就认为,人能与自身进行互动——自我互动。该理论反复印证与说明,人不但与他人传播,也同自己传播。这不失为另一种社会交往。这给了传播研究者一种内省式思考。有声语言作为传播符号,将声音与周围事物联系起来,并使用语言概念进行思维,大大提高了人们认识世界、改造世界的能力,加速了人类社会发展的进程。尤其在电子传媒时代,技术使传播实现了空间和时间上的"同步""亲历""即时""互动"。由此,形成了人类体外化的声音信息系统和影像信息系统,使人类知识经验的积累和文化传承的效率与质量出现了巨大飞跃。人工智能的诞生和发展,开启了人脑信息处理的体外化进程,从而构建了人类崭新的生活和消费方式。

人化的过程铸成的景观性传播,其内在蕴含体现在:一是作为景观社会的一种现象,它离不开传播媒介的影像符号;二是人们现有的生活模式铸成了对视听观赏性的极度需求;三是使人们沉浸在目眩的景观秀中,欲望抬头、需求具象;四是不知不觉构成了鲍德里亚"消费社会"形成的理论基础;五是影像升格为真实的存在;六是欲望决定生产,景象成为社会动态的决定性力量等。

而语言,尤其是具有悦听性和观赏性的播音主持语言,升格为景观的可能性就蕴含在其艺术性中。声音可以成为城市的景观,形成"声音景观",而语言则可以成为思想的景观,铸就"语言景观"。在过去的若干年里,"语言景观"逐渐成为社会语言学领域的研究焦点。由此,语境分析可能成为日后被学术界关注的语言使用问题之一,因为对语言景观的探究不仅在于考察现实环境中语言使用的特点和规律,更主要的是剖析语言选择背后的深层次的价值取向。在新媒体时代,移动互联打造的"场景"越来越自由。从时空维度上看,场景的发生已不再依附于固定的时机及场合;就信息传播而言,场景已成为与人的体验和人的感受密切相关的某种传输道具。这无形当中催化出"意向导向型"的传播模式。现代人依托科技的便利,孵化出新的"互联网场景"与"大数据场域"。"场景传播"无疑成为移动互联时代塑造传播新模式的重要手段。特定传播场景的应用,可以满足用户在不同时空环境中的需求,提供个性化、迅捷化的服务,使人们浸润在学习、创造的体验感和价值观的本体意识中。

在现代社会,相较于传统媒体,新媒体正在彰显出更强的活力。原因在于,今天的内容及其生产基本可以独立于媒体而存活,"内容为王"铁律的另一重含义造就出新的认知,即优质的内容是可以被发掘并被追逐的。换句话说,好内容能够

“自行上路”。在某种程度上似乎也可以这样讲,不是媒介赋予内容价值,而是内容熔铸媒介价值。信息传播的场景化正是这种内容赋能的体现。在互联网世界里,一切都变得那么顺畅和自然:社交媒体上的传播使事件现场的点与社会整个的面丝滑地整合在一起,价值传播得到了重新诠释。

八、结　语

本文意在寻求理论和批评的话语转型,直指主持传播的当代性问题,以另一种方式和视角来看主持文论的发展。中国的播音主持传播研究,已然成为当代不可或缺的深具中国特性的先锋话语,一把衡量与解构文化品性、民族精神和现代性发展的重要理论尺子。未来,我们还可以对中国主持传播学术文化根源进行探索,从而在理论先验性与实践创造性中获得更为开阔的研究视域。

身体召唤与主体建构:智媒时代主持传播的主体性解构与重塑*

◎ 冯媛媛　阮孟婷**

摘要:进入智媒时代,主持传播业态面临着技术理性下的主体性困境,技术带来的跨界与颠覆促使主持人对本体的存在性产生怀疑与焦虑。而作为人的主体性范畴,身体的能动性与生产性为对抗工具理性提供了不同方向的入口,主持人经由"身体"实践完成了对自我存在性的救赎。意大利著名作家卡尔维诺对"语音独一性"的书写,直接指向了"身体"的音声层面。本文首先提出主持传播在语音本源、"听觉的身体"和声音灵韵的三重作用下达成了对身体的召唤,并回归了身体的世界;其次,身体的世界在智媒时代重新回归,迫使作为主体的主持人重新审视主体性,并立足主体发展、虚拟镜像和行为表征三重逻辑完成对自我的主体性建构。身体回归和主体性变革在此意义上共同彰显作为人的本质特征,追寻关乎人的存在性意义。

关键词:身体召唤;"语音独一性";主体性变革;主持传播

---

* 本文系河南省高等教育教学改革研究与实践项目"新时代高校播音与主持艺术专业教师课程思政能力提升研究与实践"(2024SJGLX0262)、河南省社会科学联合会调研课题"教育家精神指引下高校教师队伍建设研究"(SKL-2024-809)的研究成果。

** 冯媛媛,河南大学新闻与传播学院副教授;阮孟婷,新余学院文学与传媒学院助教。

一、引言：本体存在性的追问

“长期以来，主流传播学更关注精神和意识层面的研究，身体则成为被遮蔽和排斥的对象，被肢解为分裂的感官，被剥离出具身关系的场景，呈现出‘去身体化’的趋势”①。虽然在技术赋权下，智媒传播已演化为一种“身体离场”后的“再在场”，传播的身体与时空的跨越不再冲突，而是以一种“身体技术化”的形式得以重新聚合和同步建构。然而，真实的“身体在场”无可替代，“身体”有着个体独有的不可生成的价值。“脱离”身体或失去身体具体形态的个人会对其自我身份产生某种存在性焦虑，也更易深陷技术理性下的主体性困境之中。身体对于主持传播究竟意味着什么？智媒时代我们能否基于“身体”实现对自我的救赎？通过追问，我们对于自身本体的认知、自我存在性的主体再建构等一切关乎主体性实现的问题都愈加明朗起来。

在以视觉为主导的现代文化中，听觉文化一直处于被有意无意忽视的境地，理解听觉文化困境的方式和思维也往往是概念性的而非感知性的②。从口语时代到文字书写时代，再到现今“读图时代”，听觉和视觉两种感知逐渐失去应有的平衡，听觉感知、听觉想象以及声音本身也逐渐演变为“鞍前马后”的“追逐者”而非根植本体的“角逐者”。尽管文字、图像的一大作用就在于留存人的“意”与“声”，但单凭文字、图像无法完全还原其“意”与“声”，最终极易演变为“声”变或离“意”。加之“喧闹”的环境使人类听觉越来越钝化，声音主体的表现形式逐渐趋同，智媒时代 AI 合成语音技术和虚拟主播迭代升级，为此我们有必要重新追溯有声语言本体，对有声语言主体进行再建构。

语言学家索绪尔在《普通语言学教程》中将言语活动拆分为语言和言语两个部分，明确宣称“语言是社会的人都可以使用但也要遵守的一套表达规则，言语则是个人对于这一套规则的运用”③；文学理论家英加登在阐释语音问题时，提出要将“说出来的”语词和“写(印)下来的”语词区分开，认为文字是语音的代用品；而中国播音学奠基人张颂在《播音语言通论》提出“有声语言”的概念，将语言分为

① 喻国明，姜桐桐.元宇宙时代：人的角色升维与版图扩张[J].新闻与传播评论，2022(4)：5-12.

② TRUAX B.Acoustic communication.[M].London：Greenwood Publishing Group，2001.

③ 索绪尔.普通语言学教程[M].高名凯，译.北京：商务印书馆.1980：36.

“有声语言”和“无声语言”两大类,并强调有声语言创作者的主体定位和主体能力。这三位学者都不同程度地指向言说主体,强调言说主体这个“唯一的单个的”人。基于此,我们之所以重提有声语言本体和有声语言主体,是因为智媒时代生成性 AI 对现实的“身体”表现出强大的复刻能力,主持传播面临着技术理性下的主体性困境以及多元话语主体影响之下的权力变局。在此语境下,重申有声语言本体与有声语言主体这两个命题至关重要。

二、声音本体:智媒时代主持传播的身体召唤

传播视域下,身体与媒介的关系经历了从面对面亲身交流的“身媒同一”到大众媒介时代的“身媒分离”,再到智媒时代的“媒介具身”的演进历程①。智媒时代的身体概念不再是纯粹意识载体的肉身或具有社会属性的远程在场,而是技术与身体的互嵌与聚合,承载了一种感知性、社会性和技术性的具身意涵。然而这种“技术的身体”即便复刻能力再强,再趋于“人”的真实,也仅仅指向一种技术建构的空间与感知上趋近的虚拟主体。因此,主持传播的身体召唤应当成为智媒时代传播偏向下主体性的弥合路向。当然,对主持传播的身体召唤并不意味着主持人要回归身体在场的原始传播,抑或大众媒体时代身体离场的“面对面”传播,而是一种智媒时代下的身体超越。我们并非认定身体在场或不在场才是极致理想化的传播,而是呼唤主持传播彰显人的本质特征,展开关乎人的存在性意义的追寻。

(一)“语音独一性”:个体存在的声音标识

20 世纪关于“语音”相关性领域的研究空前盛况。其中,较具有代表性的,有柏拉图在《克拉底鲁篇》中谈及的语音意义、德里达等人提出的“语音中心主义”。而实际上,由于柏拉图一直认可感性世界里并不存在实在性,其未能展开对语音本体的研究;“语音中心主义”则将语音与语音表达者相分离。可以说,20 世纪关乎“语音”的研究分析大多停留在传统意义上对语音的认识,缺乏对语音本身个性的研究。20 世纪 70 年代,意大利著名作家卡尔维诺在小说《国王在听》末尾深刻揭示了“语音独一性”这一概念。从某种意义上来讲,“语音独一性”的提出对过去

① 张文娟.流变的身体观与智媒时代传播学的身体指向[J].青年记者,2023(20):28-31.

"语音"的相关研究发起了挑战:"语音独一性"指独具个性的语音本身,带有独特的感性特征和个性标志。对卡尔维诺而言,语音是那个"唯一的单个的"人发出的"独一无二的难以复刻的"声音。显然卡尔维诺关注的不是声音来源和声音意义层面,而是最本原、最纯粹的语音本身。语音抑或可被暂称为嗓音,本质上是一种自我存在的身份宣示与自我表达的人格显现。

"语音作为一种特殊的能指,其不仅指向语音通过语言符号所传递的事物概念,同时也指向语音本身的源头"①。语音本身的源头来自喉咙、胸腔、肺部的深处。经由喉咙、胸腔内部等发音部位产生的振动不应该仅仅是一种身体内部的物理属性的声波冲击,更是发声个体触及其他个体内心独特体验的动力。换言之,不同发声个体的语音都是有"温度"的,其让听者感受到一个满腔热血的自我存在的生命体。"语音的独一性"正是在这个维度上强调独具个性的语音:语音从来都只属于某一个人,只留存属于这一个人的独有的气息状态和声音属性。

符号学家罗兰·巴特将语音指认为"分离的身体"。个体一旦发声,声音似乎离开身体,却依然带有个体的属性和特征,听者通过语音即可辨认这个唯一的独特的发声个体。即便是经由复杂的语言形态和复杂的传播情境表达出来的声音,听者仍然能够通过语音本身感知发声者真实的气息,感知发声者的声音全貌,其独特的发声特性难以掩盖。而语音本身就具有召唤功能。在文字、图像面前,这种真实的语音的召唤空间和效果显然具有压倒性优势。纵使是无语义的语音,也能达到"召唤结构"中的"空白"效果。

(二)"听觉的身体":声音在场的感性主体

梅洛-庞蒂认为身体即人通达世界的媒介。身体是感知觉的体验与意义传达的综合体,精神与肉体的、言语与物质的、静态与情境的,都经由身体这一媒介得以接合、互嵌和重构。在智媒时代的传播语境下,可感的世界与思想的世界,最终以身体化的人的存在聚合起来,由此重新定义身体与传播的关系,重新解构传播者的主体性。

在智媒传播的技术条件下,主持传播实践的主体性有了全新的内涵与外延。作为叙事工具的身体,播音员主持人不只是信息的传播者或是话语的表达者,更

---

① 傅修延.听觉叙事研究的缘起、话语创新与范式转换[J].中国文学批评,2021(4):89-97.

是身份自觉、个体经验与价值建构形塑而成的极具在地性的真实主体,即身体在场的感性主体,这种身体的“在场”无可替代。聚焦于有声语言叙事的身体媒介,播音员主持人“听觉的身体”强化了传播的具身性,其有声语言建构的叙事空间由此创造了一种真实的“在场”。播音员主持人也通过这种“听觉的身体”,与听者完成了意义层面的“灵魂”对话。较之智能主体的合成语音,其虽创设了一种崭新的声音在场,却因肉体与灵魂的“缺席”而抹杀了嗓音的个体标识和身体的生产性。主持传播的有声叙事正是通过“听觉的身体”诉诸听者的感知层、体验层和意义层,最终完成在地性的身体叙事,达成话语实践与身体实践的有机聚合。

(三)声音灵韵:潜藏内心的审美感知

“灵韵”是本雅明理论体系的核心概念,作为法兰克福学派的杰出代表,本雅明在《机械复制时代的艺术作品》中指出:“技术已经彻底改变艺术的感知方式”①。身处“读图时代”,AI 合成语音层出不穷,技术化与现代性,最终促成声音灵韵的审美空间重新建构。“有稿播音的美就在于言外有景、景外有情、情外有意、意外有境,在于‘言有尽而意无穷’的韵味”②。新语境下主持传播业态变革促使有声语言表达主体深耕声音本质,尽显声音灵韵。

声音灵韵本身的审美感知也承载着相应的身份认同、情感记忆与文化意涵。声音灵韵生成了一种本真性与艺术性的互动感知,其创设的语境空间与认知空间通向了主体与客体共同的审美理想和审美趣味,赋予了声音在场的思想性与文化性。听觉文化本身就带有某种特殊的魔力,它能唤起听者的一些经验和记忆,生成一种潜藏内心的审美感知和文化认同。当赵普在播报汶川灾情几度哽咽,唤起无数听者相互牵挂、相互惦念的情愫时,当康辉吐槽式说出“荒唐得令人喷饭”、霸气回应“谈,大门打开;打,奉陪到底”表达全国人民的强硬态度、激起强烈的民族认同感时,听者实际上经由语音、语调产生了一种奇特的记忆感知层和经验感知层,这种感知的生成源自独特的声音灵韵。声音灵韵联结发声、气息、语调,联结有声语言创作的第三重空间,即审美空间,经由语音发声、吐字归音、抑扬顿挫抵达韵律美、意境美的境界,诠释着生命的灵动,建构着审美主体间的文化认同,达成主持传播的价值回归。

---

① 本雅明.机械复制时代的艺术作品[M].胡不适,译.杭州:浙江文艺出版社,2005.

② 冯媛媛.有稿播音的艺术境界探究[J].今传媒,2015(6):155-156.

三、主体性变革:智媒时代主持传播的主体再建构

主持传播的身体复归造就了主体性变革的行为基点,主体性是身体实践的本质特征。当身体的世界重新回归,智媒时代主持传播就必然要经由主体性变革完成对自我的重构。基于当前的主持传播实践,研究发现,智媒时代主持人主要从主体发展、虚拟镜像和行为表征这三个实践逻辑对主体性建构进行了探索。

(一)主体发展:螺旋式的自我进化

主持人的主体性与现代媒介技术同步进化,主持传播主体呈现出螺旋式的进化路径。历经大众传媒时代、移动网络时代以及智能媒体时代,主持传播的角色功能、主体身份和行为实践都发生了前所未有的深刻转向。尤其在智媒语境下,传播新生态正在重塑人类的社会关系构成,重构主持人的主体性发展方向。

基于当前的主持传播实践,主持人群体正以螺旋式上升的发展轨迹实现主体发展的自我进化,主持传播进入自我生产的良性循环。笔者认为,智媒时代主持传播的自我生产涵盖了三重阶段性的内在机理:具身认知、适应性变革与价值再生产,涉及认识论、行为实践和价值论这三个层面。首先,具身认知的底层逻辑是主持人的主体性从重塑自我认知开始,重新思考主持传播与技术的关系、与人和社会的关系,以达成感性及理性认知;其次,行为实践层面的底层逻辑是主持人经由适应性变革进化为更加全面的能动主体,最终达到技术适应、身份适应和文化适应;最后,价值再生产的底层逻辑是主持人经由对自我生命的叙事和社会价值的规训完成对自我价值的再确认,实现自我进化与重构。在智媒语境下,主持传播主体沿着这三重阶段性的内在机理螺旋式发展,并伴随着技术生态的变革不断进行自我进化与重构。

(二)虚拟镜像:身体间性的关系再造

主持传播的主体间性顺应技术生态的变革,发生了深刻转向,即以身体间性弥合纯粹意识主体的交往关系。“身体不再是人机交互的工具,或传达信息的手

段,身体的体验本身也会成为目的”①。在智媒语境下,人的体验,或称人的身体实践,弥合了虚拟与现实的界限,现实的身体在虚拟的交往体验中也得以增强。如果说主体间性是在自我的基础之上承认他者的存在,那么进入智媒时代后,主体间的交往则导向一种空间与身体的虚拟镜像。换言之,智媒时代主持传播的主体间性加速演化,并经由数字化的镜像而更多指向身体主体与智能主体、身体主体与意识主体的交往体验。

主持传播的交往体验最终基于空间与身体的虚拟镜像完成主持人自身的主体再造。首先在人机交互的过程中,身体主体(主持人)与智能主体互为镜像,“数字—具身”共存促成价值共创,人机共生的虚拟空间具有反身性意义;其次是身体主体(主持人)与意识主体(受者)的交往是一种远程的自由互动,意识主体以“缺席”的在场为主持人提供了弥合其主体性偏向的发展通道,并以感性与理性认知达成主体再造。由此,拟态共生与交互的情境因他者的介入,促使主持人开始主动寻求与他者的互动性反馈。他者的认同强化了主持人的自我认同,互动性反馈也让主持人通过反身性思考不断调整自我、修正自我和调适自我②。因此,主持传播主体在这种虚拟的镜像中实现了本我与客我的再造,关键是基于交往空间的虚拟性与流动性,主持传播的具身性和主体性得以进一步的补充与增强。

(三)行为表征:话语权力的博弈与重构

如今,传统的社会话语权力格局一再被打破,带来了信息生产与流通的社会性分化和多元话语主体的权力博弈。“人类社会大致演化出以专业人员信息筛选为主的编辑型分发、依托用户社交网络的关系型分发、依托数据驱动和机器智能的算法型推荐这三种主要的信息流通分发模式”③。而信息流通分发模式的背后却是主流意识形态的话语权力频遭解构,正如鲍曼所言:“流动的力量已经从制度转移到社会、从政治转移到生活、从社会共处的宏观层次转移到微观层次,一切坚固的东西都烟消云散。”④尤其进入智媒时代后,生成式 AI 等虚拟主体逐渐增多,必然会冲击主流媒体话语的权威性,进而改变当前的话语权力格局。

---

① 彭兰.虚实混融:元宇宙中的空间与身体[J].新闻大学,2022(6):1-18,119.

② 阮孟婷.新媒体时代新闻节目主持人的主体性建构研究[D].郑州:河南大学,2024.

③ 张林.算法推荐场域主流意识形态话语传播的权力流变与效能优化[J].理论导刊,2024(6):47-53.

④ 鲍曼.流动的现代性[M].欧阳景根,译.上海:上海三联书店,2022.

从内在机理和动力机制的层面来看,智媒时代下主持传播具身复归和主体性实践的行为表征是对主流意识形态话语权力的博弈与重构。智媒时代 AI 合成语音技术和虚拟主播迭代升级,生成式 AI 对现实的“身体”表现出强大的复刻能力,主持传播主体面对多元话语主体影响之下的权力变局,必然要破除身体危机,消解主体性困境。从整体来看,主持传播还涉及话语权力拓展的问题。主持人从社交媒体时代进入智媒时代,要顺势成为多元主体协同共建的话语权力格局的引领者,即媒介角色要从“把关人”转向“意见领袖”,提升主流意识形态话语传播的引领力。

四、结　语

智媒时代,技术与身体成为主持传播重构的重要面向,主持传播主体要警惕在智媒时代的“技术想象”中自我的迷失和主体性的消解。诚然,虚拟化身与现实真身之间的人机共存背后承载着强大的价值共创力量,但更重要的是,“现实的身体”有个体独有的不可生成性的价值。事实上,我们并非认定身体在场才是极致理想化的传播,而是一种关乎身体的呼唤,呼唤主持传播能彰显作为人的本质特征,展开关乎对人的存在意义的追寻,“重拾自身的生命意志与肉身力量”①。

① 吕清远.媒介学中的身体问题与身体研究的媒介学理路:探访一种中介化的身体传播思想[J].新闻大学,2022(7):1-13,116.

主持传播口语研究

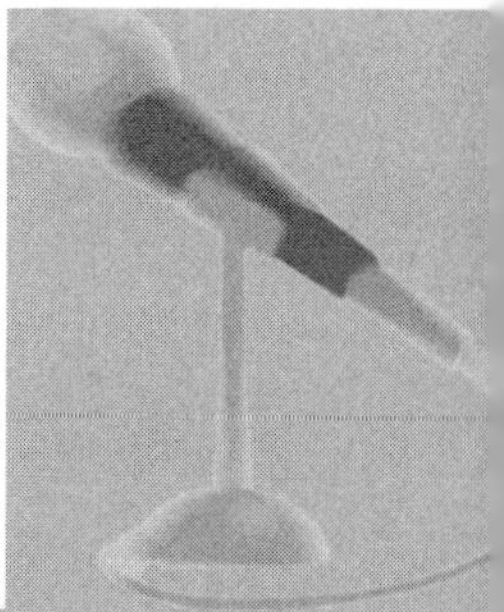

数智时代口语传播的功能拓展

◎ 李晓华*

大家好！非常高兴能够在我的母校——河南大学，这个我曾经工作和奋斗过的地方，参加这次全国性的学术会议。我感到无比激动和振奋。河南大学在开封和郑州的两个校区建设风格一致，走进校园倍感亲切。新校区在保留中国传统建筑风格的同时，展现出不同于老校区的现代大气，令人欣喜。

河南大学的播音专业创办于20世纪90年代，是全国最早开设该专业的高校之一。1993年，我们首次招收广电新闻专业播音主持方向学生，姚喜双老师从北京送来了第一位学生，如今这位学生已成为中国传媒大学播音专业的副教授。我在河南大学创办播音与主持艺术专业的过程中，得到了姚老师的大力支持。1996年，我从河南大学调到北京广播学院（现中国传媒大学）工作，自此，河南大学的播音与主持艺术专业与北京广播学院的播音与主持艺术专业建立了深厚的联系。多年来，两校在学术交流、人才培养等方面合作密切，河南大学的播音与主持艺术专业也从最初的初创阶段，逐步发展壮大，如今已能与国内顶尖的人文社科类高校——中国人民大学合作举办学术会议，这标志着该专业的建设取得了显著进步。

今天，我受邀参加这次会议，感到非常荣幸。我的发言题目是《数智时代口语传播的功能拓展》。作为第一次参加由新闻传播学科组织的关于播音与主持艺术专业的学术论坛，我深感这是一个交叉学科的研讨会。播音与主持艺术专业涉及新闻传播学、语言学和艺术学等多学科，而随着信息技术的发展，播音与主持艺术

* 李晓华，天津传媒学院执行校长、教授。

专业又与信息技术紧密结合。从最初的广播电视,到如今的网络和智能媒体,播音与主持艺术专业始终与技术发展同步。因此,我们需要紧跟技术发展,重构知识体系和人才培养体系。

一、数智时代与智媒时代

数智时代是指高度数字化和智能化的时代,强调人与机器的协作和融合。数智时代不仅仅是技术的进步,更是人类智慧与机器智能的结合,它体现出“数智赋能”的核心机制。现在,我们正处在机器赋能下的数智时代。

智媒时代是指人工智能(AI)技术全面应用于媒体领域的时代。在这个时代,媒体行业将借助 AI 技术的力量,实现自动化、个性化和定制化的信息生产、分发和传播。

人工智能技术的应用正在改变传统的传播方式,我们需要思考,如何在数智时代与智媒时代之间找到平衡。数智时代强调人与机器的协作,而智媒时代则预示着人工智能技术的全面应用。我们必须为智媒时代的到来做好准备。

二、口语传播与主持传播的关系

口语传播,也可称为有声语言传播、口头传播,是指说话人(传播者)通过口腔发声,并运用特定的词组和语法结构及各种辅助手段,向听话人、受众进行的一种信息交流。

主持传播,可以视为口语传播在特定场景下的应用和发展。主持传播和口语传播之间有着密切的关系,口语传播包含广泛的应用场景,而主持传播则主要指在广播电视节目中的语言表达。播音与主持艺术专业教育应重视口语传播理念,以应对社会对高水准口语传播人才的需求。

关于“主持传播”与“播音主持”这两个概念,我认为“口语传播”更具包容性。它不仅涵盖播音主持艺术,还包含主持传播的视角。随着社会需求的多样化,播音与主持艺术专业的服务范围已从传统的广播电视媒体扩展到更广泛的口语传播领域。如今,全国 600 多所院校开设了播音与主持艺术专业,每年招生人数众多,就业率也相对较高。尽管媒体对播音主持人才的需求有限,但该专业的毕业生在非媒体领域，如文旅产业、展览解说、教育培训等方面有广泛的就业机会。

三、口语传播的功能拓展

在融媒体时代，播音与主持艺术专业需要培养一专多能的全媒体传播人才。我们不仅要教授学生传统的播音技能，还要让他们掌握采编、节目制作等综合能力。同时，我们要加强产教融合，搭建实践平台，让学生在校期间就能接触到媒体实践，提升他们的实战能力。面向未来，播音与主持艺术专业的发展方向应该更加多元化。除了传统的媒体岗位外，我们还应关注非媒体岗位的需求。

我认为专业人才培养目标新定位应当面向两种社会需求：一是培养一专多能复合型全媒体传播人才——以播为主，集采、编、摄、录、导、制于一身，并能应用 AI 技术辅助播音主持的人才，也就是面向媒介融合发展的需求——一专多能。二是培养具有较高媒介素养的非媒体口语传播人才，即以培养适应广播电视台和企事业单位播音主持岗位的传媒人才为主要目标，同时培养面向各类新媒体（包括网络媒体、移动媒体等）以及非媒体领域有关语言传播工作的应用型人才。常见的非媒体口语传播领域有：展馆解说、旅游景点讲解、企业产品推广介绍、婚庆主持、大型文化活动主持、青少年及幼儿语言培训、普通话水平测试考级等。

以我现在工作的学校，天津传媒学院为例，播音与主持艺术专业是学校的重点专业之一。我们每年招收 300 多名学生，在校生规模达到 1200 人。尽管我们的招生规模无法与一些大规模院校相比，但播音与主持艺术专业已成为天津传媒学院的第一大专业。近年来，我们的就业率一直保持在 90%以上，连续三年位列天津市普通本科院校就业率前三名，去年更是位居全市第一。这得益于我们注重培养学生的综合能力，特别是口语传播能力。我们的学生毕业后不仅能够胜任传统的播音主持工作，还能在非媒体领域，如文旅产业、展览解说、教育培训等方面发挥重要作用。我们的培养思路是面向媒介融合发展，培养一专多能的全媒体人才。我们搭建了交叉学科平台，让学生根据自己的兴趣选择课程，不仅学习播音与主持艺术专业的基本功，还要掌握采、编、摄、录、导、制等综合技能。这种培养模式使学生就业时具备更强的竞争力，能够适应多种岗位需求。此外，我们还注重实践教学，建立了“一二三加一”实践教学体系。一年级注重基础实践能力的培养，二年级注重应用能力的提升，三年级注重综合能力的锻炼。通过校内外的各种比赛和活动,学生能够将课堂所学应用于实际,提升实战能力。

四、结　语

当然,当下的播音与主持艺术专业人才培养也存在着很多亟待解决的问题,如人才培养定位与媒介融合发展趋势不适应;专业教学体系中缺乏与信息传播新技术相关的内容;产教融合育人缺乏深度;实践平台搭建不理想;教师缺少最新的媒体实践经验和理论提升,等等。总之,播音与主持艺术专业在智媒时代面临着新的机遇和挑战。我们需要紧跟技术发展,拓宽专业口径,培养更多适应社会需求的应用型人才。希望本次会议能够为播音与主持艺术专业的发展提供新的思路和方向。

(整理丨河南大学新闻与传播学院研究生 盖学彬)

智媒时代口语传播的三个问题

◎ 姜　燕*

我今天的题目和在座其他嘉宾的都不一样。不同之处在于,所有题目里,只有我的题目带有一个数字“三”。在中国传统文化中,“三”是一个富有意味的动态概念,象征发展、变化与进步。口语传播领域有“三叠式叙事结构”,以及以“三打白骨精”“三借芭蕉扇”为代表的口语传播理论。它们都说明一个事实:有一个东西能够穿越历史长河、经受新技术考验而留存下来的。那么,这个关键究竟在哪里呢?

严格来说,我今天不是来“分享”的,而是来“提问”的。传统上,我们有“三问”:1954 年的李约瑟难题,2005 年的钱学森之问,以及 2011 年广为人知的乔布斯之问。特别是乔布斯之问——IT 技术已经深刻改变了世界几乎所有领域,但对学校教育的影响却微乎其微,这是为什么?

由此引出与口语传播相关的“老三问”。它们曾经无比热闹,但今天却不再被讨论,为什么?这类问题未必有答案。正如传统的“三问”,有些问题的答案会随着时间自然浮现,有些则可能永远无解。提出“老三问”,正是为了引出我今天的“新三问”,作为对传统的延续与回应。此外,我还准备了一个“附加题”。原本打算一个个慢慢抛出“新三问”,但这些问题似乎迫不及待,都已经提前跳了出来。

* 姜燕,山东师范大学文学院教授。

一、智媒时代,口语传播有哪些“变”和“不变”?

今天大家在台上讲得最多的就是“变”字,那我来谈谈不变的东西。大家多做宏观阐释,我原本做中观研究,后来越做越往微观去,没有实证依据不敢发言。前天我在老房子里找到一本书,打开后就被吸引住了。这本书2万字、41个小节,平均一个小节485字,我发现拿到今天不用任何更改,直接就能拍短视频。因为它有高密度趋势,从上一个标点到下一个停顿,平均不超过12字,还有方言、戏谑表达、日式普通话,以及各种个性化内容。这本小说大家都熟悉,就是《小英雄雨来》。这本书1962年写成,1963年出版,我想知道其最早的版本是哪个出版社的?我问AI,AI告诉我是中国少儿出版社1979年版,可我手里这本书是1972年10月出版的,定价三毛钱。这本书出版很久了,但直到现在,拿其中的主旋律章节内容去拍短视频,也是没有问题的。其所产生的那种高密度叙事带给我的启发是:60多年前的一部小说,400多年前的《西游记》,2500多年前的《诗经·国风》,一直延续下来,不变的东西其实是符合某种规律的,用习近平总书记的话讲,就是科学的发展理论和科学的发展规律。

二、智媒时代,人的审美心智如何保持成长?

当今时代我关心什么呢?张颂先生在有声语言创作领域有个经典观点,叫三重空间:第一个是生存空间,第二个是规范空间,第三个是审美空间。从综合能力来讲,人类的终极匹配是审美意义。但现在我不知道各位老师有没有关注到这种情况,我发现有一些词模经常出现,叫什么什么梗、什么什么味儿。我发现除了爹味儿、班味儿,其实AI味儿越来越浓。从这一点来讲,我最担心有一天我们的审美将不知走向何方。大家可能会想知道,审美在发展过程中,能不能越过规范呢?按照张颂先生的理论,是不能越过规范的,虽然他讲的是有声语言,但我们一直把它推演到所有口语表达,特别是即兴口语表达中。不过,我和我的团队做实证研究,研究极小的东西,今年分论坛的标题是“双人足球解说之中不完整的句法话语研究”,我和我的团队就是研究办法和话语的。我的学生做语料时经常问我:“为什么有这么多不完整的话?”我说:“你想要完整的、规范的吗?找AI,它最完整、最规范。”因为人类语言是一维的，像时间、像流水，一直向前，不能停下，遇到障碍会自动停顿，这是人的特性。然而在很多情况下，我们的世界为何依然觉得这样的语言美呢？因为我们写到纸上是二维的，看到的世界是三维的，前推 200 年、后推 5000 年是四维的，这在很大程度上弥补了语言的单一性问题。从刚才这段话的场景可以看出，人用粗略性语言表达时，可以超越规范范围。但美的前提是，我们使用汉语的人有 5000 年美好文化背景，讲汉语的人，口语表达对接受者的审美要求非常高。如果接受者达不到这种水平，就无法脑补这些内容。

三、新技术如何为“初心”？

做实证必须拿出实打实的论据，否则不能轻易下判断。如果实证通常是提出假设，用新技术验证，验证结果给假设下定义的话，现在的问题太多了，我们会不断追着一个问题跑，很难得出结论。在当前社会，跟着某些东西走，更新技术，研究人的语言就已经很辛苦，像 AI 语言、生成式语言，如果看《阿凡达》，还有建构性语言，研究空间非常广泛。

“新三问”，这几个不同的链接，分别导向我们对语言发展流程的一种进步和体会。看看关键词，跟着新技术发展脚步一路走来，大家知道我在想什么吗？结合我自己的微观研究，如果是我，在瞬息万变中做微观实证研究，我会思考人类的审美心智如何增长呢？不是 AI 味儿浓吗？以后可能越像人的越值钱，总有一天，也许越像人的东西是越美的。

四、结　语

总有一天我们会发现，AI 帮人做了很多事之后，人的因素还是非常关键的。我在开始提到了《西游记》，就用《西游记》结尾。有人说《西游记》里有个小漏洞，注意过吗？孙悟空的金箍棒每次用的时候说声“大”它就变大了。有人说，不对，万一孙悟空没想金箍棒，金箍棒在耳朵里，他不小心说了个“大”，是不是金箍棒一长他脑袋就爆炸了，其实并没有。秘诀在哪里？金箍棒上面写了五个字——“如意金箍棒”。说出来的文字只是表象，什么最重要呢？“如意”两个字代表的初心最为重要。现在我觉得，这个问号像一个钩，把我们从五湖四海勾到当下主持传播研究论坛,它下面画的小圈像个球,我们积极的力量越多,聚集的人越多,串在顶上就越重,就更有可能把这个问号拽成一个大大的惊叹号。所以,不要让 AI 替你说出那个“大”,永远记住,不要让它替你如意,如意的永远是我们不忘的初心。

(整理丨河南大学新闻与传播学院硕士研究生 杨明昊)

回到人声:论朗诵艺术的符号化表意功能

◎ 张世轩*

摘要:朗诵艺术是带有社会关系属性的声音符号表达,是人作为主体进行的一种情感驱动下的艺术表意形式。当前人工智能技术不断冲击原有朗诵形态,基于机器套路与程式的计算性情感表达,也在相当程度上“抵充”并消解着朗诵口语艺术的独有“灵韵”。本文立足于语言符号学和语言现象学的视角,探讨朗诵有声语言艺术的内在符号表意机制与功能特性。本文认为,朗诵艺术以声音符号为表征,通过创作者参与文本意义的生成,把对作品信息的感知和情感积淀动态地展现在节目时空序列中,其具有如下三重符号表意功能:情感体认,语言的形象由文字符号转化为声音符号的过程附着朗诵者的情感经验;空间唤询,音声描绘的整体画面在语言艺术作品和受众之间进行空间勾连;音声形塑,有声语言的符形具有准形体性,是创作者通过言语符号力图再现意义的表意活动。

关键词:有声语言;符号表意;朗诵艺术;人工智能

一、引　言

朗诵是一种“有声语言艺术”。随着媒介技术不断衍化,朗诵艺术早已突破了传统物理空间的舞台局限,在各个媒体平台上进行着多渠道、多手段、立体式的音声化表意实践,并从专业群体表演转变为人人皆可参与的大众普及艺术。当前,

* 张世轩,重庆广播电视集团(总台)播音指导、四川大学文学与新闻学院博士研究生。

以人工智能为代表的新兴技术深刻嵌入新闻行业①,智能语音合成技术在播音主持行业的应用范围不断扩大,在推动播音主持进一步智能化、可视化、互动化、移动化的同时,也带来声音泛在化、朗诵主体多元化的人机协同趋势。其中,AI 虚拟主播作为人工智能技术在播音主持、朗诵行业应用的一种新形态,凭借其全天候和多语种播报的先天技术优势,逐渐在广播、电视及互联网等媒体中承担主持与播报任务,打破、颠覆主播是人类特有职业的认知观念,给职业新闻主播群体带来极大的冲击。目前,许多传统广播电视新闻机构推出了各具风格特色的 AI 虚拟主播:新华社的 AI 合成主播“新小浩”“新小萌”,湖南卫视推出的虚拟主持人“小漾”,央视新闻联合百度智能云打造的“AI 手语主播”等,为受众带来全新的感官知觉方式,并进一步与社会、文化产生深度勾连。朗诵本质上同播音一样,都是语言表达形式,同样面临着人工智能技术的深度冲击。

从各视听平台的实际应用来看,AI 虚拟主播普遍存在诸多现实伦理风险与争议挑战。虽然随着自然语言对话以及情感计算模型等技术发展,AI 虚拟主播可以不断模仿、接近人类语音、语调,识别人的情感或向人表达感情,但通过算法获得并进行程序化表达的情感,因缺乏人类生命体验的情感沉淀,而无法充分体现语言艺术表达的人格特性。有学者认为,人工智能艺术作品只注重语言技巧形式的审美,缺乏根本的价值、人性、情感、灵魂等深层次内容的审美,“人工智能模拟的是符号,缺乏对情感、意蕴的深层理解和自主生发”②。追求标准化、同一化、程式化播报的机械复制技术,在某种程度上消解了朗诵口语艺术的独有“灵韵”。面对人工智能技术对原有播音主持、朗诵形态的不断冲击,对原有以人为主体的、情感驱动下的艺术表意形式的根本解构,笔者认为有必要从学理层面及时审视、思考、厘清处于技术冲击与文化变迁进程中的朗诵艺术。对于朗诵传播领域的学术研究,应从本源“再出发”:回到人声,立足智能时代新变革,拓展理论研究新视野。

传统播音主持艺术理论中的朗读美学、播音创作基础对有声语言艺术表达有着一套完整的理论阐述,并在长期的艺术实践中秉持着“人文精神音声化”的学术传统。但目前相关学术研究具有较明显的技术主义、工具主义色彩,大多聚焦在朗诵的专业技巧、朗诵主体的素养、普通话的用法与用语规范以及如何科学发声

---

① 林阳,李睿琦. 人—机文明:人工智能主播的应用分层与发展前景研究 [J]. 中国主持传播研究, 2022(1):98-110.

② 马草.人工智能艺术的美学挑战[J].民族艺术研究,2018(6):90-97.

等方面,并未从学理层面探究朗诵艺术内在表意机制与底层逻辑。基于此,本文试图从语言符号学和语言现象学的视角探讨有声语言的符号特性。朗诵艺术以声音符号为表征,通过创作者参与文本意义的生成,把对作品信息的感知和情感积淀动态地展现在节目时空序列中。因此,音声、时空、情感是朗诵符号表意的三位一体,本文据此立足于这三个范畴考察朗诵艺术背后的符号表意机制(包括创作者的文本理解、声音符号的生成机制、受众聆听朗诵作品的空间性生产等)。“今天语言的声音化表达不再是一种专属的语义交际范围,基于言语的声音可能因为信息过剩而其表意性功能衰退,更多扮演了一种声音环境或者是快消品的形式,甚至是‘噪声’,进而建构大众日常化的社会空间。”①因此,在智能化、媒介化社会,重新回到“人声”,探索朗诵艺术审美的本质功能,审视“有声语言”的基本符号表意机制与逻辑是当下亟须回应的时代命题。

二、回到人声:有声语言符号的界定

从远古时期人类发出第一声吼叫开始,有声语言便成为人之所以为人的独特符号。在文字诞生之前,无论是人与人的沟通、部落的聚合还是原始社会的形成,有声语言符号在其中都起到了传递信息的重要作用。对于有声语言的探讨可溯源至古希腊时代:哲学家亚里士多德认为口头话语是传达人内心感受的声音,而语言则是口头话语的符号。这里的口头话语就是人所发出的语音。我国古代哲学家老子“道可道,非常道”体现了道家的语言哲学观。相较之下,洪堡特的语音哲学观点比较全面地研究了“人声”这一特殊的声音形式,并指出语音完全是人们自身文化的结晶。随着时代的发展,最清晰可辨的变化就是由语音产生的改变。这种改变往往非常短暂,源于我们本身所存在的生命之息,但却最鲜活、最具有生命力。语言符号必然由声音所组成,如果人清楚地意识到了某个不同于自己的物体时,他会按照一个隐藏在所有的人意识当中的神秘类推原理,直接产生一种表示这个物体的声音。德里达认为:“我的言语(paroles)是‘活的’,因为看来它们没有离开我。它们不间断地归属于我,并且无条件地归我所支配。”②梳理以上学者的论述不难发现,在文字符号出现之前,有声语言符号在人类言语活动中起着主

① 孟伟,王天一.智媒时代的声音空间化建构[J].现代传播(中国传媒大学学报),2021(11):142-147.

② 德里达.声音与现象[M].杜小真,译.北京:商务印书馆,2010:96.

导作用,它既是意义产生的重要载体,又是思维外化的物质外壳。逻各斯语音中心论的核心观点指出,说话所表达的观念对象就是“在场”或显现的“现象”。在传统中“声音”(说)与“现象”密不可分(无论把现象说成存在、思想,还是真理、意义)。当声音通过文字表达现象时,文字不过是工具,写只是记录的符号。

随着索绪尔“语言是组织在声音物质中的思想”观点的提出,语音中心论逐渐淡出人们的视野。索绪尔认为“语言是言语交际中定位于听觉(声音)形象和概念相联结的那一部分,它是言语活动中的社会的(非个人的)部分,它不是谈话者的能动作用,而是被记录下来的产物,属于心理现象的符号系统”①。索绪尔明确指出语言和言语不同,语言是组织在声音物质中的思想。将声音形象称为能指,将概念称为所指:“后者不是物质的声音,纯粹物理的东西,而是这声音的心理印迹,我们的感觉给我们证明的声音表象。”②语言是文字意义与音响形象组合的抽象体系,文字是语言可以被捉摸的形式。而言语行为的细节(有声语言)是难以认识和描绘的,因此语言是同质的、可研究的,言语活动是异质的、无法总结的。自此,文字符号开始凌驾于口语形式,“重文轻语”的研究范式在语言学领域逐渐成为主流思潮,语言符号学中的声音现象被简单化约为语链中的音位,其发声原理往往被忽视、被认为没有语义价值。

但实际上,围绕着语音这一有声语言的核心概念,不同学者均提出人说话时的语音具有独一性的符号特质。语言是人们沟通的主要工具,而语音则是语言的实质。所有词语、概念都以语言形态贮存于人脑之中,而人类脑部的语言区只承担对语言讯息的处理。人用音声语言表达思维、情感,即使接收信息也要用听觉器官所感受到的语言来理解对方的思维与情感。语言含义是由民族意识确定下来的、特定的声音与特定的含义之间的相似关联,语言含义的确定是一个历时过程,并带有潜移默化的社会特性。“语音独一性”指的就是独特个性中的语言本身:声音和气息都发自每个人的肺腑深处,并具有鲜明的情感特点与个人标志。语音作为一种特殊的能指,其所指不仅指向语音通过语言符号所传递的事物概念,同时指向语音本身的源头。任何人的声音都可以认为是对自己存在的宣示,当一个人讲话时,词从声中现身后,就一直保持着真实语言的衡量标准。声音永远属于每一个人,标识着这个人的身份,并印上他的语言特性。“声音常常有一个

---

① 索绪尔.普通语言学教程[M].高名凯,岑麒祥,叶蜚声,译.北京:商务印书馆,2009:35.

② 索绪尔.普通语言学教程[M].高名凯,岑麒祥,叶蜚声,译.北京:商务印书馆,2009:101.

名字和一张脸,聆听它,可以把我们带回到与这个人经历的沉默过往。说话者在对别人发声时也在倾听自己的声音,这种倾听是发声者感受到自己所发声波的振动。”①德里达则考虑到,在这个“不求助于一切外显性”的内在传导中,能指与所指似乎合二为一,达成了一个“绝对的一致”。因此,“语言是在一般形态下接近自己的作为认识的存在”②。在符号学领域,有关声音意义理论的观点可以更进一步地帮助人们认识到,语言并不是单纯的声音形式,而是携带着意义感觉的符号,同一事物必须通过不同的方式对象化,才能产生带有不同意义感觉的符号。因此,人们得到的所有音响感觉都并非天然状态的“原声”,而是经过人的意识重新安排选择过的非匀质化“声境”。每个人的主观意识将事物化为对象的方法都有所不同,但主观意识并非被动地在客观环境中获取意义,而是主导意义的形成,因为客观意识已经将对信息的感受转换成了变形的感受。所以,声音感受是一个现象学的获意过程,声音感受的含义也表现出很明显的非匀质化。沙弗尔把声音符号分成了三级:“信号”“音调”“声标”。至此,我们可以得出:有声语言符号即人这一有机生命体在言语活动过程中标示情感和主观经验的声音形式,它是在语言基础上构成的丰富多样的新的复合形式,是人的感性和精神活动的直接表现。

具体到本文研究的朗诵艺术,其一般被认为是“声音的艺术”,是一种具有社会关系特征的符号表达。语言艺术是人类共有的财产,需要借助情感的方法进行认识。有声语言艺术正是以声音符号为表征,通过创作者参与文本意义的生成,把对作品信息的感知和情感积淀动态地展现在时空序列中。和唱歌、戏剧表演等艺术不同,朗诵艺术具有创造和再创造的双重性、创作素材的二度性、创作手段的声像性、吐字发音的规范性等典型特征。有声语言艺术可以看作一种有律动的主体表现,涉及以下符号转换:首先是创作者将文字语言符号内容层的能指(文字语言)转化为表达层的所指(内心视象);其次是随着文字的刺激而产生心灵层面的联想与想象,将表达层的所指转换为内容层的能指(有声语言);最后是接受者面对创作者所生成的表达层的能指(有声语言艺术形式),通过情感移入转换为内容层的所指(审美体验)。

---

① 宇文所安.中国传统诗歌与诗学:世界的征象[M].陈小亮,译.北京:中国社会科学出版社,2013:67.

② 德里达.声音与现象[M].杜小真,译. 北京:商务印书馆,2010:101.

三、思绪流动:仪式化传播场域中的情感体认

艺术符号学代表学者苏珊·朗格认为,人类情感可以转化为看得见或可听的意识形式的某种符号手段,情感是艺术创作最核心、最重要的动力源。有声语言的本质区别并非声音语调的物理差异,而是人类思想的不同。“一种语言并不是词语的机械组合,而是人类运用一整套发音系统表达心灵深处思想感情的连续过程。”①人们在日常交际中使用的言语符号随时给双方传递情绪性信息,可以说情感表达是人类的一种重要意义行为,交际中主体呈现的面部表情、眼神、说话语气、肢体动作副语言等共同构成了情感驱动的文本。而随着文字符号的出现,静默地阅读书写文本成为人们获取语义信息的主流方式。

朗诵是对文学作品的音声化表现,朗诵作品必然渗透着创作主体的主观判断,融合其思想倾向和情感体验。朗诵艺术的情感性呈现双重特点。首先,朗诵以作品为依据,朗诵者基本上是代人传言、代文传情。作者的思想感情内蕴于文本符号中,而作者在进行文学创作时的情感也是激动的,文学作品本身具有情感性。其次,朗诵主体要达到传言不失真、传情不走样,就必须将自身的思想情感同作品和作者的思想感情相融合,并与二者高度统一。朗诵主体要把自身情感注入文学作品当中,变客体为主体,将繁芜的文本符号生发为新活的文学思维、生成为话语形象、生发出炽热的文学情感。这绝不仅是一次机械的文字诵读,也并非一次单纯的话语交换,而是一次对文学作品内容的再加工、再创作,是对文学作品情感的强化和美化。朗诵艺术的实质就是对这种情感的艺术表现和美学表达,主要表现在朗诵主体的音声语流中。艺术化的饱含思绪与情感的有声语言可以变平凡为奇妙,化静态为生动,换平面为立体,显示情感艺术语言的力量。“这种情景的交融、静寂的观照和生命的感动构成了中国人‘言不尽意’的生命情调和艺术意境。这是和合语言哲学对传统言 、象 、意整合和转生的一种形式。”②

以朗诵为代表的有声语言符号中介化人的情感世界与文字语言。当观众聆听一段朗诵作品时,文字语言所蕴含的丰富所指通过千变万化的声音能指形式展现,声音符号产生于创作者精神的努力运作,而在造就声音符号的一瞬间,情感性

---

① 张世轩.人工智能主播背景下真人主播话语功能的特质研究[J].当代电视,2022(1):104-107.

② 张立文.得忘之间 :语言 、形象 、意境[J].中国人民大学学报,2001(3):24-31.

精神活动便将文字、语音以接合方式呈现出来。由于创作者不断地接收语言文字符号带来的正向刺激，并持续进行表象联想和想象、体验，情感和声音符号处在不可分割的相互制约关系中。有声语言符号在主体情感的不断运动中更新，于瞬时之间体现出来，其唯一真正的承载者是活生生的人，这是以朗诵为代表的有声语言符号区别于其他艺术符号的最大特质。在有声语言艺术中，“创作者要把感情进行一番洗练，把心沉浸在创作的形象上。这个形象不是声音的形式，而是声音形式与内容的统一”①。

在一般的能指对象中，能指与所指是明显分开的。索绪尔指出作为自身的能指和它对外界的指向是分开的。能指本身不重要，其所指才是关键所在。但就有声语言艺术而言，所指与实际审美对象中的意指之间仍存在着较大的差异，审美对象中的意指方式完全不同。“情动于中而形于言”，有声语言的表意功能是指我们借助声音形式进行交流或指向外物，而当有声语言指向自身时，它就具有了表现功能。当情感在心灵中流淌，自始至终伴有一个通过语言客体而获得独特感受，并且一再规律性地反复出现的内心视象，由此情感本身也就以经过改造的方式得到了体认。有声语言符号的艺术性取决于上述情感印象均衡持续地复现，正是由于有声语言的特性寄寓在每一个情感表达以及内心视象的联系之中，整个朗诵便获得了相应的色彩。有声语言艺术是具象与抽象的融合，即感性材料、情感再现与表现交融的高度展开的感性形式。在这一声音创造过程中，人的想象是激发主体情感的起点，而特定的情感表现在声音创造中就构成了想象的基础目的。皮尔斯明确指出“交流”需要语言，而语言的产生需要先将思维—符号做充分的“内部发展”，“心语”是内省的、非交流的语言，它一直存在于我们的思维中。比如当我们朗诵李白的《将进酒》时，首先通过想象力启动诗文中的文字符号带给主体的画面，并形成脑海中的思维—符号，接下来通过体验酝酿想象画面带来的情感性的心理体验，语言的形象由文字符号转化为声音符号，并附着了朗诵者的主观经验，诗歌中的意象引起了头脑中的形象，伴随着强烈情感色彩的声音符号也就流动而出。我们听到的诗歌朗诵中的抑扬顿挫的节奏和情声气结合的艺术化语言是情感引发、积累、强化、触发的结果。

---

① 曲海泓，朱怡淼.论意境在有声艺术语言中的映现[J].现代传播(中国传媒大学学报)，2007(6)：144-145.

四、能动在场:时空脱域生产机制中的空间唤询

有声语言艺术表达形成的声音形式是指一个在语言链上可以直接应用于听觉感知的运动方式。尽管语言是线性运动的,但其过程并非时间性的,是经过语言运动本身所直接感受和规范的时间。在这样的时间序列中,语言才能外化成自己生命的律动。胡塞尔的语言现象学指出,言语实现了一种观念的意义的“定位”和“时间化”,言语使以前只不过是一个主体内部形成的东西客观化,使之呈现给作为概念或命题的众多主体。好的有声语言表达是言说者通过恰切的声音形式与时空需求相吻合。比如当观众在观看纪录片《舌尖上的中国》时,解说李立宏的独特声线和巧妙处理形成的有声语言表达,使观众通过听觉感受完成了从画面中美食的日常经验到声音构建的审美经验的过渡。解说的声音符号使纪录片画面的审美对象显现出来,画面中美食的视觉刺激直接作用于接收主体的神经系统。当观众被解说声音围绕,看到召唤自己身体的一个有关美食的形象出现在空间里,好像是他自身的动作或行为,发生的一切像是意向性和意向物体的功能自相矛盾地转换,纪录片中的美食景象要求他成为其适当的目击者,好像另一个精神突然寓于他的身体之中,迁移到正在形成的景象中。而有声语言符号在更高的层次恢复了主体与客体的亲密关系,感受将有声语言符号的日常知觉转变为审美知觉,解说的精彩呈现是对纪录片影像的整体升华。

和戏剧戏曲艺术一样,朗诵艺术也是一种舞台艺术,台下的观众在聆听有声语言表达的过程中,听觉的想象力被充分调动,带有情感韵律的语音形式直达思想和情感的意识层面,使每个字都充满活力。声音能深入人心探访文字符号最原始、最不为人在意的部分,梅洛-庞蒂称之为“填补意义的空隙”。聆听是一种在场的能动,观众理解并参与文本内思想和情感的交流,将经验在声音的流动中安排成一种有意义的秩序。有声语言符号在实质上是空间性的,由朗诵者经过声音艺术化表现而产生的语言符号在受众思维中产生了一种空间暗示,而语言链条上的音位变化则采用意象隐喻的手段形成了一个表意空间,尤其是在受众闭上眼睛全神贯注地聆听诵读的过程中,语言隐喻的时空性弥合了作为参与者的个人和语言符号与文本间的空间断裂,此时的受众似乎走进了语言营造的思想空间中,而声情并茂、音象和谐、刚柔相济的朗诵艺术语言通过丰富的声音形式,构成了受众主

观意志存在的空间场域。朗诵是一门艺术语言的声音化表达,更多是在语义层面占据主导地位,所以和纯粹的语音化表达,乃至由言语主导的社会交往方式有所不同。人们之所以能听懂不同口音的人表达相同的意思,主要是凭借对音位学中与语义相联系的关键差别的高度敏感性,以及这种敏感性所产生的对非关键差别的忽视。听觉神经高度专注于与语义相联系的关键差别,它是心境的综合物。由此,听众在欣赏或朗读文学作品、获得声音意义的过程中,会自觉地处理朗诵者对不同声调的发音部位及声调之间的配合,在完成文字叙述理解的同时实现了对空间意义的理解。

随着新媒体技术的迅猛发展,朗诵艺术借助媒体的平台优势在大众间广泛传播,有声读物的流行、诵读类节目的火爆充分证明了声音艺术的魅力。本文认为,从传播层面思考有声语言符号,可以给我们更多的启示。“声景理论恢复了声音的空间维度,将声音本身视作一种与人切身接触的环境,将听觉活动视为一种空间中的生活实践与身体经验。”①有声语言符号是一种媒介,以有声读物为代表的情感性陪伴介入人与人之间的关系,声音符号既是人感受周围世界的一种尺度,也是人涉入世界的一种方式。在声音符号多向构筑的时空情境中,主体可以暂时摆脱现实世界的种种枷锁。声音空间中表达变化的形式对文本人物的精准刻画、小说情节的深度描摹,体现了声音作品丰富的艺术价值。同时,视听感受也成为一个具身过程,人类主观的感觉经验与有声读物的传播逐渐融合,这一接收过程并不是被动的。主观意识通过强化对声音本身的某种联系,一种空间化的知觉感受被重塑,从而模糊了当下世界和想象空间之间的边界,构成了听者的“内部声音景观”。声音描绘的整体画面在语言艺术作品和受众之间进行空间勾连,通过图像的直接性和具体性让受众迅速地走进艺术作品,从而使其通过对视听内容的理解、认识、联系和思考,在自己以往经历和理想感受的综合影响下形成独特的审美感受。这正是言之成画,即可聆听的形象,也是有声语言艺术作品有稿创作的内涵所在。朗诵文本的价值在于使用方式和作品的内在结构,浩如烟海的文学作品指涉日常生活的细节,隐喻社会结构的权力分配。在听觉空间生产中,一方面,诵读者将文学作品中内在的、未被言说的裂隙与空间进行有声呈现;另一方面,聆听者也将自己的社会体验与有声语言形成的话语结构进行关联,双方共同完成了有

① 季凌霄.从“声景”思考传播:声音、空间与听觉感官文化[J].国际新闻界,2019(3):24-41.

声语言艺术表达的唤询。

五、形塑意象:具身言说复合性话语中的音声象似

人们交谈中出现的语音语调和大自然中的其他声响有着相似的原理,是由发声体振动引起的声波传到人耳中形成的。虽然言语的音调、声强、音长、音色等物理性质和大自然的声音并无本质区别,但人类言语具有象似性(iconicity)。象似性指语言结构和人的认知结构或思想构造之间的某种关系。从语言符号学方面来说,声音含义指一个人通过联想而强加在声位记号上的意义意思。随着语音的演变,语音的使用者在声音和语义之间形成了联系,使得有声语言符号产生了使用上的“意义倾向性”。最后,在人的意识中,音位和语义之间形成了一定的关系。在语音意义的形成过程中,人的经验感觉起到至关重要的作用,音位变化产生的可感声音形式的能指与人们头脑中思想感情酝酿的所指形成了联结,这是有声语言表达得以形成的学理基础。语言现象学强调重返会说话的主体,重返我与我说的语言的联系,“语言不再是独立的语言事实的一个混沌的过去之结果,而是其所有成分都致力于转向现在或将来、因而受到当前的逻辑支配的一种努力的系统”①。梅洛-庞蒂认为表达的基本事实是“使符形的作用成为可能的符形被符义的超越”。人发出的声音形式包含声音的高低、明暗、虚实、刚柔、厚薄等音色特点,同时在表达语流中又时刻体现着停连、快慢、扬抑等节奏。有声话语的符形变化,在创作主体的无声意向与话语意义中间起着桥梁作用:当创作主体正在诵读某一种文字时,代表他的文字突然出现在他眼前,他将文字的意思告知了自己,被组织出来的声音具有其内在含义,但这些意思并不构成“我思”,而是属于“我能”。当诵读者进行有声语言艺术创作时,他能明确意识到他的行为所及范围或身体的空间性,他说出的言语和受众听到的言语也有一种在语言行为的结构中明显的意义,所以声音符形的变化足以改变符义。

有声语言的创作基础依赖于文本创作,而声音的表达能力则依赖于对文本创作建立形象的思维,也就是对文本内容的感知力。在诵读者看来,表达就是意识。诵读者结合自己的经验,调动自身的一切积极因素把原作品的精髓活灵活现地展

---

① 梅洛-庞蒂.符号[M].姜志辉,译.北京:商务印书馆,2003:105.

现出来。尽管文字作品背后的意义有着细微差别,但是创作主体能够围绕作品中心思想组织起使得意义协调一致的声音形式。当诵读者能使意义首先寓于不是供意义使用的言语器官中时,一种新的感知就被获得。心灵一方面拥有形成符号的抽象能力。另一方面,当它洞开所有感觉的大门时,便能全面接收独特的语言材料的影响。说话者通过自己对这些语言材料的处理,就可以确定一个方向,或针对映象,或针对符号。因此,有声语言的符形具有准形体性,它是创作者通过言语符号力图再现意义的表意活动。我们可以这样认为,有声语言表达是人们认识和体验世界的方式,将内心感受、情感情绪、思想通过有声语言符号获得认知性和情感性表象。声音好像放入了一个标记,一个证明在这时某物占据了长期以来期待或想说的位置的界标,这个界标即便最终不是真实的,至少也能表示和刺激我们的思维器官。此时声音已建立在意义之中,一种体验转变成其意义。

六、结　语

现代社会的快速发展,尤其是数字化媒介对社会生活的深度介入,不仅形成了海量的信息来源,也在很大程度上形成了新的信息“茧房”,更直接造成了普遍存在的听觉产品钝化现象。朗诵是一种诉诸听觉的艺术表达形式,用声音讲述的故事形成了丰富的艺术空间,人们对文学作品的精神关注通过艺术化的有声语言来维系。在当下的数字化智能传播环境下,智能语音合成技术在播音主持行业内的应用范围不断扩大,对原有以人作为主体的情感驱动下的艺术表意形式造成根本冲击与解构。这种基于计算性的情感模拟尽管在一定程度上实现了播报语态的外化,但是智能机器无法融入自身的主观理解感受,更无法通过鲜明态度和富有变化的播音语态实现情感价值的传达。在这样的背景下,本文试图从学理层面回到“人声”,探究朗诵艺术的内在表意机制与底层逻辑,立足于语言符号学和语言现象学的视角探讨朗诵有声语言的符号表意特性。研究认为,朗诵艺术正是以声音符号为表征,通过创作者参与文本意义的生成,把对作品信息的感知和情感积淀动态地展现在节目时空序列中,其具有情感体认、空间唤询、音声形塑的三重符号表意功能。在此基础上,本文也呼吁重新回到朗诵艺术的最初“原点”,以聆听经典的方式唤醒人们的精神世界。在智能时代,更加需要以新的眼光看待以朗诵为代表的有声语言表达,以经典浸润心灵,以吟诵丰润人生。

从文字到“数字”:中国口语传统中的“辞气”及诗性消解

◎ 刘亚龙*

摘要:从口述文化至文字文化,再至“数字”文化,中国口语传统经历了深刻的变革与挑战。一方面,口语传统经历了从原生形态到符号化、“数字”化的转译和“编码”。另一方面,文字转述与数字技术的普及容易引发中国口语传统中“辞气”与诗性的消解,进而对口语的精神本质和传播发展形成猛烈冲击。基于此,本文从中国口语传统的角度突出阐释“辞气”与诗性的概念,结合控制论、异化理论辨析二者的消解现象。“辞气”与诗性的实践性同构,本质是中华文明对口语存在方式的根本判断。以文字、“数字”为代表的技术媒介更迭不应消解掉口语本身的传统生命力和属人性。当技术生产体系逐渐将声波降格为信息载体时,重审“辞气”、诗性与口语的本体论关联,实为在工具理性霸权中重建口语传统“诗气共生”的救赎路径。

关键词:原生口语;口语传播;辞气;口语诗性;数字技术

一、引　言

“人是能言说的生命存在……唯有言说使人成为作为人的生命存在。”①在中国悠久的历史长河中,口语作为文化传承的媒介,承载着丰富的“辞气”与诗性。

---

* 刘亚龙,清华大学新闻与传播学院博士研究生。

① 海德格尔.诗·语言·思[M].彭富春,译.北京:文化艺术出版社,1991:163.

“辞气”一词最早见于《论语·泰伯》，是源自中国本土的独特的语言审美和批评概念。“君子所贵乎道者三：动容貌，斯远暴慢矣；正颜色，斯近信矣；出辞气，斯远鄙倍矣”。古人对辞气一词的阐释，多从“言辞的声气口吻、文势神情”[①]等方面展开。辞气包含两个层面：辞指的是言者主体选用的词语和说的内容本身，辞之“惭、枝、寡、多、游、屈”能够折射出言者更深层次的、更为本质化的内心[②]；气指的是说话时的语气、声调、情感和内在精神状态。辞气只有与人类之口相结合才能成为语言或口语，即单穆公在论及“口、耳、目”三者关系时所提出的“气在口为言”[③]。从儒家哲学和魏晋玄学的视角来看，辞气是君子内在德性的外化，亦是个体独特精神气质（“风骨”）的直接体现。古人理解辞气，更为深入的一层含义是将辞气与容颜精神并举，将其视为人之精神意志和人格品行的外在显现[④]。故而有“颜色不变，辞气不悖”[⑤]，和“出辞气，能顺而说之，则无恶戾之言入于耳”[⑥]的说法。在此一阐释中，辞气更多承担起一种“以言观志”[⑦]的媒介功用。换言之，较难物质化呈现的道德素质可以通过“貌”“声”“色”和“气”等形式传之于众[⑧]。在中国哲学中，“气”是最根本的概念之一，是构成天地万物的原始物质和生命力，人则是“气”的凝聚与集合，辞（说的内容）是人内在“气”的外在流露，“辞气”则成为评价个人修养与精神境界的重要窗口。质言之，辞气不仅指向语言（口语）的物质形式（声音、词语等），还包括言者内心的修养、情感和气质在语言中的精神内核体现。

须说明的是，辞气往往还作为文本研究的关键依据，该领域存在不少涉及辞气的文献，遗憾的是，传播学者目前对口语辞气的研究着墨较少。辞气的根源仍在口语，其最初就是用来描述说话本身的。区别来看，文本研究中的辞气是间接的、平面的，需借助文字符号推测还原。口语中的辞气是直接的、立体的，以声音、表情、节奏等为物质载体。辞气是口语传播的核心与灵魂，它是言语内容（辞）与精神气质（气）的统一体，是超越信息本身、实现情感共鸣与建立信任的关键。技

① 夏静，张超.经典阐释中的辞气问题[J].首都师范大学学报（社会科学版），2022(6)：122-128.

② 胡大雷.从“谈说之术”到“文以气为主”：文气说溯源新探[J].文学评论，2013(3)：139-144.

③ 左丘明.国语[M].上海：上海古籍出版社，1978：125.

④ 夏静，张超.经典阐释中的辞气问题[J].首都师范大学学报（社会科学版），2022(6)：122-128.

⑤ 司马迁.史记[M].北京：中华书局，2014：2991.

⑥ 李学勤.十三经注疏：论语注疏[M].北京：北京大学出版社，1999：102.

⑦ 黄怀信.逸周书校补注译[M].西安：三秦出版社，2006：306.

⑧ 葛荣晋.“三贵之道”与礼仪文明[J].社会科学战线，2014(8)：36-40.

术与文字极大地提高了传播效率,却也可能引发“辞气”的消逝。以麦克风、算法压缩和合成语音为代表的中介环节导致了口语细节(如呼吸、情绪颤音)的缺位,以语音留言、社交软件为代表的异步交流剥离了口语传播的即时反馈情景,使得人与人的沟通越发单调化、平面化。

口语与诗性方面,“诗是一种精神方式,它渗透、积淀在中国传统社会的政治、经济、科学、艺术、体育等各方面”①。“汉语是诗性语言”②及“汉语言,诗语言”③成为语言学家和文艺理论家对话的一个前提共识,古代口语的本质是诗,“是飞扬在七绝五律中的一个个独立音符”④。维柯认为,东方民族的口语表达更加体现诗性思维,其在《新科学》中将这种思维形式概括为“诗性的智慧”。此一思维作为远古原始思维的延伸发展,与人的本能、欲望、意识等紧密关联。反映在口语上,即诗性思维亦必使其口语表达如同诗歌一般具备强烈的形象性、模糊性、朦胧性、情感性和主观性等⑤。恰如托马斯·门罗对东方美学的总结,汉语(口语)“充满了朦胧的比喻”⑥。须说明的是,语言学研究中的诗性与文艺学研究中的诗性概念存在一定区别:后者更偏向文学与诗歌内容中的能指和所指研究,前者则基本延续索绪尔符号学的研究理路,以“口说之词”为核心,对应的是“声音中心主义”和“逻各斯中心主义”,简言之,即重视文本与重视口说的区别。但就口语具备诗性和能传递诗性这一论述,双方亦能达成基本前提共识。

在数字声景日益扁平化的今天,人工智能及技术合成语音不断充斥和侵占着人类生活疆域。在此背景下,关注口语传统中属人的“辞气”与诗性显得尤为重要,从“辞气”和诗性的视角切入中国口语传播研究,本质是对口语本体论的重新发现。从中国古代哲学的视角来看,“辞气”与诗性之间表现为一种“体用关系”。“体”即事物的本体和基础,是相对稳定和内在的部分;“用”即本体所具备的功能、作用和表现,是本体的外在显现,其随环境变化而变化。辞气是口语传播之“体”(基础),是口语表达的内在生命力。诗性是“用”(功用和升华),是“辞气”这一本体所发挥出来的更高级、更优美的功能。诗性是辞气的极致发挥和外在显现,辞气是诗性得以生

① 刘士林.中国诗性文化的理论探索及其传承创新路径[J].河南大学学报(社会科学版),2011(6):1-8.

② 朱恒.汉语诗歌诗性问题的符号学解析[J].贵州社会科学,2018(3):96-103.

③ 鲁枢元.文学的跨界研究:文学与语言学[M].上海:学林出版社,2011:146.

④⑤ 邱紫华,习传进.独特的审美思维体系与诗性的美学理论:东方美学的总体特征论[J].南京大学学报(哲学.人文科学.社会科学版),2003(1):106-116.

⑥ 芒罗.东方美学[M].欧建平,译.北京:中国人民大学出版社,1990:2.

存的内在根基,二者紧密关联、互相影响,共同构成口语表达之所以能成为"活的语言"之根本,论及中国古代口语传统及口语传播不可脱离对其二者的深入观照。

于文字与技术而言,《述而》篇记载:"述而不作,信而好古,窃比于我老彭。"① 意指孔子所提倡的只阐述而不创作的传教特征。以孔子、庄子为代表的诸子百家和以毕达哥拉斯为代表的古希腊哲学家们都极其反对用文字记载口语,其言说传教均讲究"述而不作"。柏拉图尤为反对文字书写,认为"书写是一种异化的僵硬的技术。是非人的、物化的,并且会毁掉人们的记忆力"②。概言之,文字的介入,颠覆了人类的思维方式和口语表达结构,忽视了口语产生的意义与前提,"语词意义也不再是时间轴线上对生活的编织,而是在文本建构意义之上的人们对于社会的二度认知与传播"③。因此,我们必须对文字和技术保持高度警惕,避免沉溺于符号意象而造成与真实世界和事物本质的彻底疏离④。依柏拉图的阐述,如果视文字为僵硬技术、非人的和物化的初步入侵,那么语音合成技术和生成式人工智能的到来则在一定程度上悄然掠夺了口语传播领域原本属人的因素⑤,导致口语、人及人心三者之间的分离,使得口语最终沦为完全物质化的存在⑥。有鉴于此,我们不得不展开如下追问:中国古代的口语传播活动主要包含哪些形式?在文字、"数字"等技术媒介的冲击下,中国口语传统又分别发生了哪些细致入微的变化?以及未来的口语传播最终应去向何处?

二、从口述到笔记:古代口传文化中的"辞气"消解现象

亚里士多德(Aristotle)在《解释篇》中指出,"口语是内心经验的符号,文字是口语的符号"⑦。中国口语传播的学理史最早可以溯源至先秦时代诸子百家中的

---

① 李学勤.十三经注疏:论语注疏[M].北京:北京大学出版社,1999:84.

② 叶舒宪.孔子《论语》与口传文化传统[J].兰州大学学报,2006(2):1-8.

③ 王媛."口耳相传"的数字化重建:社交媒介时代的口语文化[J].现代传播(中国传媒大学学报),2020(6):27-31.

④ 侯亚丁.从口语、书写到印刷:传达与思维方式的改变与意义[J].现代传播(中国传媒大学学报),2021(3):164-168.

⑤ 高贵武,刘亚龙.重思对话:智能传播背景下人机语言交互中的"对话"赋能[J].新闻爱好者,2024(7):8-15.

⑥ 高贵武,刘亚龙.言为物声还是言为心声?新技术条件下的口语及口语传播再界定[J].编辑之友,2025(5):73-81.

⑦ 亚里士多德.范畴篇 解释篇[M].方书春,译.北京:商务印书馆,2011:55.

论辩术,成文于南北朝时期的《文心雕龙·总术第四十四》明确指出:“发口为‘言’,属翰曰笔。”[①]即张口说话就是言(偏向口语),书写出来就是笔(偏向文字)[②]。从全球文明史的角度来看,在文字出现的五千年之前,是至少延续了十万年的口传文化的历史传统。中国古代口语传统存在独特的意识性的、精神性的本质特征,其传播形式丰富多样。相反,书写是“一种第二手的交流模式,是言语的苍白的机械的转录,因而总是与我的意识隔了一层”[③]。自公元前 14 世纪(殷商后期)起,伴随着文字的出现与发展,声音被文字符号所取代,口语及其“辞气”传统受到了来自文字记述手段的一系列潜在冲击。

(一)古代口语传播活动的主要形式

“大约在新石器时代,人类可以通过简单的口语来进行简单的信息交流”[④],用于表达个人的原始欲望,实现与人及社会的交往需求。中国古代口语传播的形式丰富多样,每一种形式都蕴含着深厚的文化内涵和社会价值。中国古代的口传活动主要包括吟唱与演唱、讲学与论辩、吟诵谈话与说书、集会与演讲等。具体而言,吟唱(包括劳动号子)与演唱是古代人民表达情感、传递信息的重要方式,人们会在田间地头以吟唱的形式促进集体劳作的协调统一和抒发内心直观感受。以“邪许、邪许”和“杭育、杭育”为代表的吟唱性口语作为地域文化和集体情感的声波体现,明示着马克思所意指的口语诞生的劳动性基础。而在宫廷、庙宇或民间祭祀活动中,演唱则成为一种目的性鲜明的口语艺术活动,通过音乐和语言的完美融合,丰富了古人的精神世界,如《礼记》《诗经》《楚辞》中的一系列地方民歌和祭祀诗歌等。讲学、辩论则是古代知识分子交流思想、传承知识的重要方式。“讲学是指主讲人通过发表言论将信息传递给周围听讲的学生。”[⑤]主要发生在私塾、书院等教育机构中。秦汉以后,讲学风兴起,孔子即大力兴办私学讲学的第一人,亦是口传文化的最后一位圣贤和文化坚守者[⑥]。与此同时,辩论活动则让不同学派、不同观点的人通过激烈的思想碰撞,推动对某一话题的深入理解和对政治权

---

① 刘勰.文心雕龙[M].王志彬,译.北京:中华书局,2012:289.

② 高贵武,刘亚龙.言为物声还是言为心声?新技术条件下的口语及口语传播再界定[J].编辑之友,2025(5):73-81.

③ 伊格尔顿.二十世纪西方文学理论:纪念版[M].伍晓明,译.北京:北京大学出版社,2018:128.

④⑤ 郑艳玲.中国古代文学的口语传播形式[J].当代传播,2010(5):42-45.

⑥ 叶舒宪.孔子《论语》与口传文化传统[J].兰州大学学报,2006(2):1-8.

利的动态聚焦。在这一点上,中国古代和古希腊的"智辩士"及其"言说的艺术""说服的艺术"遥相呼应①。区别在于,"中国古代的辩论活动更加强调社会治理的属性,且往往通过'广场模式'和'朝堂模式'在'宫廷'或'朝堂'之上展开"②。故而有"辩,治也。从言在辡之间"③和"辩,治也。治者,理也"④的说法。且有学者指出,先秦关于"辩论"的观念至少有五种思想脉络:"儒家的不辩与不得不辩,道家的无辩与辩无胜,纵横家的功利主义之辩,墨家的经验主义与逻辑主义之辩以及名家的纯语言反思和逻辑致知之辩等"⑤。比之西方,中国古代的口语传播活动与政治意识形态(包括地方和中央)高度关联,且政治运作领域的口语传播活动比比皆是,该领域的口语传播活动存在一定的偏倚文本的书面色彩。

吟诵、谈话与说书则是古人品味文学、感受韵味的独特方式。吟诵是指"用富有音乐性、节奏性的声音进行的口语活动"⑥。语言随谈话产生,而谈话是一种"主体间性的活动"⑦,其本质在于凸显主体间性,文字的记录或技术合成语音的互动本质上不属于谈话的考查范围。口传作为日常化的口语表达方式,"往往受到语境和接受者的限制,比较零碎、不成体系,传播效果较为有限"⑧。说书活动最早由古代宫廷瞽蒙⑨进行,其多由巫师发展而来。在古代,作为一种"盲媒"⑩的瞽蒙"是重要的口头传播者,在先秦历史文献及文体的形成过程中起着重

---

① 注意,中西方辩论的模式和特征略有不同,除了辩论的模式和场所之外,在媒介使用上,缘起于古希腊的辩论传统天然性地倾向于与"语音"和"口语"相连,表现为口语偏向。中国古代的辩论为求逻辑严密和服务于社会治理,往往包含语音、口语与文字,除口语偏向外,更多呈现一定的文字偏向。

② 潘祥辉,伍栋阳.中西方的辩论传统之辨:词源内涵、媒介偏倚与文化差异[J].传媒观察,2023(10):46-57.

③ 许慎.说文解字[M].北京:中华书局,1963:309.

④ 许慎.说文解字注[M].段玉裁,注.上海:上海古籍出版社,1981:1297.

⑤ 胡百精.明理存道的光辉与暗影:中国传统辩论观的生成与选择[J].新闻大学,2022(2):34-55,118-119.

⑥ 郑艳玲.中国古代文学的口语传播形式[J].当代传播,2010(5):42-45.

⑦ 杨春时.论文学语言的主体间性[J].厦门大学学报(哲学社会科学版),2004(5):19-26.

⑧ 郑艳玲.中国古代文学的口语传播形式[J].当代传播,2010(5):42-45.

⑨ 瞽蒙(古籍中常与"瞽矇"通用),古代乐官,为盲人乐官,由巫发展而来。上古中国人强调屏除耳蔽。他们重视心耳相通,因而讲究排除干扰。他们甚至采取病目(自然病目和人为病目)的方式,培养了一批专事耳道的乐师,人称"瞽蒙"。瞽蒙中的杰出者则是"神瞽",即所谓"圣人"。在商代,宫廷中充斥着大量的占卜仪式,这使得本来就源于巫的瞽蒙,以其自身的优势立足于宫廷之中。详见王小盾.上古中国人的用耳之道:兼论若干音乐学概念和哲学概念的起源[J].中国社会科学,2017(4):149-183,209.

⑩ 如前所述,在古代,有一群负责给"天子"传递信息的"媒介人物",其中有一个群体非常特殊,这就是"盲人"口传群体——瞽蒙,南京大学潘祥辉教授将其称为"盲媒"。详见潘祥辉.瞽矇传诵:先秦"盲媒"的传播考古学研究[J].西北师大学报(社会科学版),2019(2):14-23.

要作用”①。瞽蒙与诵训相似,都用以劝诫君王,但是瞽蒙区别于诵训的历史掌故,“瞽蒙多依据歌谣体”②。瞽蒙的作用首先在于劝谏君王,其次便是口传记言(史)。“早期之史是唱诵于口头的史诗,以口耳相授的方式代代流传,属于‘记言’。但到后来,出现了用文字的记录,由书写技术决定,变为‘记事’。”③在“有言无文”的漫长时代里,口传记言成为唯一的传承方式,瞽蒙这一小众群体在这一特殊时期,肩负起口传历史的重大使命。除此之外,中国古代的口传活动还包括谣言传播、集会与演讲等。

一言以蔽之,中国古代的口语传播活动以其独特形式和丰富内涵为古代社会的劳动实践、君王劝诫、文化传承和社会交往等提供了媒介基础。诸如此类的口传形式不仅展现了古代先民的口语活力和智慧创造,还为今人理解和探讨口语传播学、媒介考古学、华夏传播学等提供了宝贵的视角和资料。

(二)文字的出现及其对辞气的冲击

美国学者沃尔特·翁(Walter J.Ong)曾在《口语文化与书面文化》一书中依据文字的出现将人类口语文化划分为原生口语文化与次生口语文化。原生口语文化即人类在接触文字之前的文化,“毫无文字或印刷术浸染的文化称为‘原生口语文化’”④。区别原生口语与次生口语的关键在于是否受文字影响。参考翁的界定,次生口语是基于文字和印刷术之上的口语文化,虽仍属口语,但其表达不可避免地带有浓厚的书面语特征。换言之,不能因为其仍属于口语,就避而不谈文字对原生口语及其传统特性(如“辞气”)的潜在冲击。如前所述,“辞气”作为语言的内容与形式和语言的生命力与感染力的完美结合,象征着个体的情绪品格和内在精神状态。文字媒介对“辞气”的冲击主要包括以下三点。第一,对口语实践中人的语音存在的消除。文字的出现使得大部分的声音内容被文字转译,在看似“方便记忆”⑤的同时遮蔽了口语“辞气”发生的第一属性——人类声波。然而,

---

①② 魏玮.周代的诵训与瞽蒙[N].光明日报,2017-06-19(13).

③ 王小盾.上古中国人的用耳之道:兼论若干音乐学概念和哲学概念的起源[J].中国社会科学,2017(4):149-183,209.

④ 翁.口语文化与书面文化:语词的技术化[M].何道宽,译.北京:北京大学出版社,2008:7.

⑤ 柏拉图不赞同文字方便记忆和加深记忆的观点,认为文字书写有害,且“人的记忆会受到科技的损害”。相反,埃里克·哈弗洛克不赞成柏拉图的这一观点,沃尔特·翁的口语—文字观亦受到了哈弗洛克的这一观点影响。

“说话(声音)是说话者的生命的一部分……节奏可以引进来,配合以抑扬、顿挫、重音”[①]。第二,对人的主体间性造成部分伤害,使得人与人之间的社会交往活动逐渐转移至人与物(文字)之间。哈贝马斯(Jürgen Habermas)认为人类社会交往的可能性基于语言的主体间性而产生,此一主体间性又通过基本语言行为的关联接受个体与社会的标准化检验[②]。第三,文字的取代和普及在某种程度上割裂或阻碍了口述仪式中声音和非语言形式的神圣性。这一点尤其体现在以原始巫术为代表的原生口语活动中,巫术活动的核心不是文字(巫咒),而是由巫师发出的声音与动作共同组成的神圣仪式。古人认为,“最重要的社会活动是各种神圣仪式,人们习惯在仪式场合运用声音(而非文字)来同神交流”[③]。或可言,文字在使得典籍成为神圣天启通道的同时,也潜在挤压了其他感悟神圣显现的方式[④]。须说明的是,进入文字时代后,在口语“辞气”受到损害的同时,口语的另一传统特性——诗性仍有所保留。“辞气”与诗性作为口语传统不可遮蔽的双重基因,前者与人的耳目口鼻等知觉感官(尤其是听觉)紧密关联,或可言与人类声波的振动依存;后者则与声律的规律性组合“编码”挂钩。文字的到来在众多交往情境中替换掉了听觉器官的运动,传统口语中的“辞气”本体被暂时搁置。但不得不承认的是,文字的转述在某种程度上可以完成对口语诗性的“解码”与“再编码”,亦即“同为能指符号的文字与语言(口语),即第一能指与第二能指都是诗歌创作的材料,都可以生成诗性”[⑤],只不过此一“口语”(次生)中的诗性传统此时不仅与言者相关,还与受众(人)及其期待视野关联。

原始语言(口语)与原始存在直接关联,不具备理智性、工具性等现代特征[⑥]。相反,文字与其所指代之物本质上是二分的关系[⑦],文字作为新的口语媒介具备明显的理智性与工具性。概言之,文字在介入口语疆域后,口语“辞气”及其核心特性(知觉感官性、精神性、情感性等)受到了“物”文化的侵袭,一切思维逻辑的因

---

① 史密斯.人的宗教:人类伟大的智慧传统[M].刘安云,译.海口:海南出版社,2001:396.

② 哈贝马斯.交往与社会进化[M].张博树,译.重庆:重庆出版社,1989:101-102.

③ 王小盾.上古中国人的用耳之道:兼论若干音乐学概念和哲学概念的起源[J].中国社会科学,2017(4):149-183,209.

④ 叶舒宪.孔子《论语》与口传文化传统[J].兰州大学学报,2006(2):1-8.

⑤ 朱恒.汉语诗歌诗性问题的符号学解析[J].贵州社会科学,2018(3):96-103.

⑥ 杨春时.论文学语言的主体间性[J].厦门大学学报(哲学社会科学版),2004(5):19-26.

⑦ 崔林.媒介进化:沉默的双螺旋[J].新闻与传播研究,2009(3):42-49,107-108.

素、非语音的因素和物的因素越发在人类口语乐园中滥竽充数、喧宾夺主。基于此,面对以文字为代表的物的文化对人类语音及其传播过程所造成的部分抵牾,我们不得不借鉴传播政治经济学家达拉斯·斯迈思(Dallas Walker Smythe)的省思提出有关口语传播发展的下一个讨论话题:“文字之后又是什么”①?

三、从文字到“数字”:口语诗性的消解与原生口语的失声

进入数字时代以来,以神经网络分析、自然语言处理为代表的数字技术开始替代文字②、广播电视、录音录像等媒介,试图缩减时空成本,实现自由传播和技术进步。“为了实现口语传播所无法达到的自由传播的理想,人类开始试图借助于人自身以外的种种介质来对意义进行外化、物化或是固化,以实现信息的传递。”③与此同时,数字技术正在悄然改变和异化着人类的记忆方式、叙述方式和思考方式④。口语表达与数字技术的生产传播分属于不同的知识生产模式和传播逻辑,“这两种知识生产模式之间存在着令人不安的区别”⑤。口语诗性在本质上始终作为人类心思的符号和精神生命的实体,其诗性消解的具体逻辑滥觞于控制论的渗透与技术的异化。如果说文字之后,由广播电视、录音录像等媒介所引发的次生口语仍算作口语,保留了某些原生口语的遗留因素。那么在数字时代中,以技术合成语音为代表的数字语音或许在更大程度上意味着口语诗性的消解和与原生口语的失联。

---

① 加拿大传播政治经济学家达拉斯·斯迈思在20世纪初期到访中国后写下《自行车之后是什么?》(*After Bicycles, What?*)。文章写于20世纪70年代,他试图劝诫中国应警惕技术的政治属性:技术并非中立的,而是受到社会性的牵引。“自行车之后是什么”是一个关乎中国发展道路的寓言性问题,意即中国人在拥有自行车之后——也就是在解决了基础的物质需求与温饱问题之后,下一步应着手解决或注意什么?此处参考借鉴斯迈思的这一表述逻辑,引申文字之后由数字技术带来的风险隐患。

② 从完整的口语传播发展史来看,文字之后应是以广播电视、录音录像为代表的技术和次生口语,但参照翁的理解,次生口语仍属口语,且保留了某些原生口语的遗存(例如诗性)。本研究的核心不在于梳理口语传播发展史,而在于厘清对口语传统造成显著影响的关键节点,故选择跳过中间阶段,从诗性的消解和原生口语的断联讲起。且此处的数字并非传统意义上的阿拉伯数字,而是专指数字技术手段意义下的数字内涵。

③ 崔林.媒介进化:沉默的双螺旋[J].新闻与传播研究,2009(3):42-49,107-108.

④ THOMSON A. Four paradigm transformations in oral history[J].Oral history review,2007(1):49-70.

⑤ ROYSTON R A.Podcasts and new orality in the African mediascape[J].New media and society,2023(9):2455-2474.

(一)作为人类心思的符号和精神生命的实体是口语诗性的本质

"诗是人类的心头语言"①,"寻求自身价值的诗性正是语言艺术得以存在的重要根基"②。数字时代以降,在众多重复、机械、单调的技术合成语音的充斥下,孔子所宣称的"不学诗,无以言"的口头表达原则逐渐被消解,数字技术的普及表现出对人的诗意般生存的排斥。目前有关诗性本质的探讨有两种维度。一种从艺术视角切入分析诗的本质,强调"诗以言志","指充沛的情感、意绪、丰富的意象,是对生活、对生命的直觉感悟和高峰体验以及对这种体验、感悟的表达方式"③。另一种则从人类学的视角展开,维柯(Giambattista Vico)认为"在原始的民族中,由于一种本性上的必然,原始民都是些用诗性文字来说话的诗人。而现代人要费大力才能懂得原始人所具有的诗的本性"④。这种诗的本性即原始人的心灵状态,包括强烈的感知力和无限的想象力。或可言,在口语传播中,作为主体的人,其有意识、有冲动、有想象的口语表达就是诗性所在。维柯的理解更加贴合口语诗性的本质内涵,口语诗性同人类主体生命的能动性同时诞生,技术合成语音难以在此一维度实现对诗性的理解和掌握,数字语音的充斥容易引发口语诗性的消解。诗性因素同"辞气"一般,是中国口语传播研究中无法回避的话题,其始终是口语存续的"元代码"和人类主体文明记忆的活体脉络。

"语言不被认为是经验的、世俗的、偶然的,而是精神的生命,构成生命的历史……语言是精神的实体。"⑤如前所述,口语中的诗性是对言说者的意识、思维、想象和心灵的反映,可称其心灵诗或心思符号,其反映着人类精神生命实体的存在。口语既是人类生存的某一样式⑥,也是一种生命间的交流方式。于亚里士多德而言,"声音所发出的语音是代表心思的符号,语音是第一序列符号的创造者,语音与心灵有直接和本质的密切关联"⑦。在西方哲学界中,赫拉克利特(Heracli-

---

① 夏锦乾.神话:神性与诗性的合一[J].社会科学战线,2024(2):1-11.

②③ 徐树华.论口语研究的三种导向:交际、表达、传播[J].现代传播(中国传媒大学学报),2012(9):66-69.

④ 维柯.新科学[M].朱光潜,译.北京:人民文学出版社,1986:28.

⑤ 尚杰.起源的原初复杂性:为形而上学重新奠基[M].北京:商务印书馆,2024:493-494.

⑥ 谢劲松.我们何以能用语言去认知[J].华中理工大学学报(社会科学版),1998(2):31-34.

⑦ DERRIDA J. De la grammatologie[M].Paris:Les Editions de Minuit,1967:21.

tus)最早将逻各斯①的概念引入语言哲学探讨。逻各斯一词本有多种含义,既指可理解世界的一切规律,也包含语言、认知和"理性"等多重含义。恰如德里达(Jacques Derrida)所指,"在心灵与逻各斯(语言)之间,有约定的象征化(或译符号化)关系"②,再次强调了口语作为人类心思符号和精神生命实体的紧密关联。除了亚里士多德、赫拉克利特和德里达之外,布拉格学派的穆卡洛夫斯基(Jan Mukařovský)所主张的语言的"美学功能"以及日本学者池上嘉彦(いけがみ よしひこ)强调的语言的"诗的功能"也是口语诗性及其内涵本质的有力例证。

概言之,口语诗性指向精神生命的实体和心思的符号,是生命间的交流媒介。"声音发出的语音是心灵状态的符号,被书写的词是记录语音的符号。"③文字只是语音的转译者和间接表达,以文字为中介的数字技术则更次之,其对原生口语文化造成了诸多冲击。以数据代码为"生命"的数字化语音借助同质化、工具化、无意识化、物质化的技术表达消解了传统口语中的诗性存在,将对人的精神生命和精神交往造成难以救赎的僭越和诘难。

(二)口语诗性的消解源于控制论的渗透与技术的异化

1948 年,维纳(Norbert Wiener)出版《控制论:或关于在动物和机器中控制和通信的科学》(*Cybernetics*: *or Control and Communication in the Animal and the Machine*)一书,包括麦克卢汉(Marshall McLuhan)在内的众多学者均受其影响。在其看来,信息及其传输是跨物种(包括人与机器)之间形成沟通和连接的基础,"信息和通信作为组织化机制不但对于个体是重要的,而且对于集体也是重要的"④。于控制论而言,"维系宇宙建立和运行的基础不是能源,而是信息间的传输与流动"⑤。此外,控制是维纳控制论模型背后的三个基本假设的核心,"控制是自然界中最重要的过程,生物、机械和社会系统以类似的方式处理信息"⑥。维纳的控制

① 逻各斯(英语:Logos,古希腊语:λόγος),是希腊哲学和神学中的一个重要概念,意思是"理性""道理"或"话语"。逻各斯的含义和用法随着不同的思想流派和时代而变化,但通常都与人类认知、语言和真理有关。

② DERRIDA J. De la grammatologie[M].Paris:Les Editions de Minuit,1967:21.

③ DERRIDA J. De la Grammatologie[M].Paris:Les Editions de Minuit,1967:44-45.

④ 维纳.控制论:或关于在动物和机器中控制和通信的科学(第 2 版)[M].郝季仁,译.北京:科学出版社,2009:15.

⑤ 韩素梅.人有人的用处:人机交互传播的控制论渊源及维纳的反思[J].现代传播(中国传媒大学学报),2023(11):72-80.

⑥ 吴璟薇.新闻生产的控制论:数字智能时代的人机融合[J].全球传媒学刊,2023(5):141-154.

论思想似乎更加突出人和技术可以置于同一框架下平等讨论的观点。“国内最早于20世纪50年代引进了控制论的思想”①,陈力丹教授认为传播学大致可以分为“‘经验—功能’‘技术控制论’和‘结构主义符号—权力’三派,而在技术控制论学派的理论中,控制论思想起着核心作用”②。

在口语传播领域,控制论的渗透主要有二。第一,认为技术语音可与人类语音(口语)相提并论,可在一定程度上借助信息的传输实现跨物种的沟通,即“人际交流和人机交流在‘智商’‘情商’‘可信商’上具有共通性基础”③。第二,机器与人类以相似的方式处理和控制信息的流动,且机器的控制力不弱于人或与人保持同等水平(在当时的时代背景下)。反观当下,过往的第二点渗透显然已经异化出技术控制人类、改变人类和影响人类本质的趋势。其实维纳最初在发布《人有人的用处》一文时,就曾警醒人类应时刻注意技术和技术操控者对人的控制和侵袭。一方面,他以控制论思想畅想人、机器与其他物体交互的信息连接系统;另一方面,其始终对技术及其图谋者保持警惕④。然而,在当代人机传播实践中,尤其是在人机语言交互和人类口语传播中,人们似乎仅看到控制论在追求人机平等层面的局部功能呈现,口语传播领域的“人有人的用处”之中国传统口语中的诗性及其本质差异却往往被忽视。异化⑤一词源自拉丁文“alientatio”,是“人的活动及其产物成为人的异己力量、人被自己的活动及其产物所控制和奴役的社会现象”⑥。异化理论亦是马克思主义理论中的重要观点。将此异化延伸至数字技术领域可知,“科技产品作为人类的劳动产品,也存在着与一般社会产品类似的异化现象”⑦。此时,技术可能会违背主体(人)的需求和意图,对人及人的因素产生根本性破坏,甚至有可能将机器对人的模仿行为异化为人“本来的”行为,使得某些神圣性因素和社会性因素消磨殆尽。若真发展至此,人将在不断自证为人的过程中越来越不像人(如作者须承担和自证AI查重率的判断失误),以技术合成语音为代表的“数

① 彭永东.控制论的发生与传播研究[M].太原:山西教育出版社,2008:179.

② 陈力丹.试论传播学方法论的三个学派[J].新闻与传播研究,2005(2):40-47,96.

③④ 江潞潞.智能交往,未来已来:“激荡AIGC”数字交往八人谈观点综述[J].传媒观察,2023(3):48-54.

⑤ 有学者归纳了作为学术概念的“异化”所承载的三层含义:一是宗教的角度,异化意味着人与神分离,也就是疏远上帝、不信神、无知;二是从心理学的角度理解,异化是指人的痛苦的感受;三是哲学的角度,异化主要用来表征主客体的关系。详见马新颖.异化与解放:西方马克思主义的现代性批判理论研究[M].北京:中央编译出版社,2015:54-55.

⑥ 何士青,徐勋.科技异化及其法律治理:基于以人为本的视角[M].北京:中国社会科学出版社,2010:43.

⑦ 王君超.传播科技异化与新闻事件的异化机制[J].人民论坛·学术前沿,2018(24):84-91,120.

字”力量将“开始成为人类主体难以驾驭的力量,并产生反过来控制人、统治人、危害人的特殊现象”①。

概言之,人类对技术机器的持续开发和平等对待获益于维纳的控制论思想,但现如今,人类对技术媒介的探索已部分僭越了维纳早期提出控制论的原意。技术及其产品正在人类口语传播、精神交往、情感创造等领域产生一系列异化行为。此外,须始终注意的是,“人机交互的核心并非在于达成沟通,而是以蒙蔽与欺骗为前提”②。数字时代以降,人们被欺骗的事实越来越严重,口语传播领域所出现的传统口语诗性的丧失以及所谓“数字口语”“人机对话”等看似完美概念的误用即此类欺骗行为的典型例证。

(三)“数字”文化景观的主导加速原生口语的失声

人工智能专家托比·沃尔什(Toby Wals)曾在《人工智能与人类未来:探索人工智能的道德边界》一书中将数字技术视作“奇怪的入侵者”,认为其对社会文化造成不可预估的风险。尼尔·波兹曼(Neil Postma)早在1998年发表题为《关于技术变革,我们需要了解的5件事》的演讲,其中的许多观点可在今天得到验证。例如“技术会给予,技术也会夺取……新技术的优点和缺点永远不会在人群中平均分配”③。包括资本家在内的技术开发者及其应用者不仅是“个体风险的承担者,更是文化风险的承担者。他们之中最有创造力、最大胆的人希望最大限度地利用新技术,而不关心在此过程中颠覆了哪些传统(文化)”④。面对数字技术对口语文化产生的冲击和影响,我们迫切需要关注沃尔什提出的这一问题,关注有机物(人类)与无机物(机器)之间的本质区别,尊重、探索和重申“数字”文化⑤与人类传统文化之间那些不相容的矛盾。在数字时代,技术逐渐居于主导地位,且越发凭借人类文化的知识支撑形成自身的技术文化景观——“数字”文化景观。

---

① 马克思.机器、自然力和科学的应用[M].自然科学史研究所,译.北京:人民出版社,1978:201,207.

② 张艳.人机界面中的交往人:媒介考古分析[J].当代传播,2024(4):55-63.

③ 沃尔什.人工智能与人类未来:探索人工智能的道德边界[M].邓育渠,译.北京:中国科学技术出版社,2024:7.

④ 沃尔什.人工智能与人类未来:探索人工智能的道德边界[M].邓育渠,译.北京:中国科学技术出版社,2024:8.

⑤ 本文所指的数字文化与数字文化产业领域的数字文化的定义稍有出入,二者的共性在于都以数字技术为主要手段,但文化产业领域的数字文化更多强调利用数字技术对人类文化或文化资源进行数字化处理,本身即以文化创意为核心,是一种正向性表达。而本研究中的数字文化主要突出技术主导性,以技术为第一要义,文化次之,在一定程度上代表与人类传统文化的分道扬镳。或许更贴切的表达应为“技术文化”,但为求标题对仗,拟为“数字”文化。

“数字文化来源于电子计算机的二进位制(0、1)数字。因此,数字文化与计算机、互联网的发展紧密相关。”①马克·德兹(Mark Deuze)认为,数字文化景观是“正在形成的一套关乎人们在当代网络社会中如何行动和互动的观念、实践、期待”。当数字技术及其文化开始侵入人类生活的方方面面时,我们不得不深思,以原生口语为代表的人类文化内涵能否得到持续的传承与创新?人及文化的社会价值与精神价值又能否得到延续?②

于口语传播而言,原生口语及其知识群落已然无法顺应“新媒介环境的逻辑”③,正逐渐被新的数字技术媒介所取代。“在原生口语文化中,口口相传的是集体(人)记忆”④,而在数字时代,人与人的关联性和集体性日渐式微,人与机器、技术、AI语音助手的关联反而日趋紧密。至此,人的集体化生存失去了指导地位,人机共存的集体场景顺势成为主流,机器记忆开始部分取代人的集体记忆。如果说在次生口语时代,文字对人类语音的转译仍然保留了某些原生口语传统遗存的话,那么在数字时代,原生口语及其文化则近乎无枝可栖。在原生口语文化中,“人类的交流是主体间的互动,‘媒介’交流模式却不是,主体间的互动是人类得天独厚的模式”⑤。人与AI语音助手、虚拟主播、数字人等技术媒介的交流有且仅能停留在“媒介交流”模式层面,始终无法产生主体间性,从而将人类一切为适应社会生存环境所付诸的文化体验实践排除在外。由此可见,数字时代的象征物——技术合成语音已经不再属于人类“口语”的范畴,更勿论其背后的一系列文化现象,人与数字技术间的“媒介交流”模式在文字媒介加速辞气失踪的基础上进一步导致了人与口语诗性的分道扬镳,人类口语中的辞气和诗性传统在数字时代面临销声匿迹的风险。海德格尔在过去所强调和向往的“诗意化的栖居”往往不在别处,就在无文字普及、无数字技术介入的原生口语时代里。至此,作为言说主体的人应在口语媒介发展的全过程中,始终重视和强调对以辞气、诗性为代表的口语传统的呼吁,人类之于口语传播领域的研究亦亟须从关注技术物的领域走向关注人类主体的范畴。

---

① 杨国斌.转向数字文化研究[J].国际新闻界,2018(2):99-108.

② 江小涓.数字时代的技术与文化[J].中国社会科学,2021(8):4-34,204.

③④ 黄华.技术、人与传播的关系:来自沃尔特·翁的启示[J].南昌大学学报(人文社会科学版),2016(1):103-108.

⑤ 翁.口语文化与书面文化:语词的技术化[M].何道宽,译.北京:北京大学出版社,2008:137.

四、余论:从关注技术物的研究走向关注人的研究

现如今,“数据主义的兴起及其计算思维正在成为一种流行的意识形态”①,以数据化(datafication)为代表的意识形态逐渐普及②。在口语传播领域,研究者日趋关注以AI、语音助手、虚拟主播、数字人等为代表的技术创新,其均是基于工具理性的物的发展逻辑,不同于彰显价值理性的人的文化研究。“从古希腊时期对语言的完全无意识一直走到了近代把语言贬低为一种工具”③,口语越发演变为一种物化、技术化的工具,从而偏离了人的研究疆域。但其实自媒介研究与物质性研究在中国广受关注起,就曾有学者明示,“物质性的视角并非只强调物本身,而是以物作为本体、从物的视角去思考人与物共同构成的媒介关系网”④。只不过在辐射至口语传播研究中时,对于技术的关注俨然超越了对于人的关注。因此,我们务必在数据主义大行其道的背景下保持警惕,始终坚守人文主义的价值观底线⑤。于人类口语而言,“言语本身有独立于文字的口语传统”⑥,人类从口语中寻求体现自身价值的辞气和诗性等恰是人类价值理性得以生存的重要根基。

当今口语传播研究关注技术物的原因大致有以下三点。第一,延续以往关注技术物的生产功能的传统,重视物质基础的积累和话语权的争夺。马克思和恩格斯在《德意志意识形态》一文中阐释了两种不同的生产过程。一种是物质的生产,主要沿着生产力发展的路径进行;另一种是意识的生产,包含人的文化、思想、观念等。20世纪中叶起,广播、电视、录音、录像、语音合成等技术伴随大众的物质生活需求逐渐兴起,为求物质技术的发展和对话语权的争夺,技术物的研究愈演愈烈。第二,认为技术物本身具备中立性,尤其是在人的操控下。然而在马尔库塞(Herbert Marcuse)看来,“在现代社会里,科技不再具有中立性,而是已经成为一种

① 陈昌凤.数据主义之于新闻传播:影响、解构与利用[J].新闻界,2021(11):4-13,31.

② DIJCK J V. Datafication, dataism and dataveillance: big data between scientific paradigm and ideology[J].Surveillance & society, 2014(2):197-208.

③ 加达默尔.真理与方法:哲学诠释学的基本特征[M].洪汉鼎,译.上海:上海译文出版社,1999:570.

④ 吴璟薇,曾国华.新闻学研究的物质性转向:数字时代的媒介本体与媒介中介性[J].新闻与写作,2021(11):28-37.

⑤ 陈昌凤.数据主义之于新闻传播:影响、解构与利用[J].新闻界,2021(11):4-13,31.

⑥ DERRIDA J.De la grammatologie[M].Paris:Les Editions de Minuit,1967:44-45.

统治工具或意识形态,意识形态具有操纵人的力量"①。托比·沃尔什亦曾从种族主义者、性别歧视者、计算机老板等角度剖析了技术机器存在的意识形态问题。如"马斯克旗下公司 x AI 推出的一款名为 Grok 的语聊机器人就曾在聊天中表现出明显的种族歧视和性别歧视,Open AI 及其他科技公司的相关人员亦存在故意训练其学舌'左派'的非正常言论"②的嫌疑。第三,当今世人仍未意识到人类自身的强大力量,那些崇拜技术与机器所显现出来的巨大力量的人,其实只是未曾意识到人类本体的无限潜能。机器主义和数据主义"否认了人的主体地位,数据主义奉为至善的'信息自由',其赋予的对象不是人类,而是信息,是数据流形态的信息"③。换言之,技术的本质是创新功能、提高效率、强化权力,同时亦在无形中表达对人类主体意识的否定。尽管如此,有两点须说明。首先,即使过度化的技术发展和物的研究会给人类自身带来一定的威胁与挑战,但人类始终不能也无法抑制技术的发展,毕竟,"比野蛮人破坏机器的任何行动更可悲的是野蛮人转移人类发展动机的威胁……是对于促成主要人类技术成就的无私研究的阻碍"④。其次,哪怕是原始部落的口语活动、上古时期的巫祝实践或"杭育杭育"式的劳动号子,本身都与人类的生产劳动活动紧密相关,其须服务于人的生产实践需求。且从文字到"数字"的媒介更迭亦同时作为生产力进步的标志,促进了生产工具的多样性和生产关系的复杂性。与此同时,尽管文字或"数字"会对口语及其文化造成一定的能动性损伤或发展滞碍,但其并非无法共生,反而存在相互赋能的可能,如至少可在相反的层面敦促人类重新审视口语及其传播活动的本质特征与核心价值。

基于此,作为言说主体的人须始终践行的是:一方面,检视技术发展逻辑的负面影响——对人类本质的冲击与抵牾;另一方面,关注"人"的研究的发展需求。口语传播领域有关"人"的研究,具体可参考以下思路从社会交往、知觉感官、民族文化差异等方面展开。"生产和交往是人类社会活动的两大基本形式,且交往是使生产得以进行的内在条件,没有交往就没有生产。"⑤马克思和恩格斯最早在《德

---

① 王君超.传播科技异化与新闻事件的异化机制[J].人民论坛·学术前沿,2018(24):84-91,120.

② 高贵武,刘亚龙.重思对话:智能传播背景下人机语言交互中的"对话"赋能[J].新闻爱好者,2024(7):8-15.

③ 陈昌凤.数据主义之于新闻传播:影响、解构与利用[J].新闻界,2021(11):4-13,31.

④ 芒福德.技术与文明[M].陈允明,王克仁,李华山,译.北京:中国建筑工业出版社,2009:266.

⑤ 周德刚.世界历史维度中的马克思交往理论及其价值指向[J].学术论坛,2010(4):1-5.

意志意识形态》等著作中提出交往理论,并对交往的内容、历史和发展作详尽论述。“马克思的交往理论是一种社会交往理论。”①它既包括人与人之间的交往,也包括人与社会、社会与社会之间的交往。反观当下,技术开发者似乎仅关注生产与回报,忽略了维持生产得以进行的内在条件——社会交往。口语传播向度的交往研究可汲取马克思、恩格斯的理论贡献从经济交往、政治交往、文化交往、精神交往等维度展开细致讨论。知觉感官方面,《文心雕龙·养气第四十二》有言,“夫耳目鼻口,生之役也;心虑言辞,神之用也”②。意即耳目鼻口服务于人的生命活动本身,心思语言亦由精神活动所支配。以言说(口语)为代表的一切人类活动须依托耳口鼻心目等知觉感官的协调配合,脱离知觉感官后的人的一切“仿生物”(如合成语音)已经与人脱离干系、不再属人。借此,口语传播应重视和强化对人的知觉感官性的强调与研究,通过此类研究廓清人与机器、技术和物质的边界。民族文化差异方面,鉴于不同民族在口语媒介的使用偏向上存在不同的思维惯性,亦存在不同的生活方式和口语文化,故而对口语传播的考究不能囫囵吞枣、一概而论。亦如沃尔特·翁所指,“在口语民族之中,口语是一种行为方式,而不仅仅是一个思维信号”③。此前已有学者关注藏语口传之于汉语口传的独特性。例如,“西藏的口语传播存在大量的非语言符号,采用谣谚、诗歌、隐语等口语传播表达其对政治的意见”④。因此,未来的口传研究可基于民族文化差异的视角从不同区域、不同民族(尤其针对少数民族)、不同国家等维度对口传特性展开互动与讨论。

总之,面对数字时代技术与文明的新挑战,口语传播及其文化研究任重而道远。中国口语传统中蕴含着丰富的以“辞气”和“诗性”为代表的口传文化特性。面对由文字和数字技术所造成的对人类语音震颤的生命质感的遮蔽,作为口语活动的唯一言说主体,我们不能“罔顾文化的要求,欣然改造我们的生活以适应技术的要求”⑤。人类言说主体务必重审以“辞气”和“诗性”为代表的口语传统的必要性,于算法统治中夺回声音的主体性,在口语传播领域作返本开新式研究。

---

① 胡为雄.马克思的社会交往理论[J].教学与研究,2004(8):39-45.

② 刘勰.文心雕龙[M].王志彬,译.北京:中华书局,2012:207.

③ 翁.口语文化与书面文化:语词的技术化[M].何道宽,译.北京:北京大学出版社,2008:24.

④ 袁爱中.西藏口语传播的特点研究[J].当代传播,2009(1):60-63.

⑤ 沃尔什.人工智能与人类未来:探索人工智能的道德边界[M].邓育渠,译.北京:中国科学技术出版社,2024:9.

主持传播前沿话题

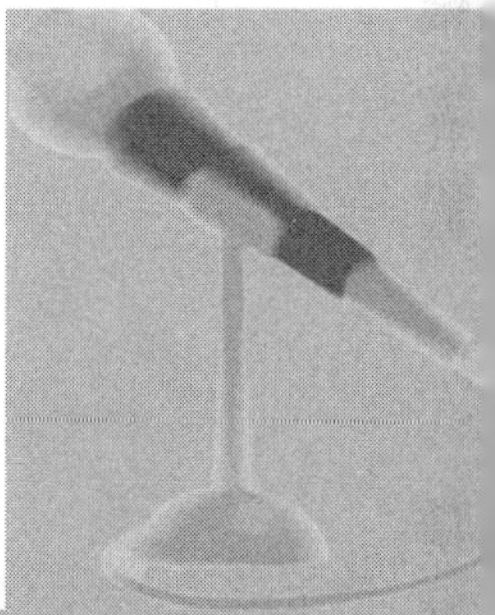

仪式传播视域下主持人服饰元素的文化影响力

◎ 曾志华*

当说话成为一种职业，主持的专业性和特殊性便越发凸显。我选择用“占据屏幕的专业素质”来概括它。这种素质来自三个方面：外在形象的直观展现、内在气质的综合映射、语言功底与表达能力的精湛运用。谈及语言功力，张颂老师多年前就曾提出“几力”的概念，强调“功力”是“功夫”和“能力”的结合。而今天，我想将目光聚焦于外在形象中最具视觉冲击力的部分——服饰，和大家分享一下我的感悟。

我发现，在众多节目中，尤其是新闻播报类节目中，部分主持人在着装选择上显得颇为随意，缺乏专业考量。这种“三随”态度（随意、随性、随便）忽视了传播作为一种仪式的庄重性，也忽略了仪式化表现在传播活动中的重要性。但是好在有这样一批团队和栏目，他们既关注仪式本身的传播特点，也关注传播活动的仪式化表现。比如在今年春节期间，《新闻联播》的八位主持人以九组不同的组合形式，从农历癸卯年的除夕到甲辰年的正月初八，每日一组，身着中式服饰，圆满完成了播报任务。他们的着装既契合了新年喜庆的气氛，也紧密结合了每位主持人的声音特质、情感表达以及播报风格，因此受到社会各界好评。这些服饰，从款式、色彩、配饰到整体风格，不仅体现了国家形象和意识形态，也应该被视为主持人文化影响力的重要组成部分。今天我们讨论的主题是“再造重构”，这让我不禁回顾并反思自己十几年前提出的“文化影响力”概念。也许正可借此机会，在其基础上重新思考、拓展乃至重构。下面我将从三个方面阐释为什么说服饰是主持人

* 曾志华，中国传媒大学播音主持艺术学院教授。

文化影响力的重要组成部分。

一、服饰作为文化认同的纽带

服饰本身就是文化的一种外显,常被看作文化认同的重要标志。在仪式传播中,服饰是作为一种视觉符号出现的。尤其当主持人出现在专业屏幕上时,其服饰往往占据视觉的显著位置,所产生的视觉冲击力是可想而知的。因此,服饰的符号意义源于它背后的文化语境和历史积淀。

回望2021年至2023年春节期间的《新闻联播》,主持人的着装始终以红色为基本色调,涵盖了多种红色;款式则以中式风格为基础,同时融入西装、领带等现代元素。在面料选择方面,女主持人郑丽曾穿过一件面料比较有光泽、容易反光的衣服。从电视镜头的表现效果来看,这样面料的服装不太适合出镜。

在2024年春节期间,《新闻联播》主持人的服饰视觉上整齐划一,面料有高级之感。这个高级未必是价格贵,而是指符合电视播出的原理。另外红色主基调与中式着装统一,没有再出现西装、领带等元素或者白色等其他颜色。红色是中华民族最喜爱的颜色。东汉的一位文学家和训诂学家对于红色的解释是:“赤,赫也,太阳之色也。”中华民族觉得红色是光明之色,象征着喜庆、欢乐和吉祥,也代表着热情、诚实、稳重。因此红色服饰在春节期间的《新闻联播》中,成为主视点。由于《新闻联播》是中国传播最广、影响最大、最具权威性的节目,被誉为中国政坛的风向标,因此在这个时节,最具仪式感的主持人服饰颜色非红色莫属。设计师选用红色,非常符合我们民族的传统习惯与节日主题,不仅呼应了春节喜庆祥和的氛围,体现了对传统文化的深刻理解与尊重,也是对自身文化身份的一种认同。

在很多重要的国际文化交流活动中,“中国红”常是吸引世界目光的焦点。例如在2004年,埃菲尔铁塔在其建成115周年的时候,第一次亮起了代表中国的红色灯光。这很令人振奋。我想当时在巴黎、在铁塔下的中国人该是多么的自豪和骄傲。“中国红”元素作为一张流动的名片,在国际活动中得到广泛传播,使世界更加关注东方文化,促进了东学西渐的常态化发展。中央电视台新闻节目的主持人在着装颜色上的选择与呈现,尤其是春节期间的红色服饰,对于推动这一色彩符号的传播,无疑发挥了举足轻重的作用。

二、服饰作为文化传播的桥梁

服饰作为一种具有象征意义的符号，其文化符号体系的建构过程涵盖对款式、色彩与材质的选择和搭配，同时也依赖于其所出现的环境、场景、合作对象以及传播平台的调性。

2024年春节期间，《新闻联播》主持人的服饰设计灵感来自中国文化的瑰宝——词。服饰的颜色与花纹，都借鉴了词的艺术。更值得一提的是，服饰上的诸多花纹与线条还汲取了永乐宫壁画的精髓，而永乐宫壁画也是中国的瑰宝之一。这些服饰上精美的花纹、樱木等，图必有意，意必吉祥，也是一种符号。尤其是服饰上的纹样，体现着满满的中国传统文化内涵。这些中国瑰宝给设计师带来了灵感和创意，使主持人的服饰成为彰显文化自信、推动文化传播的视觉载体。在全球化的大背景下，中国不仅积极地拥抱世界潮流，更坚定地走自己的文化发展道路。而我们的职责正是要保护和发扬好中华民族独特的文化瑰宝。作为播音员主持人，我们的职责是把这些文化传递出去。

三、服饰作为文化传承的载体

文化传承的载体之一便是服饰。主持人的服饰作为一种文化的载体尤其体现在细节的设计与品类的选择上。例如，今年春节期间一套红配绿的服饰造型尤为引人注目。在日常生活中，这样大胆的色彩搭配或许并不常见，可是在春节期间，这样的搭配营造出一种欢快而和谐的氛围，再加上立领的设计、传统盘口的运用以及内外颜色的呼应，使得整体造型既大胆又生动。其中，墨绿色的选用更是恰到好处，既保留了古典的雅致韵味，又避免了翠绿的俗气与突兀。

以康辉的一套新中式服饰为例，青色为底，莲花图案点缀其间，显得清新脱俗而不失雅致。红色的扣帕与袖口设计，为整体造型增添了几分活泼与灵动。与女主持的红色服饰相呼应，这些设计细节不仅体现了服饰的和谐统一，更彰显了文化的深厚底蕴。男主持人的对襟上绣有云气纹，云代表祥瑞、平安。女主持人的服饰采用传统盘扣设计。盘扣的历史可追溯到远古时代的“结绳记事”。随着时代变迁，盘扣逐渐发展成为一种具有丰富寓意的装饰元素，象征着如意、团结与和谐,也为服饰增添了精巧趣味与民族风韵。这些服饰设计细节,使主持人的服饰更具文化内涵与审美价值。

四、结　语

文化离不开传承,而传承需要被记录和表达。主持人不仅通过有声语言传播信息,也通过服饰传递文化信息。作为人类文明的重要组成部分,服饰不仅是物质文化的体现,也是精神文化的象征,它的文化影响力深远而广泛。一方面,主持人通过对服饰的精心选择,可以塑造独特的个人形象,甚至在一定程度上代表国家形象。例如,主持人李梓萌常选择大开领设计的服装,这不仅展现了她的个人风格与特点,也构成了她独特的个人IP,增强了受众对她的认知和记忆。另一方面,主持人可以通过服饰传递特定的文化认知和价值观念。这一切,共同提升了整个栏目、整个传播内容的文化品位和审美价值,增强了传播的文化内涵和文化影响。

(整理丨河南大学新闻与传播学院硕士研究生 李静雯)

AI主播在新闻实践中信任机制的建立及伦理规范

◎ 贾雪帆*

摘要：信任，是新闻媒体获得长期稳定受众群体的基础。当媒体出现新闻伦理问题，受众对其的信任也会随之下降。随着生成式技术的发展，AI主播开始推广至视听新闻领域。因“降本增效”“技术新鲜”等优势，AI主播受到媒体和受众的信任，并得到积极推广。但现阶段AI主播因技术原因极容易出现包括伦理缺陷在内的表达和理解认知等问题，甚至会损害真人主播的权益，最终影响受众对媒体的信任。本研究以信任机制为理论基础，分析新技术对各方信任带来的影响，认为媒体不能盲目推广AI主播；在后续发展中，生成式技术要更多地为AI主播“铸魂”，同时出台法律规定完善行业规范，确保真人主播和AI主播的各项权益，让受众在媒体运用新技术时仍能保持对媒体的信任。

关键词：AI主播；新闻实践；信任机制；伦理规范

2018年11月7日，新华社重磅推出全球首个AI主播，主播（主持人）这一岗位从此进入人工智能化时代，越来越多的AI主播开始出现在各大媒体平台，短短几年内，数千名AI主播在各媒体单位中“上岗”。2024年春节假期期间，杭州电视台《杭州新闻联播》栏目组以该栏目组真人主播雨辰、麒宇为原型，利用AI技术生成了AI主播小雨、小宇，替真人主播“上班”。与此同时，真人主播雨辰、麒宇休假并发布过年短视频一事成为社会关注的热点话题。新闻主播朱广权曾经以“地球不爆炸，我们不放假”来形容新闻工作者的工作状态，而这一说法在2024年春节

---

* 贾雪帆，复旦大学新闻学院博士研究生、天津传媒学院播音主持艺术学院副教授。

假期期间被“打破”。

以人工智能技术为代表的数字媒介快速发展,为应用新闻领域带来了颠覆性的变化。传统媒介中“人(新闻工作者)—外部世界(现实或实在)”的关系在新技术的普及下逐步转变为“人—媒介(技术)”的关系,位于“幕后”的“媒介(技术)”逐渐与“人”成为传播过程中的双主体①。这一改变使新闻媒体在降本增效方面有了明显改善,同时因技术的新鲜感等因素又可在短期内提高媒体的收视率和话题讨论度,媒体对 AI 技术的推广一般持积极态度。但作为官方宣传机构的新闻媒体,现阶段倘若广泛推广 AI 主播,就要面对机器在生成节目的过程中语态表达上存在的技术缺陷,更要应对在传播过程中产生的伦理道德等问题。这些问题一旦在受众心中形成刻板印象,就极易出现受众对媒体的信任危机。从以往学者的研究可以看出,受众对媒介的信任主要集中在信任机制的定义与内涵方面、媒介间信任机制的比较方面和信任机制对媒介产生的影响方面②。本文以 AI 主播在新闻实践中的应用优势与局限为研究对象,以信任机制对媒介产生的影响理论为基础,探讨在人工智能快速应用到新闻领域的过程中,暴露的技术缺陷和新闻伦理问题如何得以优化和防范。

一、“降本增效”衍生的信任加持

(一)成本节约:媒体对 AI 主播的初始信任

真人主播因其形象、性格、专业擅长和主持风格等方面的不同,适合参与的节目也有所不同。同时,因新闻行业的特殊性,新闻生产在理论上需要 24 小时不间断运行,且不同类型的新闻内容很难整合在同一节目中,单个真人主播也难以胜任平台内所有节目的主持工作。因此,一家新闻媒体需要多个主播在编在岗,以确保媒体平台的正常运转。相比之下,AI 主播以技术生成为核心,其形象设定、性格特征与播报风格等均由后台技术所操控。理论上来讲,媒体只须具备 AI 技术

---

① 涂凌波,刘梦青.超越“新闻客观性”:新闻复合主体与新闻知识信任机制重建[J].新闻与写作,2024(5):14-26.

② 赵梓昕,臧志彭.激励与治理:社会认知视角下平台型媒体的媒介信任机制——基于身份认同的中介效应实证[J].科学与管理,2024(2):82-91.

即可生成无数个不同性别、不同年龄、不同类型的主播，而且这些 AI 主播也不受人事变动、年龄等因素的影响，可长期为受众主持节目。一档优秀节目要想做到持续“常青”，主播（主持人）起到了重要作用，这一点与受众对主播（主持人）信任机制的建立与维系有密不可分的关系。

受众在对主播的熟悉性、期待度和风险等因素的共同影响下形成了对主播甚至节目组的信任机制。就 AI 主播而言，受众更期待其具备可以无限趋于真人的行为逻辑，同时又可在工作完成度上超越真人，从而形成对 AI 主播从初始信任到可持续信任的转变①。随着技术的进步与完善，AI 主播在拟人性方面已愈发接近真人主播，相关信任机制已初步建立。同时，AI 主播具备可持续工作、出错率较低等优势，这些“超人性”特征进一步巩固了受众对其的信任，成为构建受众对媒体及主播的可持续性信任机制的重要组成部分。在这样的新闻生产模式下，节目组能够更加灵活地应对内容调整需求，无须因节目调整而频繁招聘或解聘真人主播，从而降低了用人成本。

截至目前，我国合格乃至优秀的双语或多语播音员主持人仍十分紧缺，直接导致聘请相关人才的成本高、难度大。但在国际传播政策的推动下，越来越多的地方媒体都开展了国际传播领域的探索和实践，对相关人才的需求量持续增加。而 AI 主播通过后台技术设置即可实现多语播报，甚至可以灵活切换不同地区语音（如英式英语和美式英语等），不仅解决了媒体相关人才短缺的问题，也降低了媒体对相关人才的聘用成本。

同时，由于 AI 主播主要基于技术生成，在后勤保障方面，媒体无须为其配备职业化妆师、服装师等后勤保障岗位，也无须提供实体演播室、服装间、化妆间等工作场所和灯光、声画收录等设备。若 AI 主播广泛代替真人主播，媒体在硬件和后勤配备方面就能大幅降低日常开支。在直接的经济开支方面，媒体无须为 AI 主播提供服装、化妆、外出采访等后勤补贴，更无须为其发放工资和奖金、缴纳社会保险或提供其他福利。因此，当 AI 主播被媒体广泛运用后，可从各方面直接或间接地降低媒体的财政预算，为媒体在“降本”方面做出重要贡献。

（二）效率提升：受众对 AI 主播的可持续信任

真人主播在工作时，精神一般都处于相对紧张和兴奋的状态。越是面对重大

---

① 向安玲.无以信 何以立：人机交互中的可持续信任机制[J].未来传播，2024(2)：29-41.

和突发的新闻内容,主播的精神状态就越紧张和兴奋,固定的极限工作值就越短。在连续播音或主持节目超过极限工作值后,主播的身体和精神都会出现不同程度的透支,极大地影响节目的质量和主播的身心健康。而 AI 主播由机器运行,在理论上不存在极限工作值,可以做到 24 小时连续工作,在工作效率方面远远超过真人主播。当遇到重大事件和突发新闻时,AI 主播不仅可以不间断地长时间工作,也可省去化妆、换装、备稿等准备环节,同时无需额外协调灯光、摄像调试等保障岗位的工作时间,做到最短时间内快速投入播报,最大程度保证新闻的时效性,并且不受外在环境、心理状态等因素的影响,第一时间以标准的状态完成新闻生产工作,极大地提升了新闻制作的效率。

信任是人在社会活动中与他人或其他机构建立相互联系并形成社会约定的前提条件,而媒介信任则体现为受众对媒体传播内容的信赖和依赖[①]。随着技术的进步,受众对信息的时效性和准确性的要求越来越高,同时因商业自媒体的快速发展,受众对媒介的选择不再单一,传统新闻媒体面临的竞争也愈加激烈。这就要求主播在收到播音稿件时必须以更快的速度和更高的质量将信息传播给受众。传统新闻媒体一旦在速度上慢人一步,受众就会被其他媒体"抢"走;而一旦在播音质量上出现纰漏,更将逐步削弱受众对媒体的信任。久而久之,就会出现受众流失、媒体影响力减弱等现象,受众对媒体的信任度也会愈来愈弱。因此,优化播音速度和提高播音质量对传统新闻媒体而言十分必要。

由于 AI 主播在工作过程中完全依靠计算机程序代码,只要代码无误,AI 主播在工作状态下就很难出现漏播、错播等播出事故,因此,在面对日常新闻节目中的临时插播新闻或重大长新闻时,AI 主播比真人主播的出错率更低,最大程度减少了安全隐患,提升内容可靠性,让受众在最短的时间内获取准确信息。与此同时,传统新闻媒体固有的权威性也使受众在选择媒介时更加倾向于传统新闻媒体。长期来看,AI 主播的引入不仅能够增强媒体的权威性和收视表现,还能建立和强化可持续的受众信任机制。这不仅可以扩大媒体的受众范围、提高受众忠诚度,也有助于提升新闻媒体在广告招商等经营活动中的主导地位,为媒体在"增效"方面做出绝对贡献。

---

① 贾哲敏,孟天广.信息为轴:新冠病毒疫情期间的媒介使用、信息需求及媒介信任度[J].电子政务,2020(5):14-27.

二、表达缺陷引发的信任危机

主播(主持人)的表达不仅是影响新闻传播范围和传播影响力的重要因素,也在一定程度上反映了媒体对新闻事件的态度和价值取向。当主播所传递的价值取向与社会主流价值观相悖时,容易产生受众对媒体的信任危机,进而引发新闻伦理问题。本节将聚焦于 AI 主播在工作过程中存在的表达缺陷,分析其可能导致的价值观偏差以及由此引发的受众对媒体的信任危机,并进一步论证如何防范相关的伦理问题。

(一)播报机械:共鸣降低带来的信任危机

“情绪”是人类在认识世界的过程中对外界事物产生的主观态度。在对待同一事物时,不同人因客观环境和对主体理解程度的不同,所体验的情绪类型与情绪强度也不尽相同,这样的区别导致不同主播在播报同一稿件时呈现的传播效果也有所不同。由于 AI 主播不具备真人主播对客观世界直接、细腻的感知与理解能力,因此在播报过程中并不能像真人主播那样实现如人类般丰富而自然的情绪表达。虽然以现有的技术可以在设置代码时为 AI 主播注入不同情绪,但 AI 主播对情绪表达的程度和情绪变化方面的把控仍然较弱,表达时仍然存在较强的机械感,对播音学基础理论中的情景再现、内在语、语气、节奏等内外在情绪表达效果远不及真人主播,对新闻应有的情感和温度也很难表达出来。

在新闻播报过程中,虽然新闻工作者应当客观、公正、准确地将信息传递给受众,但在具体操作过程中,情绪的处理与调动却是激发受众持续关注新闻并建立对新闻内容的信任,从而实现更高效传播效果的重要因素。受众在消费新闻时对新闻内容产生共情是受众对该内容持续关注的重要原因,而如何让受众产生共情则需要从内容传递端入手,具体来说就是在新闻播报过程中运用丰富细腻的语言和对新闻深刻的理解来表达新闻内容。例如,2008 年汶川地震期间广为流传的“母爱短信”新闻,虽有学者在当年就已通过多方查证指出其为虚假信息,但央视主持人文静在播报时以女性视角将母爱的伟大通过丰富的语言情绪表达出来,使大量观众感动落泪。直至 2024 年 5 月 12 日,仍有大量受众在新媒体平台上转发当年的新闻视频,并坚信报道内容真实。这一案例充分说明,在播音创作过程中,情绪的饱满呈现足以强烈地触动受众,使其对新闻内容产生深刻的信任。

社会学研究表明,信任是相信某个人或某个机构对待某件事情的做法符合自己心理预期的一种态度①。主播代表着自己所在的媒体,受众对主播的信任也就是对该媒体的信任。受众正是因为对主播播音态度的认同而产生了对主播以及对所在媒体的信任,这种信任一旦形成,媒体就更容易拥有固定的受众群体,因而也就更容易建立并扩大传播影响力。以“母爱短信”报道为例,AI 主播由人工生成,本质上并不具备性别属性,也不具备人类面对生死时表现出的特有情感,更无法通过语言情绪表达母爱的伟大。假设这则新闻为真实事件,而当年如果通过 AI 主播用机械化的情绪进行播报,这样的内容是否还能流传至今并获得受众的持续转发?尤其当涉及重大新闻事件时,若因 AI 播报的情感表达不足而导致传播效果减弱,受众可能会在发现后指责媒体传播新闻不力,进而导致对 AI 主播的信任度下降。因此,如何防范由于 AI 主播信任下降引发的新闻传播伦理危机,成为其后期升级与突破的重要课题。

(二)对象感弱:接收缺陷带来的信任危机

“对象感”是播音学基础理论之一,是指播音员主持人在播音创作过程中意识到受众的存在并在心中建立起与受众交流的感觉状态,同时还要预判受众对自己所播内容的态度及反应,并在情感上建立交流和呼应。不同的主播在工作时对对象感的把握有所不同,所呈现出的播报效果也不尽相同。良好的对象感有助于满足受众在接收信息过程中的情感体验,而对象感的表达也是主播与受众沟通的无形桥梁。

但现阶段受技术等因素的制约,AI 主播仍无法像真人主播那样在播报过程中建立与受众的交流感,更不能做到预判受众的态度并及时调整播音状态。人与机器无法建立起情感交流和呼应,机器也很难为人提供情绪价值。在某种程度上,受众对某一档节目的认同和支持,主要体现在对主播(主持人)的认可之上。例如,2015 年 5 月,央视主持人敬一丹因年龄原因不再主持《焦点访谈》,引发了观众的大量讨论,甚至得到《北京日报》《贵州都市报》等媒体的报道。敬一丹自 1996 年起主持《焦点访谈》,以大气、严肃的主持风格和非常强烈的对象感和交流感获

① 郑也夫.信任论[M]北京:中国广播电视出版社,2001:2-5.

得了观众的一致好评。她在面对各种社会问题时,始终站在广大人民的角度,公正、客观和严肃批评的态度引发了受众的情感共鸣,不仅提升了受众对她本人的信任和好感,也强化了对节目组的信赖。很长一段时间内,社会中都流传着"有事就找《焦点访谈》"的说法,这充分体现了基于对主持人的信任而产生的对新闻媒体的积极影响。这种信任机制主要来源于媒体在内容制作中的专业性以及对新闻工作者职业规范的严格把控。在这样的理念下生产的新闻内容不仅符合甚至超出受众的心理预期①。然而,当 AI 主播被新闻媒体广泛运用后,播音创作中的情绪交流和呼应就难以通过 AI 主播体现,受众对新闻内容的心理预期也很难达成。一旦媒体无法在新闻报道的过程中与受众达成心理共识,就很难提升受众对节目的忠实度,节目的传播效果势必会显著减弱,进而破坏了媒体在受众心中建立起的信任机制。

因此,对 AI 主播来说,情绪的再度细化和提升是防范信任危机的重要手段。人是具备个性化的动物,在细化情绪表达的过程中,绝不能千篇一律地去调整,应有针对性地对不同的 AI 主播设置不同的风格特点,而这种风格特点需要在符合节目基调的基础上设置。只有这样,主播与受众的心理共识才更容易达成,受众对新闻内容的心理预期也更容易满足,信任机制也不至于被破坏。

(三)程式化强:吸引下降带来的信任危机

技术的推动使得 AI 主播在语音呈现上能够做到高度还原真人的语音语调。但在实际的新闻播报过程中,AI 主播对语流音变的处理仍不能做到灵活自如,对重音、停连、语气、节奏的把控也十分机械。这在传播过程中就加大了对传播内容的损耗,同时使得语言传播的艺术性大打折扣,播音工作完全成为工业流水线的一环,受众对机器生成的内容也逐渐出现信任问题。以互联网视频为例,不少受众在听到 AI 播音的节目时都会选择快进甚至直接划过。在主流媒体发展日趋平缓甚至稍有下滑的今天,这种情况一旦在主流媒体中大面积出现,将使得受众对主流媒体的评价更加不利,从而严重影响到媒体的收视率和广告盈利等。AI 主播"说人话"是保证受众忠实度的重要因素,也是建立受众对媒体信任的基础。因此,削减播音中的程式化表达是当前 AI 主播在实际运用中亟待解决的关键问题。

---

① 涂凌波,刘梦青.超越"新闻客观性":新闻复合主体与新闻知识信任机制重建[J].新闻与写作,2024(05):14-26.

从真人主播的视角来看,在与受众持续互动并根据反馈不断调整表达方式的过程中,他们很容易产生认知兼容性、情感兼容性和价值兼容性,从而赢得受众对节目和主播的信任①。但AI主播不具备独立的思维和心态,只能通过技术人员在后台设置某种情绪或情感。这种情感一旦形成,就会贯穿整条新闻的播报,AI主播无法根据新闻内容强化或弱化语气情绪,难以针对特定稿件突出重音和停连并把握好节奏,也无法根据受众的情绪和需要对自身播报内容进行调整。这样的播报作品给受众最直观的感受就是表达过假,不能深入人心,更不能建立认知层面的兼容,因此极易导致受众"弃看"该节目甚至该频道,并在人际传播和群体传播过程中形成负面评价,逐渐失去对主播和节目内容的信任,最终使节目陷入"低效传播"甚至"无效传播"的恶性循环。因此,AI主播要在未来实现广泛应用并保证节目传播效果,必须解决并防范此类问题。

三、伦理缺陷导致的信任断崖

(一)表达伦理缺陷导致的信任下滑

与人对人的信任相比,人对机器的信任有着更强的不确定性和不稳定性。目前机器在内容智能化处理方面,仍然具有一定程度的不确定性,而人也无法对这种不确定性进行预判和评估,因此加剧了人对机器的不信任成分,而这种不信任在媒介传播的过程中是不可控的②。截至目前,AI主播仍无法独立工作并成为一名合格的主播(主持人),人工校对的工作强度相比真人主播而言,高了不少。而主播在播报过程中不仅需要准确无误地将新闻内容传播出去,还需要提前预判受众对新闻内容的兴趣点和重点并将其精准"投射"至受众,以此提升节目的传播效果和受众的话题讨论度。例如,央视新闻主播朱广权因其在节目中使用如"地球不爆炸,我们不放假,宇宙不重启,我们不休息"等风趣表达,被受众冠以"央视段子手"的称号,而这些"段子"也经常被受众转引或修改后使用。在某种程度上,表达创新是增加新闻吸引力和受众兴趣的重要因素。

---

① 何贵兵,陈诚,何泽桐,等.智能组织中的人机协同决策:基于人机内部兼容性的研究探索[J].心理科学进展,2022(12):2619-2627.

② 向安玲.无以信 何以立:人机交互中的可持续信任机制[J].未来传播,2024(2):29-41.

但很明显，当前AI主播的智能化水平还未达到这一要求。它不仅不能提升受众对节目的期待，在播报中还容易出现对重音、停连等基本播音技巧处理不当甚至错误的情况。在这样的传播状态下，受众非常容易对新闻内容理解偏差甚至理解错误，进而引发传播伦理问题。例如，在播报党的先进性教育相关内容时，正确的表达应通过恰当的重音和停顿，将语义重心落在“先进性”和“教育”上。然而，由于AI主播在所有创作环节均靠程序代码支撑，缺乏对稿件的深入理解和情感体验，理论上非常容易出现不恰当的停连处理方式，错误划分为“先进”“性教育”。这两个短语完全是两种不同的含义，一旦停顿失误，即便文本内容完全不变，仍会造成信息传播的偏差，导致播音创作中“及于受众”的理念无法实现，而播音员主持人（主播）所承担的“桥梁”和“纽带”作用也会遭到破坏。

AI主播因并不具备自我判断的能力，出现错误后也无法及时调整和纠正。如果在重大时政新闻或国际重大新闻中出现新闻伦理问题，不仅会快速加剧受众对媒体的不信任，长期还会让受众对AI主播播音工作的不确定性、不可预知性和错误播音生发的影响产生技术恐惧，严重阻碍人机交互过程中可持续信任关系的建立。这种阻碍若长期存在，就会对媒体的权威性和公信力产生严重的影响，最终导致新闻媒体在国内外的传播影响力越来越低。要防范这种现象的出现，就必须解决上文提到的表达缺陷。最直接有效的方法即不断进行技术升级和优化，不能仅仅满足于AI主播外在形象的拟人化，更应去探索AI主播在思维层面的拟人化，真正实现AI主播无限趋近于真人主播。

（二）政治伦理危机导致的信任危机

新闻媒体是社会公共服务机构的重要组成部分。由于新闻职业素养和新闻伦理等因素的要求，新闻媒体及其相关工作人员必须遵守客观、公正、全面、准确等行为准则。AI主播通过高度模拟人的行为来创作节目，但并不具备真人的伦理意识和思维方式。当面对涉及社会风俗、道德伦理以及国家、民族、宗教和人类利益等重大议题时，AI主播能否像真人主播那样从本国与本民族的利益出发对问题进行能动性的思辨，能否始终确保传播的内容符合社会主义核心价值观，这些问题仍然需要进一步论证。

计算机利用各种数据代码在自动化学习的过程中不断影响着信息的准确度和权威性。这种不被广大受众清晰了解的数据板块和代码生成过程使得后期生成的成品内容具备一定的不确定性,并在一定程度上可以动摇受众对该技术的信任程度。当该技术运用到新闻领域中,就会引发受众对新闻内容和新闻权威的质疑,导致出现新一轮的信任危机①。然而,新闻媒体在运作过程中,意识形态传播的准确性不容出现任何失误,否则会导致裂变式传播,不仅对媒体的声誉造成极大的不良影响,还会对国家形象和人民形象带来不可逆的损伤。同时,国内外的不法分子也会抓住机会,利用一切可能利用的手段造谣和抹黑我们的党和政府。对世界观和价值观尚未成形的青少年来说,此类信息容易导致思想意识和民族信仰的混乱,进而持续加剧新闻媒体所面临的伦理危机。

目前,若想防范此类问题,最行之有效的方法是涉及政治伦理和社会伦理的新闻稿件全部由真人主播进行播报。但此种方法治标不治本,同时在一档节目中真人与 AI 主播(主持人)来回切换也容易造成受众观感上的不适应,从而引发新一轮的风险危机。因此,只有继续提升 AI 主播在形象上的真实度,使其在皮肤、表情等方面不断与真人趋同,才能最大程度减少此类情况的出现。但若将此思路大范围推广至节目制作中,上文提到的成本优势和效率优势又会出现不同程度的损耗,故此问题还需要进一步深入研究。

(三)"类人性"的伦理问题导致信任断崖

真人新闻主播在完成节目播音主持工作的过程中,不仅传递信息,还能从信息中快速捕捉最有价值或具备内在语的内容,并通过二度创作对其进行整理和输出,最大程度地将新闻的内在语呈现出来。不仅如此,主播在播音主持过程中还会将自己对稿件的理解融入语言表达,并借助眼神、动作和情绪等副语言,形成主播独有的人格化传播。相比之下,人工智能目前尚无法赋予 AI 主播角色意识和人格化表达能力。AI 主播无法识别稿件中的内在语,也缺乏用于呈现内在语的相应的创作技巧,导致新闻的二度创作和艺术性创作受到局限,也无法与受众建立情感上的连接。

在信息传播过程中,受众更希望信息的传播者是具备独立思想和独立行为能力的人,而 AI 主播并不具备这样的条件,无法满足受众对信息传播者的人格期

① 涂凌波,刘梦青.超越"新闻客观性":新闻复合主体与新闻知识信任机制重建[J].新闻与写作,2024(5):14-26.

待①。在这一背景下,受众始终存在对传播主体主观方面的主体性困惑,“谁在向我播报新闻”将会成为受众的疑惑之一,而技术的进步也让受众更难以区分“事实信息”和“计算代码”,最终造成真人主体性情感的缺失。这不仅会削弱媒体的权威性,也不利于 AI 技术在新闻播报领域的广泛推广,受众对新闻内容的信任危机继续得到强化。这种信任危机也会随着受众在过去与媒体接触中获得的感受而不断上升,尤其当受众本身就对 AI 主播排斥或不信任时,更容易受到偏误机制的影响。他们会根据自己对 AI 主播先入为主的评价,寻找更多案例以强化自己对 AI 主播的刻板印象,同时无视或淡化不利于印证自己刻板印象的证据。这一过程会持续阻碍受众可持续信任机制的形成与巩固。

在客观方面,AI 主播能否满足受众的内容需求,也是决定受众能否对 AI 主播产生可持续信任的重要因素。新技术往往会给受众带来新期待,但当新技术的实际体验并未达到用户的心理期待时,用户的信任度就会随着落差程度相应下降。一旦 AI 技术无法满足受众对内容的需求或无法解决受众面对的直接困难时,就会进一步降低受众对媒体的消费意愿和消费频率,从而进一步降低其对媒体的期待和可持续信任,最终导致媒体伦理问题的出现。从现有技术的发展来看,要完全防范此类问题几乎不可行,因此在新闻实践过程中只能做到尽量防范。例如,可将难度较大或影响重大的新闻稿件交由真人主播完成播报工作;现阶段也可将 AI 主播的应用范围集中于政策解读、新闻简讯等风险相对较低的内容。为防范此类伦理问题,重大新闻节目尤其是联播类新闻节目的出镜播音主持工作,在现阶段仍应由真人主播来完成。

(四)生成式表达导致的法律伦理问题

传统真人主播是以“人”的形象呈现在荧幕前,若想利用该主播的形象制造和传播虚假新闻或黄色新闻,只有让主播本人在相同的演播室环境下才有可能实现。而 AI 主播为人工合成,在技术条件允许的情况下,主播形象的代码一旦被破解,即可通过复制“盗版”主播形象来传播虚假新闻或黄色新闻。“黑客”在对“正版”主播的声音样本进行提取后,技术上也可实现语音复制,从而达到以假乱真的效果。在互联网视听内容传播常态化的环境下,不少自媒体博主都会转载主流媒

① 高贵武,赵行知.进化与异化 AI 合成主播的言说困境[J].新闻与传播评论,2023(2):5-16.

体的新闻片段,若有人利用此种思路通过“盗版”主播传播虚假新闻,将会对社会带来极其恶劣的影响,同时也会让受众对媒体的信任度持续降低,进而影响媒体的声誉和形象。一旦受众对媒体的刻板印象完全形成,就很难发生实质性的转变,导致媒体陷入信任伦理危机的恶性循环中。

同时,AI主播由机器合成,不像真人那样具有肖像权,一旦其肖像或声音被盗取,媒体很难通过法律武器维护自身合法权益,而维权主体到底应为新闻媒体还是AI主播的原形——真人主播,也将成为带有争议的话题。媒体面对“主播盗版”的行为,也只能通过“事后弥补”的手段来减少受众对自己的信任危机。截至目前,在新闻节目中运用的“高仿真”AI主播主要是通过对真人主播的形象提取与复制来合成形象。然而,正如上文所提到的,虽然AI主播可节省人力成本,但被复制形象的真人主播一旦没有了工作,是否还愿意继续留在所在媒体中?若该真人主播出现了人事变动,原媒体是否还可继续使用这一AI形象制作节目?新就职单位能否使用该真人的原型合成AI主播?是否会出现多家媒体使用同一或相似形象的主播共同制作节目的现象?为防范此类问题,新闻法的出台也显得更加迫切。只有完善相关法律法规并让其在媒体环境中得到不断调整和升级,才能适应快速变化的媒介生态。这样既可保障真人主播的合法权益,也能维护主流媒体的权威性。

四、讨论与启示:推广中的防范

AI主播目前在运用过程中获得了社会各界的广泛关注,不少受众出于对新技术的好奇而使节目因AI主播迎来了收视小高峰。同时,AI主播节省人力成本、提升播出效率等优势使媒体也积极推广AI技术的运用。然而,AI主播在信任机制和伦理问题等方面比真人主播则更易出现事故,因此在推广过程中必须做好防范,以免引发信任危机和伦理失范。

(一)从“无情”到“有情”

情绪和情感是连接主播和受众的重要关系桥梁,良好的情绪运用可以让受众产生更多共鸣并对节目组更加信任和依赖。在运用和普及的过程中,AI主播情绪的呈现直接影响受众对节目的依赖性和信任度。现有的技术虽然可以快速生成传播内容，但也让人际传播过程中的交流感、对象感受到了极大冲击，主播作为“人”的本质特性无法发挥。在对AI主播的研发技术不断升级的过程中，我们必须充分认识到，新闻传播的本质是人与人之间的交流。“人”是情绪变化极为复杂的生物，对待同一件事，不同人的态度和情绪也会有所不同。因此，AI主播在技术升级过程中也需要尽量以人的情绪为基准，进行个性化的设置和表达，做到灵活变通，避免让受众一眼发现人工智能的传播缺陷。这意味着AI主播不应完全以系统模板为基础，在不同稿件中也不应完全采取同一情绪表达方式，而要像高贵武教授所说的那样，为AI主播“铸魂”①。

对AI主播而言，做到“铸魂”甚至做好“铸魂”还需很长的发展历程。此外，在技术升级过程中也应尽量预判并抓取受众对播报信息的情绪反馈，根据反馈来随时调整播报状态和播报形式，真正做到机器与人之间的“人际传播”。技术发展仍是未来一段时间内的重点发展目标。在AI主播运用初期，媒体不可因受众图一时新鲜而盲目推广新技术，必须提前做好相关伦理问题的审查。当伦理问题无法得到有效预防或解决时，应选用真人主播来制作节目，因为节目的安全播出是新闻有效传播的基础。

（二）完善法律，维护行业规范

一般而言，在新技术普及的初期，大概率会出现各种乱象。这期间难免会有人钻法律法规的空白，出现违反伦理道德甚至触犯法律法规的行为，进而引发一系列社会问题。目前，视听新闻领域还未对AI主播的从业规范做出详细规定，但随着其应用的普及，又需要建立相应的行业规范，为媒体指明发展方向。利用人工智能来解放新闻生产力，降低媒体成本，提升新闻传播效率，建立更稳固的受众信任机制，是媒体行业和监管部门的共同愿景。

然而，随着市场化的高速发展，人才的流动愈加频繁，AI播报也面临着新的挑战：如何保障真人主播的肖像权？如何在出现人事变动后维护媒体和主播双方的合法权益？这已成为人工智能在视听新闻领域普及中需要优先解决的问题。此外，如果不法分子破解了AI主播的技术代码，应该如何定性其行为并依法予以惩处，也是新闻法治建设过程中需要考虑的又一问题。这些问题只有通过法律法规

① 高贵武.进化中的异化：AI合成主播的言说之困[J].中国主持传播研究，2023(1)：20-24.

的不断完善和升级才能得以规范和解决。只有出台和实施相关的条例,才能使整个行业健康发展并最大程度地防范信任危机和伦理道德问题,更好地促进人工智能在视听新闻领域的发展与应用。

边界勘定与体系构建:数智时代的主持传播伦理审思*

◎ 丁韬文　赵忆桐**

摘要:随着传媒艺术从机械化时代迈向数智时代,相继涌现的KOL、网络平台主播、电商带货主播、人工智能主播、虚拟数字人等新兴传播方式对既有内容生态的"创造性破坏"和对原有传播体系的边界性延展,推动了主持传播全新的互动关系的塑造与成型,但未能为这种全新的交互关系匹配系统性的伦理规范体系。只有立足于数智时代人机共生的内容协作样态,重新勘定由主持传播的边界溢出效应所带来的伦理关系变动,并在其伦理体系的建设中兼顾对技术运用的边界想象与失范现象的制度收编,才能在寻求价值对齐的路径探索中建构具有长效意义的主持传播伦理规范体系。

关键词:主持传播;传媒伦理;主持传播伦理;伦理价值体系

数智时代的到来为专业知识的垂直生产和艺术审美的多元塑造提供了更为丰富的媒介手段,其文化图景也正在经历数字化转向下的编码重组与轮廓勾勒。其中,数智时代各有千秋的传播主体、包罗万象的传播内容以及多元平等的传播平台等为主持传播提供了诸多高质量发展的契机。然而,主持传播的核心主体从专业化的主持人、播音员、出镜记者逐渐扩展至社会公众,传播权力不断让渡,加

---

* 本文系国家社科基金重大项目"百年中国播音史"(20&ZD326)阶段性研究成果。

** 丁韬文,中国传媒大学媒体融合与传播国家重点实验室博士研究生;赵忆桐,中国传媒大学媒体融合与传播国家重点实验室硕士研究生。

上“虚拟有机体”在传播中的运用增多,新的伦理矛盾随之出现。在这一背景下,主持传播的伦理规范不应该再单向性地指向“播音员”“主持人”等专业角色,其约束对象的范畴需要被重新划分,主持传播的伦理边界也需要被重新勘定。将数智时代的传播语境与传媒伦理学的理论视角相结合,跳出以往单纯将主持传播专业性角色作为伦理规范对象的偏狭框架,深入辨析当前主持传播中可能存在的业务实践失范和尚待嵌入的技术伦理体系,或将为数智时代的主持传播确立新的伦理指涉对象,并开辟新的伦理规范路径。

一、在延展中收紧:数智时代主持传播伦理的边界勘定

数智时代主持传播的传媒伦理边界呈现出在扩充中收束、在延展中收紧的发展特点。相较于传统媒体时代,数智传播语境中诸多“增量”的出现、商业市场的流量侵蚀、境外意识形态的文化渗透已然使得既往传播目标的实现、伦理规范的遵循、集体认同的塑造与主流价值观的传承等超越主持传播本身,成为牵涉语境变革的伦理学议题。与传媒伦理息息相关的主持传播作为一种富有实践性的传播活动,不仅需要在业务实践中遵循既有传播伦理规范,尽力规避当前行业生态中频频出现的“失范”乱象,还应以与时俱进的动态性视角提升内嵌在主持传播当中的伦理品质与实践品格,进而为潜藏在主持传播实践当中的丰富伦理问题构建可经受推敲的学理支撑。

伦理(Ethics)既是一种社会公众普遍认可的行为规范,也是调整自身与所处环境关系的一种道德遵循。它通常意味着人类社会中的主体根据普遍认可的社会准则来调整人与人、人与社会、人与国家之间的秩序。因此,伦理通常与道德要求和管理规制等密切相关。主持传播伦理研究的范围广泛而多元,既囊括了宏观层面的研究,如主持传播伦理与传媒伦理的关系探讨、主持传播伦理与国家形象的媒介构建、主持传播伦理与媒介技术环境的相互作用、主持传播伦理与话语权力的塑造程度、国内外主持传播伦理的异同对比等,[①]也包含微观层面的重要议题,如对主持传播主体职业道德的践行与失范、主持传播伦理的审美取向与相对性特征、主持传播伦理新的时代表征与发展诉求等。

---

① 章晓杰.当下播音员主持人传媒伦理研究初探[J].当代电视,2019(4):69-72.

然而,越来越多由主持传播的边界溢出效应而引发的伦理失范现象都表明,多元样态的业务实践亟须规范化、系统化的理论指导。无论是现下某些直播带货中所裹挟的消费主义、网络平台主播 PK 中存在的哗众取宠,还是虚拟数字人在应用过程中对 AIGC 的过度滥用,这些新兴主持传播样态所引发的伦理失范现象在更为深刻的意义上反映出的是因当下行业规范机制失灵而出现的一种反常状态,这种状态与传统媒体伦理的失效、社会生活方式的改变、用户价值观念的转移等相关联。法国社会学家埃米尔·杜尔凯姆(Emile Durkheim,又译为:涂尔干)将"失范"解释为一种社会规范缺乏、模糊或者社会规范变化多端以致不能为社会成员提供指导的社会情境。罗伯特·默顿(Robert K. Merton)也进一步指出,"失范"在社会目标和制度化手段之间的失衡性,是一种"结构性紧张"的社会状态。①

因此,要解决当下主持传播伦理所呈现出的滞后问题,不能单纯地将其归因于技术发展迅速而行业规范仍具"钝感"特征,而应从整体的社会性视角出发,分析传媒关系变迁当中的伦理关系变动,从而为新出现的伦理现象寻求更合理的边界划分和更可行的路径。在主持传播领域当中,"失范"与"无序"现象常常折射出相关行业制度化建设的滞后,以及新兴技术涌入所带来的内容生产流程、惯习与价值优势的塑造机制所面临的"阶段性不适"。尤其在 AI 虚拟主播投入使用后,以往以人为中心的传播伦理观进一步表现出其价值引领的滞后性,甚至可能成为智能技术发展的潜在掣肘。②

在数智时代诸多"变量"的推动下,重新探访并勘定主持传播伦理边界地带的重要性不言而喻。我们应以数智时代人机共生的内容协作样态为依托,将研究聚焦在主持传播伦理体系中不断萌发的新议题,追溯其内在逻辑与外部动因,并以更为宽广而包容的视角探索数智化转型中主持传播新的伦理边界。通过对原有伦理纲要的扬弃与体系重构,丰富传媒伦理学既有的学科理论体系并尝试架构主持传播长效的伦理规范体系。

---

① 李文冰,强月新.传播社会学视角下的网络传播伦理失范治理[J].湖北大学学报(哲学社会科学版),2015,42(2):13.

② 陈昌凤.人机何以共生:传播的结构性变革与滞后的伦理观[J].新闻与写作,2022(10):5.

二、在实践中调适:数智时代主持传播伦理的矛盾指向

数智化转型中的主持传播需要以更加敏锐的触觉发现嵌套在技术变革与传播流程、表达惯习与体制机制、真实呈现与艺术加工之间的伦理博弈,并在技术的推进与认知的提升之间寻求一种相对的平衡状态,在后台形象“前台化”与前台形象“后台化”之间培养一种调适机能,在不可离场的“真实性”与适时在场的“艺术性”之间把握主体的坐标定位。

(一)虚拟主播的“类人性”与应用实践的“边界感”

随着人工智能技术与传播的嵌合程度日益提高,以社交机器人、虚拟数字人、人工智能主播为代表的“智能信息体”正以新的媒介形态塑造主持传播新的准社会交往形态。其中,虚拟主播作为智能机器内容生产的重要主体与智能平台“采编流程智能化”算法机制当中的环节,在丰富内容供给、抢占时效优势、赋能融合传播、拓展业务范围等方面体现了技术性优势。然而,当虚拟主播在投入应用与发展进化过程中呈现出的高效性、标准性与情感性逐渐对其真人职业主播构成一定程度的“自卷”压力,虚拟主播的这种由技术进化逐渐增强的“类人性”特质就面临着“恐怖谷效应”的风险与应用实践层面的边界审视。

在主持传播的发展实践中虚拟主播逐渐完善的“类人性”特质与播音主持业务体系所强调的主体性定位之间本身存在着某种矛盾统一的张力关系。一方面,虚拟主播所代表的机器生产内容,其发展初衷并非“取代”真人,而是强化“服务”与“协作”逻辑。当人工智能的发展进入强智能阶段,其辅助打造的人工智能主播便不再局限于声音符号的技术复刻和对虚拟形象的简单模拟,而是在内容生产、文本理解、情感交互等层面呈现出更加高维的“类人性”特质。若进入超人工智能阶段,机器智慧的增强将进一步提升人工智能主播的“类人性”水平。但播音主持实践的功能不仅在于传递信息,还在于传递主流价值并推动主流价值的社会化扩散。当主持传播中出现智媒化的“变量”,虚拟主播类人性特质实现“量变”效果,这种技术可能逐渐偏离其原有的服务性定位,进而介入价值引领、审美塑造、文化认同等“高社会功能”层面。其对于主持传播原有传者体系的创造性破坏,或因算

法的差错率和机器人的机械性而带来巨大的舆论隐患和失误风险。①

另一方面,在打造虚拟主播时真人职业主播在内容生产流程中的"离场"并不代表其在内容生产层面的彻底"退场"。虚拟主播"类人性"特质的建构与完善均需要借助真人主播隐匿其中的具身性特征。从最初的身体形象、语音面貌、动作姿态等虚拟主播特征的敲定,到主持实践流程中虚拟主播"人格化"情感交流特征的锚定,再到主持反馈阶段中对虚拟主播吐字归音的调整、表情动作的调节、高级理解能力的调控等"技术身体"数据模型的修订,②真人主播本身在智能主播的实践运用中既扮演着"身体语料"的中介性角色,也提供了优化升级技术系统的方向性参考。

然而,虚拟主播的连续作业在突破真人主播精力极限的同时,也带来诸多不容忽视的伦理问题,包括由"算法黑箱"导致的价值偏见、由情感交互导致的信息泄露,以及由"类人性"提升导致的失业焦虑等问题。当前,以新华社"新小萌"、《人民日报》"果果"为代表的虚拟主播在时政、财经、体育等垂直领域的广泛运用逐步实现了智能体从机械传播向情感交互的升维。AI 交互对话技术与人工智能学习建模的自我进化使得虚拟主播的"语料库"被赋予了更加类人化与精准化的情感支点,但其孵化过程中经由机器记忆与算法训练带来的意识倾向本身不可避免地携带价值偏见的烙印。而在元宇宙虚实共生的媒介化形态下,用户在不同虚拟世界"界面"之间的流转与授权及其在与虚拟主播或真人主播"数字化分身"进行情感交互时所产生的数据连接,或将加剧用户个人隐私泄露的风险。此外,规避虚拟主播带来的"恐怖谷效应"也需在技术推进与认知提升之间寻求一种相对的平衡,通过在技术应用边界层面设置合理限制,推动主持传播从业者在竞争日益激烈的行业环境中探索更深层次的功能蜕变与自我转型。

(二)后台形象的"前台化"与前台形象的"后台化"

主持传播从业者在数智时代的业务实践中不仅面临后台形象"前台化"的潜在风险,也面临着前台形象"后台化"的维护难题。美国社会学家欧文·戈夫曼(Erving Goffman)在《日常生活的自我呈现》中曾借助"前台区域"与"后台区域"的概念指称以特定表演为参照点时行为角色在心理层面对不同区域的划分。在主

① 张妍.虚拟播音主持的伦理边界思考[J].出版广角,2022(1):86.

② 丁韬文.在融合中转型:主持传播的建设"变量"与发展"增量",[J].中国主持传播研究,2024:68.

持传播实践中,播音员、主持人等在主播台、演播厅、录影棚等“前台区域”行使其角色职能并凸显其职业身份,而在穿越“隔墙”和“屏障”的化妆室、候场区、休息间等“后台区域”缓解其在“前台区域”的紧张情绪。随着主持传播的文本逐渐从完整走向碎片化,主持传播的渠道从单一形态走向多元立体,“前台区域”与“后台区域”之间的界限开始变得模糊。

在个体角色层面,播音员、主持人在社交化媒体渠道上的日常生活分享与反差性的自我表露打破了其在前台区域中的媒介化形象。例如,主持人李思思在抖音平台以育儿观念、女性成长等为主要话题,将个人“后台”生活通过新媒体平台进行呈现;张蕾在小红书等平台通过发布读书感悟、“以书会友”等方式,鼓励公众感知生活点滴中的微小幸福,以更为多维且鲜活的形象拉近了与受众之间的心理距离。但主持人这种“后台形象”的“前台化”呈现并不能完全等同于主持人真实的私人生活,其本质仍然是对“前台”与“后台”之间过渡区域的选择性呈现,是经过日常化叙事和工作场景重构后,在新媒体平台塑造的职业形象。因此,部分主持人在短视频和新媒体平台上的内容呈现与形象建构,既要遵循主持传播基本的职业道德和创作规范,也受到平台技术规则的制约。

在节目创作层面,主持人后台形象“前台化”的媒介呈现本身也成了发掘主持人节目故事感、鲜活感的一种新的节目叙事尝试。在慢综艺《你好生活》之后,央视新推出旅行综艺《此生要去的 100 个地方》,以更加自由松弛的创作风格为这档以主持人为参与主体的节目赋予了充足的趣味性与悬念感。由尼格买提、杨帆、王冰冰、月亮姐姐等主持人组成的“央视旅行团”,旨在在充满不确定性的现代社会中寻找生活中确定的治愈与通透感。节目在叙事过程中并未依赖传统主持人的职业属性与串联功能来推动节目流程、衔接内容场景、实现版块过渡,而是通过主持人真实、反差化后台形象,创造出更多前台内容看点。主持人在其中更多以地域文化的体验者、节目叙事的参与者等身份融入节目架构,其主持人角色功能得到弱化处理,结合“盲盒敲定”式叙事情境,使他们的后台形象在前台的呈现中更为立体与鲜活。主持人以生动的个体视角在山川与湖海的轮转中、在惊喜与平凡的交替中、在过往与当下的更迭中发现了更多生活的通感与质感。

然而,主持人对个体形象的管理牵涉其所在的媒体机构与广电集团。出于对其个体在主流价值引领、社会审美塑造、精神文明建设层面的潜在要求,主持人要在前台形象与后台自我表露之间寻求某种协调:既要生动自然,避免突兀和哗众取宠,也要符合相应的伦理规范。其中,当主持人在社交媒体中的后台语言在数字化生存时代被动地流向“前台”,后台语言的伦理失范或将在一定程度上引发主持人的形象危机,并致使主流媒体舆论引导和声誉管理的难度加剧。因此,为规避“前台形象后台化”过程中潜在的伦理风险,部分主持传播从业者采取了一系列应对策略。有人选择“退而不隐”,虽保留社交账号,但鲜少更新其个人后台内容;有人转向特定媒介渠道,将“后台化”的个体呈现打造为具有“前台”性质的垂直内容赛道;还有少部分从业者只愿采用无人知晓的匿名ID在社交媒体世界“潜水式冲浪”。除却以规范自身言行契合传媒伦理的基本要求,主持传播在面对“前台后台化”与“后台前台化”这一矛盾关系时,始终需要在传媒伦理的框架和职业身份的约束中,探索更多源自生活本身的鲜活和作为个体的自洽。

(三)不可离场的“真实性”与适时在场的“艺术性”

数智时代主持传播从业者与用户的连接端口更加多元、连接点位更密集、连接频率更高。[①] 在这一背景下,如何处理真实性与艺术性之间的关系,成为主持传播伦理中不断被追问的议题。播音主持艺术所追求的“真实性”是一种源于现实且高于现实的真实。不同于新闻传播领域曾对真实性的绝对倡导,播音主持在某种程度上被视为一种迥异于话剧、戏曲、歌唱、舞蹈等纯艺术表现形式的更高层次的“社会表演”。播音主持的传播实践需要通过真实的播报语料、真切的播报情感以及真实的社会反馈来实现对总体真实与具体真实的把握。但在践行新闻传播学所倡导的真实性原则时,适时、适度地借助艺术性的加工手段建构主持传播文本,并不影响其对“有机真实”的呈现。艺术性也因此成为播音主持区别于其他新闻传播岗位最重要的特征,并为其表演性特征的合理存在奠定基础。[②]

在具体的主持传播实践中,艺术性需更多源自真实性的考究,而表演性仍需更多基于分寸阈的辩证。相较于采编记者,播音主持工作者的特殊性在于加工语料信息时可被接纳的部分“艺术性”、可被允许的有限“表演性”;而相较于专业的表演演员,播音主持工作者的“表演”则表现为一种手段。他们借助这种艺术性的加工手段,旨在深化传受之间的情感联结并使主持传播向更为宽广的范围辐射。这种表演以情感为载体,强化文本既有的真实性,并推动传播向更具纵深性、启迪

① 董健.“创造连接”与“价值加权”:数智时代的主持传播知识体系转向[J].传媒,2024(4):17.

② 孔小磊.论播音主持艺术的“表演”与“真实”[J].西部广播电视,2020(1):135-136.

性与建设性的效果迈进。

如果将主持传播从业者细分为播音员、文艺类主持人、新闻类主持人与出镜记者等垂类工种,不难发现其对“表演性”与“艺术性”的发挥空间存在明显差异。其中,文艺类主持人在“真实性”与“表演性”关系的处理中有相对宽松的调适空间,往往能够借助更加多样化的艺术形式实现对真实信息的高效传递,并以更具交互性的加工手段实现对真情实感的有效调动。当前,人工智能对节目制作的赋能使得人机互动的模块化制作成了目前丰富大型节目内容素材的重要方式。通过非线性的录制与后期合成生成连贯的媒介成品,需要主持人在蓝箱或绿幕前通过表演完成实景小片拍摄、场景模拟,甚至担任微短剧中的衔接性角色。而主持传播实践所要求的艺术审美创造与情感调动能力,仍具有不可替代的人文与理性价值,无法完全被技术所替代。

出镜记者、播音员、新闻主持人在处理真实呈现与艺术创造的关系时,真实性对于表演性的统领则更为明显。其对“表演性”的运用需要以真实性为依据,在真实性的托底作用下通过播音主持的内在语、副语言等方式实现一种“真实的表演”。但是,“表演式的采访”“摆拍式的出镜”等伪交流现象,因主观加工对客观真实的干涉而常常被视为新闻业务中的伦理失范行为。数智技术在变革新闻生产方式时也促进了新闻生产与流通过程中关于“真实性”话语体系的构型。无论是媒介技术层面的“体验真实”、认知心理层面的“收受真实”,还是权力关系层面的“协商真实”,这些阐释语簇都反映出数智时代新闻真实理念在流变与衍生中面临的复杂境况与多重危机。[①] 随着数智时代主持传播的主体性得以扩展,泛化的传播主体在多重因素的影响下对于内容真实性的鉴别难度将进一步加大。面对更加泛在的内容流,如果传播实践中出现把关松懈或媒介素养不足,就可能助长虚假信息的泛滥,塑造更多“后真相”语境,并导致传统新闻时代的真实性和伦理性问题在数智时代进一步延续。

此外,AI 换脸、语音合成等技术在丰富新闻呈现的艺术性时,其高仿真与多模态特性也为“智能虚假新闻”的出现埋下隐患。社交机器人和人工智能主播等 AIGC 层面的技术主体需要在算法训练、模型生成与尾端流通等各个环节最大可能地剔除失真语料,以推动 AIGC 实现更好的自我迭代。但在 AI 数字人深度合成

① 方师师.重思新闻真实:走向一种实现理论的初探[J].新闻与写作,2024(5):31.

服务的实际应用中,未经授权伪造他人声音和肖像、剪辑拼凑音视频以制作引流短视频广告等现象,已经引发公众的认知混淆与误认风险。因此,应当在合理的位置 AI 生成内容进行持续且显著的标识,确保其与自然人形象明显区分,并防止通过技术手段删除、篡改与隐匿 AI 数字人标识。总体而言,数智时代主持传播中由既往职业新闻传播者主观因素引发的真实性“离场”在某种程度上正让位于由技术生产主体本身底层逻辑局限导致的“技术性失真”,新闻真实的“在场”需要依托技术的进化与更多的伦理约束。

三、在纠偏中规制:数智时代重塑主持传播伦理的路径遵循

数智时代主持传播的伦理体系建构需要遵循特定的路径:以“技术向善”的发展逻辑探索主持传播与人工智能深度融合过程中人工情感的构建尺度,以制度化的方式不断收编数智化语境中涌现的主持传播新主体与新现象,同时借助交互式价值对齐的思维理念发掘持续动态更新且匹配生产流程再造的伦理观念。这样才能在促动播音主持学科增容时克服既有伦理观念日益显现的滞后性,从而为数智时代“人—技”协同的传媒伦理关系提供新的逻辑基点。

(一)进阶起点:在“技术向善”中探索人工情感的构建尺度

在数智时代,“技术向善”既是一种引导人机协同发展的科技理念,也是一种指导技术实践的立场与标准。随着技术迭代驱动主持传播的形态变革,如果技术标准无法与数智内容的服务性定位与导向性价值有效契合,甚至与之发生背离,就更要以“技术向善”为框架,不断优化主持传播的进阶起点,从而将新质生产力转化为契合主流叙事的内容传播力和安全可控的平台影响力。“技术向善”的发展逻辑不仅仅在于借助技术优势发现更多传播交流层面的灵韵特质,还在于借助数智技术对社会各个行业的有效赋能,在更高维度助力社会场景的搭建、社会系统的运转与社会福祉的实现。因此,技术之“善”的关键在于通过以人为本的逻辑内核,为社会的永续发展增砖添瓦。其意义已经超越内容创造层面的积极影响,延伸至社会功能这一更大的层面。

在“技术向善”理念的指引下,在融合中转型、在实践中进阶的主持传播需要将技术的孕育与驯育同时纳入传媒的伦理体系和社会的规则体系当中。特别是

在虚拟主播投入运用后,从未停止的"AI主播替代真人主播"论调、日益加剧的"恐怖谷效应"、隐患重重的"智能虚假新闻"等均需要主持传播重新思考技术介入内容生产后对行业生态和社会系统所产生的结构性影响。而在借助技术打造具有"类人性"特质的主持传播新样态时,未来具身化、感官化与人格化的进化方向将不可避免地触及建构人工智能情感的尺度问题。随着小度、小爱同学、Siri、微软小冰等以"高情商"为卖点的社交机器人开始展现出超越工具理性的情感能力,① 人工智能主播也在情感化的探索中尝试通过深化对文本语义的情感识别、强化人机交互时的情感应答以及细化在业务实践中的情感计算,以便打造更具智慧的"情感智能体"。

"技术向善"的理念承载着人类主体对人工智能发展的美好愿景,在积极迎接机器技术发展的同时也体现出蕴藏其中的"人在回路"(human in the loop)的技术发展路线。这种理念回应了社会对传播技术自动化需要合理化的期待,也强调了人工智能发展与人本主义价值相协调的必要性。例如,在人工智能优化主持传播情感体验的过程中,其情感建构本身存在诸多局限与风险。既往主持传播中"人—机"交互所形成的情感关系并不具备真实人际情感所具有的动态调适能力,真人主播在主持传播过程中自然流露的情感被视为其相较于AIGC机械表达的人文优势,也成为其不可被技术取代的关键理由之一。

当情感被嵌入代码程序与运算法则,经由"情感智能体"实现的情感投射与精准匹配的情感需求将超越以往人机情感互动的单向性,人工情感的建构呈现从情绪触达层面向情感互动和情绪价值层面的进阶逻辑。但智能化的情感输出无法抹去算法模型本身所具有的情感欺骗性,因此在人工情感的建构过程中,更具个体调适价值的"负反馈"机制的缺失、过度沉溺于算法情感而导致的对社会现象的"精神麻醉",以及人机交互结束后可能进一步加剧的社会孤独感等问题,都呼吁我们在主持传播实践中思考,如何在"技术向善"理念的指引下探索人工情感合理的构建尺度,如何以趋于理性的建构标准促成亲社会的数智情感活动。

(二)政策协同:在伦理建设中兼顾对新兴现象的制度收编

数智时代的主持传播在以技术驱动内容升级与角色转型时,需要在传媒伦理

---

① 谢瑜,王潇毅.人工智能情感的伦理风险及其应对[J].伦理学研究,2024,(01):132.

的审视下兼顾新兴的主持传播现象,并将新兴的主持传播主体纳入伦理建设的制度化体系当中。其中,国家广播电视总局发布的《网络主播行为规范》明确了网络主播作为主持传播泛化主体的行为规范标准,将与用户进行交互的网络平台直播主体、以音视频节目形式发声出镜的从业人员以及以人工智能技术合成的虚拟主播等纳入了规范范畴。该规范与此前出台的《网络直播营销管理办法(试行)》《加强网络秀场直播和电商直播管理的通知》等法规政策协同发力,针对虚假新闻炒作、侵犯他人权益、“炫富”行为、“擦边”内容打赏等现象做出更多硬性的政策约束,为主持传播的伦理建设做出了与时俱进的精细规制,以刚性的制度协同助力了主持传播伦理的体系完善。

要实现对数智时代主持传播新兴现象的制度化整合与伦理体系完善,需要从中央到地方、从平台到个体的各方响应。除却国家广播电视总局对于网络主播的行为规范指引,各省市也积极跟进,例如浙江省制定了《浙江省网络直播营销行为规范指引》,对 AI 数字人直播中出现的深度伪造技术的滥用等问题作出引导。抖音出台的《抖音关于人工智能生成内容的平台规范暨行业倡议》等一系列政策则要求虚拟主播在开播前对其形象设计、播报内容等进行前置化备案,用户可通过“抖音创作者中心—主播中心—品类主播认证”通道进行认证报备,未完成报备的虚拟主播不得开播。同时,平台明确人工智能辅助创作不享有平台特殊的流量优待,如因借助 AIGC 等技术生成低质内容,反而可能面临相应处罚。

需要特别指出的是,以“微软小冰”为代表的虚拟主播与数字人在解放传统的内容播报主体、丰富虚拟的“元宇宙”媒介场景时,也引发了一系列不容忽视的伦理问题。这包括虚拟主播基于真人主播身体数据语料采集所涉及的“数字人权”保障问题,以及在投入使用过程中因“算法黑箱”与“算法不公”带来的机器决策偏见风险。这些问题均需通过更加透明的技术原则加以规范。因此,《网络直播行业知识产权保护法律风险防范指引》等规范性文件对虚拟主播与虚拟数字人的形象著作权归属、真人肖像权的授权、相关元素的财产利益归属及商标保护等新问题作出了更明确的伦理规制。

虚拟主播与 AIGC 的深度融合也不可避免地涉及了内容生产时的责任归属问题。作为“虚拟智能体”,虚拟主播无法预测的业务失误和伦理失范行为需要明确权责主体与其所属媒体机构、技术运行公司之间的责任归属关系。同时,在相关的垂直内容议题上,虚拟主播也受到《中华人民共和国网络安全法》《中华人民共和国个人信息保护法》《中华人民共和国产品质量法》《中华人民共和国消费者权益保护法》和《中华人民共和国反不正当竞争法》等既有细分法规的制度约束。因此,应以“伦理即服务”为战略定位,探索虚拟主播的传媒伦理边界,从而在丰富多样的主持传播主体样态之下确立具有相对融通性的传媒伦理价值体系,并为此类不断涌现的主持传播伦理现象提供制度化的治理路径。

(三)价值对齐:在技术迭代中关切伦理道德的交互特征

媒体深度融合的行业实践在推动主持传播的内容升级与主体转型时,既离不开技术逻辑的驱动,也需要专业主义的引领。技术路径与价值内核、形式创新与内容品质之间始终存在着相互牵引又相互博弈的对立统一关系。在媒体融合迈向高质量发展的背景下,主持传播正脱离既往对于媒介创新技术的非理性崇拜,通过对技术的逐步“去魅”与专业价值的重塑,回归以人为本的伦理选择。它力求通过构建更为完善的伦理价值体系、践行更有情怀的伦理情感实践,推动高效的知识管理、有维度的社会进步与更具包容性的全球沟通。

尽管在媒介技术的发展史中,“媒介域”的更替并不代表某种旧有媒介形态的消逝,但主导性媒介的变化不断塑造出更能体现时代发展特征和媒介消费节奏的内容样态与传播生态。主持传播作为一种媒体从业人员的文化实践行为,即便在数智时代吸纳并遵循了不少融合性的内容创作理念,但其文化实践与意义表征并不直接产生或作用于某种“自在之物”的实体,而是通过对主持文本语言的选择、视觉语言形式的表征以及底层技术逻辑的融合等综合性因素的考量,促成更多专业主义与技术优势的“价值对齐”(Value Alignment)。

对于数智时代主持传播的伦理体系建设,应当从技术哲学视角考量机器运转与人类指令、需求、偏好、利益、价值等维度的协同关系。随着人工智能技术在伦理设计层面的进一步发展,“AI 伦理”“AI 道德”在机器交互实践中的涉入程度逐步加深。以爱奇艺“奈奈”、百度“小百”等 AI 手语主播为例,其设计从人本主义的情怀出发,通过立体可爱的虚拟形象和即时准确的手语转译功能优化了听障群体的新闻消费体验,同时将人类的价值观念与道德观念融入机器的规范性训练当中,使获得广泛社会认同的伦理价值被隐蔽地嵌入智能系统。虽然在实际运用过程中仍可能面临算法歧视、权益损害和情感缺失等潜在的伦理问题,但通过强化机器的道德决策能力,以实现技术发展和伦理设计的统筹兼顾,推动伦理建设与人工智能之间的“价值对齐”,对于数智时代主持传播伦理体系建设仍然具有深刻的启发性意义。

然而,数智时代价值的多元存在与伦理取向的动态演变,使得主持传播在技术迭代中的“价值对齐”面临着更多的复杂性。其中,“弱进路价值对齐”的路径旨在通过将具有相对稳定性的价值共识内嵌到无道德决策能力的智能机器设计当中,以智能训练与数据处理的方式使得“智能体”的实践更符合预设的伦理期待。然而,价值共识的形塑与确证本身就是“弱进路价值对齐”路径在伦理机器化和数据化过程中的难点所在。

相比之下,“强进路价值对齐”更加强调打造机器的自主伦理决策能力与人机交互属性。该路径在很大程度上基于算法设计主体的价值倾向、算法训练数据内蕴的价值负荷和智能系统的价值判断来做出既符合算法伦理预期又兼有一定灵活调适能力的传播行为。然而,机器的自主伦理决策本质上是一种扁平化的“低级神经计算”,不同于人类高级的认知信息处理过程。① 它无法应对主持传播中对情境性的限定、思想性的交锋、连接性的发散等具有灵韵特质的伦理要求。

当“强进路价值对齐”也无法将伦理道德转化为数智时代主持传播的能力素养时,我们应持续关注伦理在技术迭代中的交互特征,以“交互式价值对齐”路径推动人工智能实现对多元化情境的识别和差异化情感的联结,以更加透明的价值对齐原则、实时整合的价值理解以及在人机交互中不同传播主体之间的价值关系与价值反馈,调整行业伦理与机器决策之间的协同机制。在此过程中,不再纠结于机器是否具有道德决策和伦理判断的主体合法性,也不强求机器与既有伦理规范的完全一致,反而将视点投放在如何通过赋予机器“互主体性”促成人机协作中的双向理解,并以人机合作性交互提升价值判断的科学性和“人—机”伦理匹配的精确度,从而在具体传播情境中为不断演进的“螺栓”主体寻求并匹配更具兼容性、调适性与灵活性的伦理“螺母”。

四、结语:建构数智时代主持传播的长效伦理价值体系

人工智能技术作为全球产业布局与业态发展的新质生产力,不仅深刻改变着

① 李思雯.人工智能价值对齐的路径探析[J].伦理学研究,2024(5):102.

信息传播的基本方式和媒介生态的普遍结构,也将全球媒介生态从万物互联的数字时代推向自动化创生的数智时代。[①] 随着人工智能技术走向成熟,主持传播实践正经历数智化变革与内容创作主体的智能化拓展。在拥抱新兴传播现象、赋能新型传播方式并接纳新形态传播“有机体”的同时,数字化语境下主持传播塑造的全新互动关系,需要通过深刻嵌套、与时俱进的伦理勘定与规范路径,来实现更加系统且具有长效意义的伦理价值体系构建。

尽管在数智时代技术的孕育与发展在某种程度上存在“异化”与“偏轨”的可能,但其最终目标并非取代当前“媒介域”中尚且占据主导位置的人类主体性,也不是压制已面临职业挑战的传播主体,而是通过强化“互主体性”,重新思考人与机器在传播实践中的互动与共生关系。我们应在推动技术助力机器自主运转的过程中探索更加优化的人机耦合关系与数智伦理边界。但当日益丰富的“虚拟有机体”介入主持传播的基础流程环节乃至垂直领域,行业内部的不安情绪、潜在的伦理失范与尚未完全显现的重大风险都要求以更加清晰的体系框架来界定数智时代主持传播的伦理边界。

然而,面对数智时代新技术所带来的多重影响,我们既不能以单一的乐观主义全盘接纳,也不能消极而被动地以悲观主义全力抗拒。迎接无远弗届的技术发展,需要理性而辩证地看待其对场域生态的重构与边界范围的变动。相较于传统媒体时代,数智时代主持传播的伦理主体已从原来的“真人主播”延展至网络主播、带货主播等,还将 AI 主播、虚拟数字人等“数智有机体”纳入伦理框架。这些新主题以“行动者”而非单纯“工具”的身份参与传播,推动播音主持活动在数智语境下实现多重平衡:既要在拟真效果与职业焦虑之间寻求内容生产的稳定,也要协调真实呈现与艺术加工的比例,还要在前台与后台形象转换过程中兼顾公共属性和个体表达的鲜活度。

数智时代主持传播呈现出“在延展中收紧、在实践中调适”的伦理特征,其规范路径也伴随纠偏与规制。我们应在不限制技术发展的前提下,为人机共生、多点协同的传播生态勾勒合理的应用实践边界,并制定完善的媒介行动规则。这需要行业的持续自省、辩证的价值探讨以及对新兴现象的动态追踪。然而,与技术演进密切关联的主持传播在其动态发展中也导致伦理体系建构的根基不稳,成为

---

① 常江,王鸿坤.迈向数智时代的国际传播:理论视角与观念图景[J].对外传播,2024(12):29.

伦理价值难以固化成型的瓶颈所在。

因此,有必要围绕日益丰富的内容场景、不可缺失的人文关怀以及亟待强化的专业主义等维度,建立一套具有相对普适性价值的主持伦理秩序规范与伦理价值体系。我们应统筹主持传播既有的内容优势与现有的技术优势,在人机交互协作中把机器的道德决策与人的价值目标、利益诉求结合起来,并对主持传播的实践活动辅以兼具理性与刚性的政策约束。通过不断丰富主持传播具有实践指向意义与动态发展特征的理论化图景,方能在相对稳定的伦理观念中,为数智时代主持传播的长效伦理价值体系积累更加多元化的驱动力量与制度化的规范力量。

从中国节日到中国节气

——河南广播电视台多品牌文化节目进阶之路的探索与实践

◎ 钱琳琳*

我是河南大学1997级毕业生,毕业之后一直在河南广播电视台从事导演工作,也非常荣幸作为“中国节日”系列出圈节目的总导演之一。今天非常高兴有这样一个宝贵的机会和大家分享我在工作中的一些心得,今天我要分享的题目是《从中国节日到中国节气——河南广播电视台多品牌文化节目进阶之路的探索与实践》。

2024年8月10日,由我导演的“中国节日”系列之《七夕》在全网的点击量突破21亿。在这之前,8月7日河南广播电视台推出的“不一样的中国节气——《立秋》”,通过东方美学动画的形式讲述“三候”故事。节目《立秋》全网点击量超过了45亿。从“中国节日”到“中国节气”,河南广播电视台通过融合思想家、艺术家的智慧与技术闯出一条独特的创新之路,这条路就是以优质的内容生产打造品牌,以移动互联传播扩大品牌影响力,以品牌带动产业发展。

一、中国节日:坚守三个坐标

习近平总书记在河南考察时用“伸手一摸就是春秋文化,两脚一踩就是秦砖汉瓦”,讲出了河南丰厚的历史底蕴和丰富的文化资源。河南广播电视台一直以

* 钱琳琳,河南广播电视台导演、一级导演。

历史文化为创作之本,像大家都熟悉的《梨园春》《华豫之门》《武林风》等都是我们的知名节目。其中,节目《梨园春》至今已有30多年的历史。近两年来,河南广播电视台在文化类节目的基础上,提出"新时代、新孵化"的全媒体发展理念。"中国节日"系列节目,目前已经制作了四期,我作为总导演,感到非常自豪。截至目前,"中国节日"系列的28期节目,全网总播放量已经达到1260亿次,海外平台总观看量也超过7000万次。"中国节日"系列已经成为外交部文化输出的一个非常亮丽的名片,近70个海外机构对我们的节目进行了转载传播,节目已经辐射至全球约150个国家和地区。

河南广播电视台"中国节日"系列通过创造性转化与创新性发展,对中国传统文化进行生动解读和有效诠释。大家比较熟悉的出圈节目,比如《唐宫夜宴》《洛神水赋》《龙门金刚》,以及2024年新推出的《凤鸣朝阳》等,不仅形成了河南广播电视台独有的文化IP,成为我们自己打造的文化产品符号,还以此为基础成立了"唐宫文创"品牌。

2023年12月28日,河南广播电视台成立了"大象国际传播中心",旨在推动普通话发展,是一个拓展文明交流的平台。这是河南广播电视台注重媒体融合发展的结果,也是智能时代发展的必然。在创作上,河南广播电视台致力于通过一场场奇妙且精美的视听盛宴,来勾勒华夏历史的脉络,探索传统文化在媒体融合时代的创新表达密码。接下来,我想从三个坐标出发,与大家分享我们在创作中的核心理念。

(一)以黄河文化为历史坐标

黄河文化是中华文明的发源地与核心组成部分。从历史的角度来讲,"中国节日"系列节目深入挖掘中华优秀传统文化的内涵,致力于打造出具有传播力的文化作品。在创作中,我们不是文化的搬运工,而是它的二度创作者。我们通过深度的内容拓展、新颖的形态生成、磅礴的气象凝聚,凭借自身的努力,来展示中华优秀传统文化的独特魅力与当代价值。

(二)以关键量变为未来坐标

未来坐标就是以传统文化中人物、事件、物品所蕴含的那些具有深刻记忆,且能够推动社会未来发展的关键要素和重要情节为基础,将这些物质通过科技赋能、艺术点亮进行再造。河南广播电视台打造的作品的科技含量非常高,这种创新表达在传播过程中深受年轻观众的喜爱。例如,在创作《龙门金刚》时,我们采用年轻人非常喜欢的,同时具有传播力的电音作为音乐。节目中的13位技乐师,也蕴含着向“神舟十三号”致敬的寓意。2024年,在河南卫视春晚节目《凤鸣朝阳》中,我们以中国传统文化中的凤凰为元素,通过著名舞蹈艺术家杨丽萍老师的编创,为观众带来极致的视觉体验。在今年的七夕节,我们推出节目——《星梦》,这个节目由河南广播电视台与航天总局共同打造,全部采用AI技术生成制作,节目内容从古代先贤对星空的仰望与想象,到如今我国航天事业的飞跃发展,再到对未来宇宙探索的憧憬,完整展现了中华民族跨越古今的航天梦与探索精神。

(三)以文化思考为系统坐标

简单来说,系统坐标就是把单一的文化元素和一些文旅项目融合到一起进行思考、整合与转化。河南广播电视台的节目在创作中,就尝试了导演理想与剪辑技术的深度融合与嫁接。我们的节目创办四年来,足迹遍布各地,每到一处都能焕发出新的活力。《伊州长歌》是河南广播电视台2023年策划的一档新的节目,其首期拍摄地选在新疆。节目展现文化交融的魅力,甚至得到了原外交发言人汪文斌先生的推荐。《伊州长歌》是一个以民族融合为主题的节目,而河南广播电视台的节目里,类似这样促进民族团结的节目有很多,都深受观众喜爱。正因为如此,2024年10月,河南广播电视台卫星频道被授予“全国民族团结进步模范集体”荣誉称号,并由习近平总书记亲自颁奖。这是对我们莫大的肯定与鼓励。

除了线上的节目打造外,在线下,我们还推出了许多非常有创意的实景演出,吸引了大量观众亲身体验。同时,我们也为杭州亚运会、成都大运会等国际大型赛事创作了众多具有创意且传播广泛的宣传片和文旅片,并因此收获“星光奖”“白玉兰奖”等诸多行业奖项。值得一提的是,“中国节日”系列的成功案例还被中央组织部写入第六批全国干部学习培训教材。以上这些,都是我们近年来取得的一些荣誉和成绩。

二、中国节气:科技性能的凸显

“中国节气”是继“中国节日”之后,我们重点打造的另一个文化节目品牌。通过对“中国节日”系列节目的解析和拓展，“中国节气”系列更凸显科技赋能的强大魅力。当大家都不做天气类节目的时候，河南广播电视台从中华二十四节气中寻找灵感，进行创新，展现先祖的智慧。我们将二十四节气通过多样的文化编织，以“时间管理大师”为切入点，表达出年轻人对传统时间哲学中所蕴藏的生活景象、人生智慧的内在向往和坚持。“中国节气”系列节目分为短视频和直播两个部分。直播部分以“跟着姐姐去旅游”为主题，通过沉浸式的旅行体验，展示出山河之间节气变化之美；短视频里面，我们用“节气”作为第一视角，通过 3D 动画技术来解构物候的特点，阐释中华文化中天人合一、和谐共生的哲学思想。

“中国节气”系列节目主要运用 AI 等前沿技术，深入解读了中国人的宇宙观和自然观。截至目前，该系列的全网阅读量超过 240 亿次。节目主要有以下几个特点：

(1)在内容上，节目以“节气”为第一人称，深入发掘节气内涵，同时也用配音的方式解读节气。目前播出的节目获得网友的高度评价和点赞。

(2)在制作手段上，节目以科技赋能创新表达。这是目前全国唯一一档没有实景拍摄，完全依靠 3D 制作的文化类科普视频作品，其传播能量巨大。节目还创造性地使用了中国“天眼”(FAST)科研团队捕捉到“宇宙的心跳”，将最前沿的科学发现元素融入到创作当中。这种超现实的风格，深受专家学者和年轻人的喜爱。

(3)在传播上，节目注重融合传播，并在国际创作上实现新突破。节目不仅在融媒体平台播出，赢得了传统电视观众的喜爱，还在爱奇艺、B 站等年轻用户聚集的平台受到追捧，获得了许多专家学者的高度认可，在海外传播方面也同样出色，受到国际观众的推崇。

三、“向新而生”多品牌文化节目的具体情况

除了“中国节日”与“中国节气”系列，河南广播电视台围绕中国传统文化进行品牌布局，推出了一系列节目，构成品牌矩阵。例如，最新推出的《一片甲骨惊天下》，之前打造的《常识中国》《中国家宴》等，都是围绕中国传统文化打造的优质节目。目前，除了上述节目外，河南广播电视台还通过自身打造的大象园 VR 技术手段，制作了《唐宫夜宴》和《隐秘的秦陵》两部全沉浸式 VR 体验作品。其中，《唐

宫夜宴》作为我们出圈 IP 的延伸产品,目前已经在北京、上海等地成功展出,接下来有望走向海外市场。

四、结 语

对历史最好的继承就是创新历史,对人类文明最大的理解就是创造人类文明的新形态。河南广播电视台将继续以文化为根,以创新为魂,用科技赋能艺术,用匠心讲述中国故事,让世界看见一个既厚重又时尚的中国。

(整理丨河南大学新闻与传播学院 王悦)

主持传播实证研究

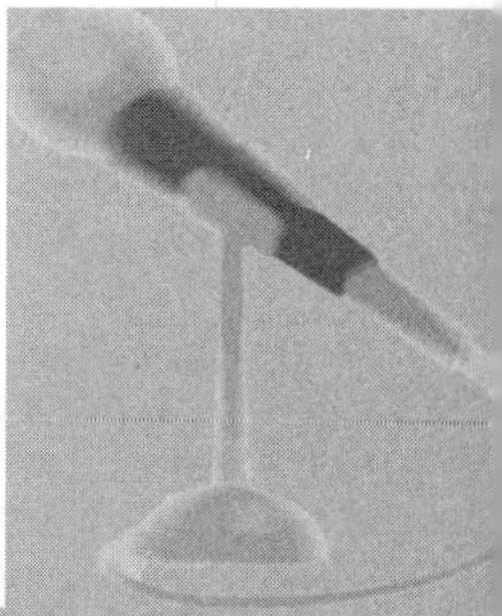

主持人选拔类节目的创新路径与受众创新感知度构建

——基于《主播有新人》的实证研究

◎ 李泽鹏*

摘要:随着媒体融合从"试水"走向"深融",主持人作为媒体业务链条中的重要一环,在转观念、转平台和转机制的共同推动下,正经历相应的角色转化与价值重塑。与此同时,播音主持在业务实践中也逐渐发现"旧理念"难以匹配"新流程","旧肌体"难以孕育"新血液"。《主播有新人》作为近年来较为典型的主持人选拔类节目,在融合传播的语境中,结合行业、市场、受众等多维视角进行节目叙事的创新探索,为当下存在的主持人才断层现象、主持人融合传播能力欠缺以及主持选拔节目同质化瓶颈等问题,提供了诸多可借鉴的破题思路。

关键词:融合传播;受众感知;制片人思维;新型主持人

一、《主播有新人》:融合传播典型的主持人选拔节目

随着媒体融合的高质量发展不断深入,播音主持从业者从密闭空间里的"主播台"走进了万物互联的"媒介域"。短视频的内容赛道、直播带货的新兴形式、网络主播的强势入局,进一步打破了传统播音主持行业对职业身份精英化的固有认

* 李泽鹏,上海戏剧学院电影学院讲师。

知。在媒体转型中,播音主持行业的准从业者也开始超越播音主持传统职能的边界限制,以“内容传播”为优势重塑的起点,重新探讨当下播音主持的角色定位、业务需求与审美取向。应时而生的主持人选拔节目则是主流媒体与广电集团在快速嬗变的主持传播业态中进行适应性变革的重要“试验田”。

2025 年,中央广播电视总台开启了新一轮主持人大赛,此次大赛聚焦新闻主播赛道,以媒体融合环境下垂类视角重新审视新闻类主持人的业务能力、内容叙事和观演关系。主持人大赛不仅是播音主持行业人才选拔的一种模式,更是视听传播内容的创新实践。总台主持人大赛在 2019 年、2021 年、2023 年已经成功举办三届,其顺应媒体融合的趋势,反思新时代主持人的价值呈现,遴选出了一批善讲中国故事、传递时代新声的主持“精兵”,成为融媒体主持人守正创新的引领者。

而作为媒体融合创新集群的各地方卫视,也在共同探讨融媒语境下播音主持从业者新能力、新素养的议题。市场化程度更高的地方卫视,在主持人选拔类节目的创新驱动中更具有内驱力。以 2020 年黑龙江广播电视台《主持人大赛》、2021 年东方卫视《主播有新人》、2021 年湖南卫视《天天小兄弟 2 班》、2021 年吉林广播电视台《主持人大赛》,以及 2022 年内蒙古广播电视台《你好主持人》、2024 年浙江卫视《王牌新主播》、江苏广播电视台《未来金话筒》等为代表的主持人选拔节目,均依托传统广电集团的本体优势,旨在挖掘主持人角色的“融合性”、身份的“跨界性”、风格的“兼容性”与平台的“多元性”。

其中,2021 年东方卫视推出的《主播有新人》极具代表性。该节目着重探讨了融合传播语境下“主持人”概念新的定义延展、主持话语中新的艺术表现以及主持人梯队中新的形象扩充。节目在前期的海选过程中注重选手风格的多元类型与节目赛制的程序公正,在节目叙事中借鉴了真人秀节目的创作元素,并将行业的规范、市场审视与受众偏好作为选手考核的三重逻辑。

本研究尝试以融媒体时代为传播语境,采用质化分析与实证研究相结合的方式,对《主播有新人》进行深入研究,通过对这档具有典型性的卫视主持人选拔节目进行视听文本剖析,在节目创作者与受众之间构建起对话空间,厘清节目创作者从选手选拔到编导设计等环节的创新意图,进而探究受众能否感受到创作者的创新努力,并通过创新路径与创新评价的相关性来构建创新感知度变量,以此评估节目创新逻辑是否成立。

图1　研究结构

二、节目创新路径探索：创作中的主体规训与本体叙事

（一）内容主体的规训：《主播有新人》对新型主持人的能力期待

在当前媒体深度融合的制度环境与传播语境中，主持人作为媒体业务链条中的重要一环，正经历角色转化与价值重塑。准播音主持从业者与高校播音主持与艺术专业的学生开始尝试用专业优势加深主播群体内部的区隔①，并通过建构垂直化的人格属性与差异化特征找到一条融入融合传播语境的可行性路径。《主播有新人》是媒体深度融合发展中挖掘新型主持人的"试验田"，导师杨澜在节目伊始就对融媒型主持人提出更高标准的素养要求与差异化的文本呈现能力，她指出"在媒体变革的年代，应当对主持人有更高的要求。我们并不期待看到选手呈现出圆融、成熟、完美的状态，更希望看到选手们有独树一帜的风格，有突破常规的锐度"。

1.构成变换：从"科班出身"到"泛化招募"

随着传统媒体在当下"媒介域"的主导性地位逐渐下降，融媒体语境中"泛主持人化"现象开始逐步显现。无论是风格多样的平台网络主播、旨在促成消费的直播带货主播，还是逐渐投入应用的人工智能主播，社会大众与行业内部对主持人的理解都不再局限于"字正腔圆、科班出身"的实体人学科概念。《主播有新人》借鉴了当下综艺节目的选角模式，设立选角导演组进行全国范围的选拔。选拔的对象包括已经在垂直领域有一定粉丝基础的"新意见领袖"，在传统媒体或网络平台具有一定工作经验的记者与主持人，以及来自全国高校、主修不同专业的学生。

① 温莫寒.从主播台到互联网：播音生的职业想象与身份区隔[J].中国主持传播研究，2024(1)：100.

通过对导演组提供的第一轮全体选手面试数据进行分析,参选选手的构成变化主要体现在年龄年轻化、身份多元化与人设"标签化"三个方面。其一,年龄年轻化。与2019年中央广播电视总台《主持人大赛》以中青年选手作为主体的构成相比,东方卫视《主播有新人》的选手呈现出更为年轻化的特征。在《主播有新人》导演组面试的101位选手中,18—25岁占比74%,26—31岁占比22%,32—37岁占比4%。其二,身份多元化。《主播有新人》更加淡化选手的专业身份,其选手类型不仅包括播音主持、新闻传播相关专业的主持人选手,还涵盖了《新京报》资深记者、文化传媒公司老板、影视演员、脱口秀演员、高校在职教师、汉服模特、国外留学生等具有不同身份、职业背景的选手,在101位面试选手中,非播音专业/职业的选手比例达到41%。其三,人设"标签化"。尽管李普曼在大众传播时代就指出"标签"可能导致"刻板印象"的片面认知,但随着技术赋能对虚拟主播"拟人化"特征的强化,并赋予其某种"拟人格"特质,播音主持行业内部真实肉身人格化的主体灵韵需要进一步凸显。《主播有新人》顺应了融媒体时代同样作为"人格消费"时代的特点,通过让选手自设"超级学长""时间管理大师""电视失踪人口"等恰到好处的人格"标签",既有利于选手以特色化的个人印象管理推进形象展现与人格塑造,也有利于加强选手在职业身份与自身社会身份的叠加中完成双重意义上的自我认同。

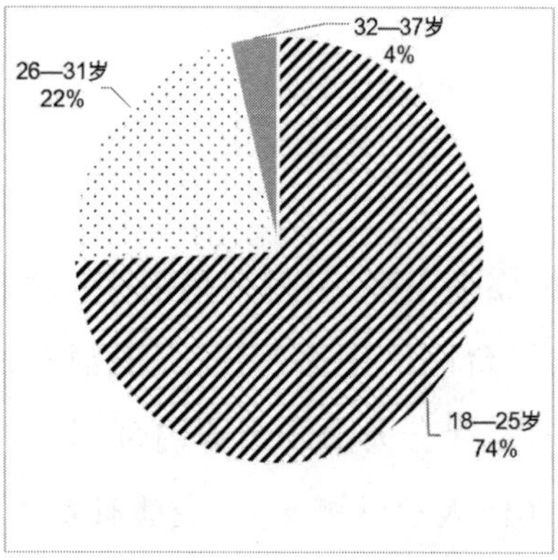

图2　选手年龄构成

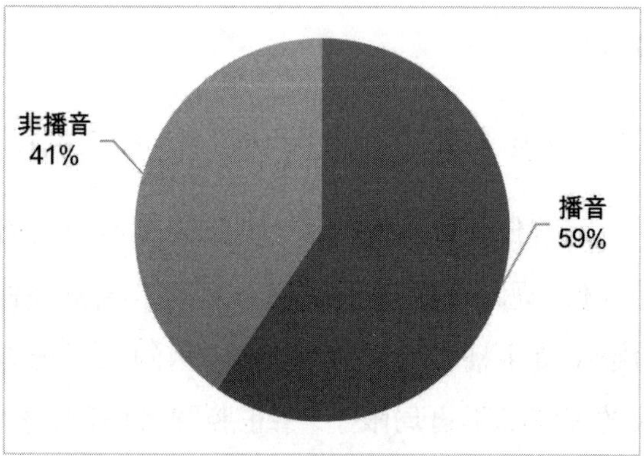

图3　选手专业/行业构成

2.身份切换:从"新意见领袖"到"新型主持人"

媒体深度融合之"融"表现为"新""旧"媒体的进一步整合、传播边界的进一步消解和传受主体的进一步融合，与播音主持领域相关联的，集中表现为主持人身份边界的重塑和主持人能力素养的革新。

一方面，媒体融合的传播环境向主持人提出超越传统播音业务的要求，舆论导向的把控能力、移动直播的互动能力、跨屏传播的驾驭能力以及人格化IP的打造能力等都被纳入新型主持人能力塑造的范畴当中。主持人身份不再局限于信息传播末端的“播报机”，而是成为新型主流媒体形象的“代言人”、提升受众与媒体互动效果的“交界面”、吸引广告精准投放的“磁铁石”。因此，在融媒体时代职业泛化、行业深化和专业细化的背景下，部分主持人将内容生产者作为其职业重构的目标①，将主持人这一传统媒体时代的“意见领袖”的价值，在融媒体时代进一步扩展延伸。他们借助平台的辐射力与个人的影响力，推动职能身份从理性输出“公共价值”向积极打造内容优势的“新意见领袖”转型。

另一方面，随着播音主持行业的边界溢出效应更加明显，以往新闻记者、网络大V博主、影视演员等“新意见领袖”也正向着“主持人”的阵列反向进军。《主播有新人》的创新赛制体现了融媒体时代主持人身份切换的双向逻辑，既有传统型主持人向“新意见领袖”升维的转型逻辑，也有“新意见领袖”向“新型主持人”靠拢的规训逻辑。例如，综艺赛道的跨界选手余有矿，在初赛中借助脱口秀的形式创新内容传播方式，在复赛中则以更为专业的播音主持样貌进行语态调整，完成了从“新意见领袖”到“新型主持人”的身份切换；而新闻记者跨界的选手马骏在自备节目中呈现了丰富的新闻视角，但在论述“如何看待生育率下降”时，因其评论中过多主观叙述削弱了评论说理本身的客观性，导致其在从“新意见领袖”到“新型主持人”身份切换的过程中完成度欠缺。

3.思维转换：从“主持人思维”到“制片人思维”

融媒体时代主持人身份切换的核心在于思维的转换。当前媒体融合的流程再造与“大编辑部”模式，促使以往线性的业务传播链条向着网状的业务传播结构转变。业界环境与传播语境共同要求播音主持从业者在思想意识层面进行观念调适，超越传统播音业务的“终点环节论”，以内嵌式的角色定位参与到线索收集、内容把关、资源调度、受众互动、反馈接收等环节，以融媒体时代的网络传播规律

① 石凤玲.互联网对主持人职业的伪解构与真重构[J].中国广播电视学刊，2020(1)：54.

为“指挥棒”,实现从“主持人思维”到“制片人思维”的转换升级。

在从“主持人思维”向“制片人思维”转换的过程中,主持人既要兼顾其身份角色的延伸,又要立足信息传播中“主持人”的本位角色,实现本位角色与延伸角色之间的相互协同与赋能。东方卫视《主播有新人》中既有以执行思维为核心的“主持人思维”呈现,也有以统筹思维为关键的“制片人思维”培养,在初赛中综艺组、新闻组的选手都需要以自拟议题的方式完成特定叙事。选手孙庆坤将游离在互联网之外的老年人与新兴事物之间的数字鸿沟作为叙事切口,探讨了中国社会的适老化改造问题;选手田尹男以融媒体“流量”为关键词,呼吁在“信息裸奔”时代警惕技术隐患,强调对“流量”负责。

在复赛阶段,《主播有新人》对于选手的考察还加入了节目道具运用、互动版块设计、拍摄机位安排等导演思维的统筹性内容的考察。例如,综艺赛道要求选手呼应东方卫视的经典节目完成一档综艺节目的策划,选手冯禧在联动东方卫视经典节目《今夜百乐门》时,不仅将影视片段、方言配音、表演模仿等融入主持设计,还将节目嘉宾邀请、观众互动设计等纳入节目策划,通过把控主持节奏调整节目进度,突破了传统主持人思维的“传播内循环”,体现出从“主持人思维”向“制片人思维”升级的调适逻辑。其他选手也在节目中回应了嘉宾选择、主持节奏、现场音响、节目彩排等“制片型主持人”面临的多种问题。新闻赛道则要求选手自主完成社会新闻的采访、剪辑与播发,并从新闻库中选择新闻并完成背景串联,此外,选手还需对节目组设置的突发状况进行应对。这些环节的设置体现出新闻节目对主持人“制片人思维”与统筹策划能力的考察。

(二)节目本体的创新:《主播有新人》与主持人选拔节目的叙事向度

英国技术学派代表哈罗德·英尼斯(Harold Adams Innis)曾指出,一种媒介的长处将导致一种新的文明的诞生。在媒体融合的进程中,传播主体的多元共生与平台化的传播趋势将以往“点—面”的主控式传播关系转变为“点—点”的合作性传播关系。“事实流”“观点流”“情感流”的相互交汇共同改写了主持传播的发展方向[①]。东方卫视的《主播有新人》顺应媒体深度融合发展的趋势,在节目叙事上以行业逻辑追问主持人的业务能力创新;以市场逻辑预测主持人的未来发展方

① 高贵武,王彪.技术驱动与人文精神:新媒体时代主持传播发展的两种逻辑[J].中国主持传播研究,2020(1):7-17,4.

向;以受众逻辑倒逼主持人的传播效果升维,这三重叙事向度帮助东方卫视《主播有新人》这一选拔类节目在节目本体上进行深度创新。

1.行业逻辑:《主播有新人》中的业界标准取向

东方卫视《主播有新人》中选手与三位导师共同搭建起节目的叙事空间与话语空间。其中对融媒体时代新闻节目编播有系统认知的刘建宏、对主持人综艺潜能具有敏锐观察力的杨澜、对主持人文化素养进行全面考查的郦波,这三位导师分别代表了播音主持行业不同面向的审美逻辑。节目在行业逻辑的审视下,或设计直播中可能存在的“提词器障碍”“临时加急稿件”“主持时长变化”等突发状况,考查选手在创作境遇中的动态适应能力、临场应变能力,或通过设置同一社会议题安排不同类型的选手进行对战,考查选手作为内容主体在议题呈现、叙事效果等方面的备稿能力与传播能力。此外,《主播有新人》也契合媒体融合的传播语境,在综艺赛道的考核中将选手的跨屏传播表现纳入节目的考核指标,挖掘其“小屏延展大屏,大屏带动小屏”的融合传播能力。

融媒体时代,播音主持的行业标准取向是一个不断重塑的过程,也是一个动态适应的过程,媒介融合的传播语境正不断追问播音主持行业的价值诉求、市场供求与角色需求。《主播有新人》也在致力于探索播音主持行业在发展过程中新涌现的“增量”,面向行业回应如何“让主持更有价值”这一核心议题。大部分选手尝试在业界标准的审视下寻找自我叙事的发力点与突破点:姚安妮从南开大学的女子足球队说起,与导师刘建宏共同探讨中国足球的美好未来;选手石笑歌以童年爷爷泡的茶为切口,讲述中国传统茶文化的丰富内蕴;选手傅冬暖温情讲述中国汉服承载的精神气质,以主持传播的人文逻辑与导师郦波实现叙事共情。节目中也不乏尝试突破业界审视标准的选手,如综艺组选手小哈以脱口秀形式完成自备议题环节,但在业界标准的审视下,因其未能展现从“脱口秀演员”向“主持人”转型所需的专业素养和主持功底,因此未能成功晋级。

2.市场逻辑:《主播有新人》中的市场审美面向

随着移动受众内容需求的转变与人工智能主播的运用,综艺节目与新闻节目均作出了更加符合传媒市场需求的相应调整。主持人在其中的“退场”实践与深度转型,折射出其传统角色定位的滞后性,因此亟须做出更契合当下传媒需求的调整。

对于综艺节目而言,“高概念”综艺时代的到来使得节目嘉宾成为综艺内容制作的核心要素,嘉宾已经部分承担起环节介绍、版块串联、广告插播等大众传播时代主持人的工作,主持人以往在综艺节目中的核心位置退居到边缘地带。[①] 新闻节目同样因融媒体时代的信息接收终端的转变、观看新闻节目受众的结构性流失,面临相似挑战,以往新闻节目主持人的生存空间也受到挤压。东方卫视《主播有新人》针对市场对主持人才的需求变化,既注重巩固大众传播时代主持人专业素养的巩固,将节目类型细分为问答类、辩论类、访谈类、晚会类等,综合考查融媒体时代主持人的价值创新和业务坚守。面对网络主播日趋成熟的市场态势,《主播有新人》也将直播带货类节目纳入选手的考核体系,旨在通过选手沉浸式的传播体验,引导主持人破除程式化的“播音腔”,回归传播交流的“人本位”,进而实现与多元主持传播生态的良性互动。

此外,市场化的逻辑导向也驱动播音主持的语态调适和风格调整。大众传播时代播音主持的语态特征主要取决于主持节目类型,新闻节目与综艺节目的语态界限分明,进入融媒体时代,播音主持的表达方式更加多样化,语态特征也逐渐出现融合化的倾向。《主播有新人》节目中,新闻赛道与综艺赛道均体现出这一“语态融合”特征。例如,选手李泽鹏评论“夫妻共用育儿假”新闻时,采用“上海妇联,你真的很甜”这样更为轻松的评论语态;综艺赛道的选手李明洋则在绘声绘色讲述四川的方言故事时,激发了社会对于加强方言保护工作的深层思考,节目中呈现出的“语态融合”使得新闻主持更具“烟火气”,综艺主持也承载“使命感”,为用户带来全新观感。

3.受众逻辑:《主播有新人》中吸引受众的偏向

播音主持的创作主体、主持文本与接收客体共同构成了播音主持的创作系统。因此,播音主持的创作主体既要在实践中致力于实现主持文本的创造性转化,又要兼顾播音主持接收客体的心理接收过程以及受众在主持文本有声转化中的接受偏好。随着融媒体时代传播权力从媒体向受众过渡与“下放”,一方面,以往播音主持的接受客体一跃成为具有主体性的内容“产消者”,从某种意义上成为

---

① 李亚虹,邵玉潇.困境与突围:从主持人大赛看主持人专业能力再培养[J].中国主持传播研究,2020(1):43-52.

播音主持行业的“后备军”；另一方面，播音主持的接受客体对专业化的播音主持创作主体产生了比大众传播时代更为多元的业务反馈和更为包容的角色期待。东方卫视的《主播有新人》也将受众逻辑融入节目叙事中，在节目制作与宣发创新上均有所体现。

相比于类型化的主持人选拔类节目，《主播有新人》率先在采访能力的考核上引入了“明星”元素来吸引受众对节目的关注，要求选手在后台与“转音歌姬”黄龄、“脱口秀演员”庞博等嘉宾进行简单交流后制定采访提纲，通过限时十分钟的访谈对决来展现融媒体时代的主持传播艺术。节目还在选拔过程中与东方卫视影视剧中心主办的“2021 电视剧品质盛典”联动，以“节目选手实战+明星红毯采访”的竞赛模式，实现明星“粉丝”向节目“观众”的引流。在宣发模式上，《主播有新人》也通过立体多元的传播渠道扩散节目效应，以“大小屏联动”的方式让选手们参与百视 TV 的直播带货，每周为两位选手借助直播带货积累经验和人气的同时，完成与移动受众的沟通反馈。此外，节目还通过主动释放“主播的职业反射”“优秀主播如何花式营业”等节目录制花絮片段，通过人气选手“后台”形象的反差呈现来提升受众对节目的关注度。

三、节目创新感知度：受众客体创新评价建构

（一）精英话语隐退与大众权力增长：节目创新度的检验

心理学家霍尔顿和沃尔（Horton & Wohl）曾借助“准社会交往”的概念阐明受众对媒介人物产生的近似社会交往的依恋与互动关系。电视节目中，受众作为“准社会交往”的客体，不仅被伯明翰学派指出在进行文本意义解读时具有主动性地位，还被罗兰·巴特等结构主义符号学相关学者证实：受众甚至可以深入到文本生成环节，与内容生产者一起打造“可写性文本”。随着媒体融合的纵深发展，电视受众升级成为主动性更强的移动“受众”，因而要考证《主播有新人》这档节目在“准社会交往”中的认可程度与创新因素，对节目受众进行调查是必然路径。

1.创作者的创新思维与观看者的审视视角

一方面，传统广播电视台的主持人选拔节目，多是精英话语的融合，注重权威

感、标准化与专业度。然而,在新媒体的冲击下,传统精英话语体系逐渐隐退,受众话语权不断增强,融媒体节目创作逻辑也从“单向传播”转变为“双向互动”,其核心在于“准社会交往”理论的深化应用。尽管《主播有新人》节目在创新过程中采用了“泛化招募”“受众逻辑”等手段增强受众互动性,让观众能够与节目组共同创作文本,但由于其官方媒体的定位属性,节目创新仍带有自上而下的改良色彩,这种创新能否真正被观众接受,仍需要进一步验证。

另一方面,观众的审视视角也从被动接受转变为主动参与。根据霍尔的“编码—解码”理论,观众可能以主导、协商或对立的立场解读节目。例如,在《主播有新人》的创作过程中,观众可以通过官方直播评论或微博话题对节目内容进行反馈。年轻受众对选秀节目的“打投”行为,既可以是对规则的接受,也可以通过二次创作解构节目叙事。同时,媒介融合加剧了受众分化:年轻受众更倾向于扮演“参与者”角色,而传统受众更倾向于保持单向接受习惯。因此,节目创新需要通过合理的受众调查,来确定创作者的创新意图是否能够被观众知晓并接受。

2.传统节目调查方法的局限性

传统电视节目的效果评估,主要采用精英话语中的创作研讨会,或对受众进行收视率、市场份额、满意度调查等方法。这些方式大多是单向反馈机制,其方法论基于大众传播时代的线性逻辑,但在新媒体环境下逐渐显现出局限性。传统方法假设“传者—受众”关系是静态的,然而,新媒体受众的行为具有实时性和交互性。

此外,收视率等数据仅能反映“是否观看”,而无法反映“如何观看”,容易导致受众意义的流失。收视率作为传统电视节目评估的核心指标,其测量方法包括日记卡和测量仪等,本质上是对观众观看行为的“物理记录”,只能证明某一时段内电视机是否开机、频道是否切换至目标节目。这种测量方式将复杂的观众行为简化为“看”或“不看”的二元数据,无法揭示观众在观看过程中的真实状态和心理参与度,从而导致对节目价值的片面判断。

(二)受众客体的创新评价感知:研究方法与问卷设计

基于前文所述,媒体融合环境下的节目创新路径应重视传受互动逻辑,在创新评价的指标中纳入受众的调查与反馈。因此,本研究将《主播有新人》创作者创新路径的质性研究进行变量转化,结合受众调查,用实证研究方法对节目受众的创新评价与满意度进行描述性与相关性分析。本研究尝试回应以下问题:(1)节目受众对不同创新点进行的创新评价;(2)节目受众对《主播有新人》的节目满意度;(3)节目受众的“创新感知度”,即通过对受众创新评价和满意度的相关性分析得出受众在主观认知中的创新因素。

1.质性研究结论转化为量化研究变量

本研究首先基于前文的质性研究结论,通过对选手、导演等进行半结构式访谈,了解创作者对节目创新的主观设计;随后对访谈语料文本进行整理,归纳出前文论及的“内容主体”“平台本体”部分的创新概念,即“构成变换”“身份切换”“思维转换”“行业逻辑”“市场逻辑”“受众逻辑”,并将每个创新概念转为变量进行后续量化分析。其中,“构成变换”变量包含“年轻化”“多元化”“标签化”三个创新点,“身份切换”变量包含“跨界”“博主”两个创新点,“思维转换”变量包含“议题”“采访”“台本”三个创新点,“行业逻辑”变量包含“导师”“突发”两个创新点,“市场逻辑”变量包含“赛道”“类型”两个创新点,“受众逻辑”变量包含“明星”“联动”“热搜”“带货”四个创新点。

其次,把每个创新概念下的具体创新点转化为问卷题项。例如,问答题“在主持人选拔类的节目中,《主播有新人》设置了‘提词器障碍’‘临时加急稿件’‘主持时长变化’等实战突发性状况,您认为这种设计是创新的吗?”

再次,借助 Homburg & Stock 于 2005 年发表的顾客满意度量表①形成受众满意度量表,并加入受众年龄、性别、受教育年限、专业或职业四项人口统计学变量作为控制变量。

最后,为了提高调查的准确性,研究变量均采用李克特(Likert)5 点量表予以测量,并邀请新闻传播学、人力资源管理专业和中央广播电视总台总编室受众研究分析专家等对问卷进行问卷试测和修改反馈,以确保最终问卷具有良好的信度与效度。所有问卷的发放与填写均遵循自愿原则,通过线上渠道同时进行。

---

① HOMBURG C, STOCK R M. Exploring the conditions under which salesperson work satisfaction can lead to customer satisfaction[J]. Psychology & marketing,2005(5):393-420.

2.创新评价:受众对不同创新点的评价数据处理与效度检验

本研究以全国媒体从业者、高校在校生以及普通观众为随机抽样对象,共回收问卷752份,其中有效问卷730份,问卷有效回收率超过97%。经检验,本次问卷调查数据的信度、效度均为有效值以上。其中,“构成变换”变量克隆巴赫系数(衡量量表或问卷内部一致性最常用的指标之一)为0.7770;“身份切换”变量克隆巴赫系数为0.7754;“思维转换”变量克隆巴赫系数为0.8626;“行业逻辑”变量克隆巴赫系数为0.7321;“市场逻辑”变量克隆巴赫系数为0.8500;“受众逻辑”变量克隆巴赫系数为0.8411;“受众满意度”变量克隆巴赫系数为0.9446。

调查数据显示,六个变量的受众创新评价认可率均超过65%,表明大部分受众对《主播有新人》在内容主体、平台本体方面进行的创新有较高评价。其中“思维转换”的创新评价最高,为73.6%,其次是“行业逻辑”71.77%、“市场逻辑”71.41%、“构成变换”68.67%、“受众逻辑”67.96%、“身份转换”65.73%。

创新评价的高低取决于受众对16个节目创新点认可度的强弱。数据显示,节目受众普遍认为《主播有新人》的16项节目创新点在主持人选拔类节目中具有较强创新性,超过60%的受测对象选择了“同意”或“非常同意”。创新评价最高的是《主播有新人》设置了提词器障碍、临时加急稿件、主持时长变化等实战突发性状况,创新评价最低的是身份切换中的跨界选手的参与。

3.节目受众的创新感知度:创新评价与受众满意度相关性指标

在受众满意度调查中,70%的受测对象对《主播有新人》选择了“满意”和“很满意”,其中选择“满意”的人数占比为46%,选择“很满意”的人数占比为24%,这表明受众对该档节目满意度非常高,选择“一般”的比例为25%。

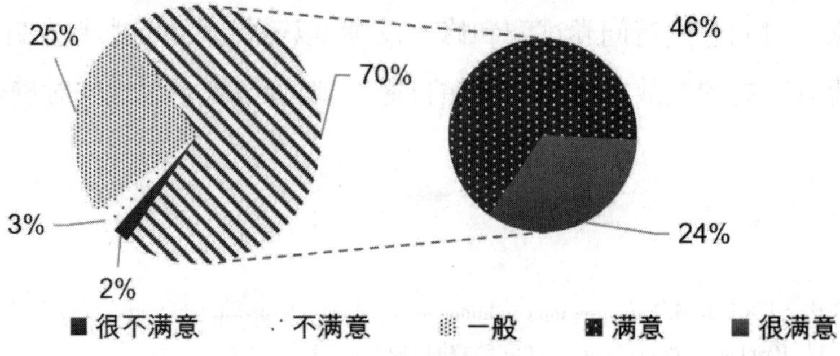

图4 受众满意度调查

综合受众创新评价变量和受众满意度变量以及相关的人口统计学变量，进行相关性分析，得到结果如表 1 所示：

表 1　变量的描述性统计分析和相关系数

	Mean	Std.Dev.	1	2	3	4	5	6	7	8	9	10
受众满意度	3.850411	0.8010837	–									
构成变换	3.792694	0.8100919	0.6921 **	–								
身份切换	3.732192	0.9060031	0.6917 **	0.7338 **	–							
思维转换	3.885845	0.83499	0.6863 **	0.6380 **	0.6477 **	–						
行业逻辑	3.84863	0.8490482	0.6725 **	0.6161 **	0.5937 **	0.6509 **	–					
市场逻辑	3.880137	0.894858	0.6437 **	0.5375 **	0.5001 **	0.6643 **	0.6626 **	–				
受众逻辑	3.799658	0.7890605	0.7293 **	0.6531 **	0.6828 **	0.6566 **	0.6306 **	0.6022 **	–			
年龄	29.83425	10.87987	0.1403 **	0.1305 **	0.1759 **	0.1097 **	0.1070 **	0.1125 **	0.1066 **	–		
性别	0.3547945	0.4787791	−0.0345	−0.0388	−0.0036	−0.0244	−0.0550	−0.0399	−0.0167	0.0039	–	
受教育年限	16.16027	3.842269	−0.1265 **	−0.1111 **	−0.1348 **	−0.1484 **	−0.1328 **	−0.1326 **	−0.1419 **	−0.1217 **	0.0473	–
专业或职业	5.045205	2.037208	0.0605	0.0223	0.0382	0.0807	0.0127	0.0692	0.0741 *	0.1491 **	0.0145	−0.1353 **

注：* $p < .05$； ** $p < .01$

上述描述性统计表格显示，受众满意度与“构成变换”“身份切换”“思维转换”“行业逻辑”“市场逻辑”“受众逻辑”呈现显著的正相关关系；而受众满意度和受众的性别、专业或职业无显著相关性；同时，受众满意度还与年龄呈现显著的正相关关系，年龄越大的受众对节目的满意度越高；受众满意度和受教育年限呈现显著的负相关关系，即受教育年限越短，受众满意度越高。这一结果符合“年轻人受教育年限长、满意度低，而年老者受教育年限短，满意度较高”的现实假设。此外，数据表明受众对《主播有新人》这档节目的创新评价和满意度呈现强烈正相关关系，因此，节目受众对该节目的创新感知度总体较高。

四、结　语

作为兼具政策性、实践性、理论性的重大时代课题，媒体融合实质上统合了国家、市场与公众三方利益主体的多元诉求，在技术迭代更新与行业逻辑变革中，形成了一个包含全局纲领、行业规范以及地方政策协同联动的综合体系。其中，贯通式的全流程改革，不仅聚焦媒体内部，更关注媒体结构和技术进步如何赋能社会发展。[①] 主持人作为全媒体传播体系中的重要环节和媒体人才竞争战略的重要维度,在媒体融合的进程中逐渐突破了以往播音主持的“内循环”体系,在体制机制的底层逻辑创新中,实现主持人的价值调适与角色升级。

本研究通过《主播有新人》在媒体深度融合的传播语境中所构建的传受关系新桥梁,以实证主义的视角探索了主持人能力重塑的新考查维度,并为未来主持人选拔类节目的创新提供了可供借鉴的参考方向。同时,《主播有新人》也在一定程度上体现出当前主持人选拔节目存在的创作困境,在媒介平台多元化与主持人培养目标体制化、导师审美差异化与选手构成多样化、节目设想“团综化”与制作实践模式化之间寻求平衡点。未来,或许可以在媒体深度融合中进一步发掘此类节目创作的创新拐点,从而更加有力地推动融合传播时代成为话筒的“黄金时代”。[②]

虽然,本研究基于质性研究的研究结论以及依据《主播有新人》创作者的访谈文本归纳出的创新点,可能存在没有穷尽所有创新维度的不足,但是本文依据创新点进行的受众调查数据,仍可视为客观数据对主观创新的反馈,具备一定的客观解释力。本研究构建的创新感知度变量能够有效反馈用户对创作者创新力的感知强度。

---

① 常凌翀.重塑与建构:媒体融合十年的内在逻辑与演进脉络[J].融媒,2024(12):8.

② 丁韬文,刘朝霞.融媒时代主持人的自我坐标、身份认同与角色超越:以中央广播电视总台2019主持人大赛为例[J].当代电视,2020(7):100.

数智时代体育解说询唤机制研究*

——以2022年卡塔尔世界杯为例

◎ 靳 迪 强海峰**

摘要:媒介技术革新重构传播生态系统,在信息交互场域的重构与内容生产范式转型的双重影响下,体育解说员面临职业发展困境,部分从业者在流量变现机制裹挟与泛娱乐思潮侵袭中,陷入社会责任担当与商业获利诉求之间的价值对立,由此诱发话语权威消解、职业规范异化、圈层传播壁垒加剧等次生效应,导致受众审美认知降维、主流价值传播效能衰减。本研究采用内容分析法,聚焦2022年卡塔尔世界杯中文解说的话语表征体系。研究发现,数智技术驱动下,解说员借助话语内容创新完成文化价值传递,依托媒介仪式共创凝聚社会共识,进而通过正向询唤机制促进话语生产与主流意识形态同频共振。

关键词:媒介生态;足球世界杯中文解说;询唤机制

一、引 言

技术革新驱动下,中文赛事解说员逐步完成功能定位的三次转型:广播电视时代的赛事信息转译者,其核心价值在于消除观赛信息差;互联网时代的互动陪

---

* 2024年河南省高校人文社会科学研究项目:中国式现代化背景下的河南语言形象建设研究(项目编号:2024-ZZJH-310);2024年河南省教育科学规划项目:中国特色口语传播思想史研究(项目编号:2024YB0023)部分研究成果。

** 靳迪,北京外国语大学国际新闻与传播学院博士研究生;强海峰,河南大学新闻与传播学院教授。

伴者,侧重观赛社交场域的建构;数智时代的场景建构者,通过语义符号与数字技术的融合实现文化涵化传播与价值引导。卡塔尔世界杯的制播实践标志着体育赛事传播进入新纪元,其突破性在于首次构建前场全流程制播系统,通过5G传输、4K/8K超高清制式、AI智能分析及三维全景声技术的协同应用,实现从线性传播向沉浸式场景建构的范式转换。解说员在依托数据平台获取权威话语信息,提升自身专业属性的同时,积极通过媒介互动增强用户黏性。然而,数智技术的下沉也易导致话语主体泛化,用户生产内容存在价值失范风险。在此背景下,主流传播平台亟须培养具有正向询唤功用的传播主体,在维护体育精神传播主航道的同时,激活体育赛事作为媒介仪式的文化引领功能,最终实现技术赋能下的正向认知传输.

二、文献综述

询唤机制由法国学者路易·皮埃尔·阿尔都塞(Louis Pierre Althusser)最早提出。这一机制源于日常生活中意识形态认识的物质仪式的实践,具备主体实践、仪式化、日常持续等理论要素,并体现为意识形态在仪式场域中将个体转变为自明主体的动程。① 从相关研究内容来看,既往研究具备鲜明的媒介生态色彩。询唤常体现为意见主体观念的媒介化传播,特定的意识形态通过意见领袖言行实践所承载的人生观、价值观,影响着受众的主体性意识。② 相较于命令统摄,询唤机制往往存在于受众喜闻乐见的媒介形式中,从而对受众观念产生"涵化"作用。此时,媒介作为承载意识形态的机器,镜像地作用于受众的自我构建。这种媒介生态下的社会引导机制在媒介技术的变革演进中,彰显出极强的时代特征和媒介仪式属性。

数字媒介技术的变革往往会有先导性地体现在大型体育赛事的转播中,足球世界杯作为具有国际代表性的全球性赛事仪式,其媒介生态的变迁与媒介技术的运用已在学界引发广泛讨论。③ 有学者以2022年卡塔尔世界杯为例,从内容、技术、资本等媒介生态要素出发,对央视频、咪咕、抖音三大制播平台展开媒介话语

① 王圣.功能批评及代群影像:一种话语的理论与实践[M].北京:北京理工大学出版社,2013:108.

② 梅莉.网络节目主持人的受众询唤研究[D].深圳:深圳大学,2017:39.

③ 魏伟.解读神话:南非世界杯电视转播的符号学研究[J].中国体育科技,2011(2):47-51,82.

分析，提出制播技术引领下的娱乐至上危机，媒介生态的快速发展应当引起大型体育赛事传播中媒介话语构建的警醒与反思。① 有学者将词频分析和聚类分析相结合，从实证研究的角度考察世界杯受众在抖音等新媒体平台中的“弹幕狂欢”，并将这一行为特征提升为群体认同、群体狂欢与集体记忆的意识形态维度。② 还有学者从赛事的媒介受众出发，对世界杯赛事期间受众的媒介使用行为展开研究，提出大型体育赛事作为媒介事件，能够形成结构性影响，作用于受众的观看动机与赛事认同建构。③ 可以发现，学界基于媒介生态视域，对足球世界杯媒介传播的相关研究主要采用话语内容分析、叙事结构框架分析和史料研究等研究方法，研究议题多聚焦于媒介话语的影响力研究、媒介技术导向下的赛事传播模式研究，以及媒介技术变革下体育赛事对社会认知的建构机制研究。其中，对社会认知的建构机制研究逐渐成为当下的主流研究趋势与前沿。因此，本研究以解说话语文本为切入点，考察数智技术赋能下体育解说的询唤机制，进而探究其背后的认知建构与价值形塑作用。

三、研究方法与设计

本文通过转码软件将2022年卡塔尔世界杯的中文解说影像资料转化为文本，并对所获取的文本进行原始内容归纳。针对原始文本内容，本研究在NVivo12.0Plus中，通过节点对话语文本内容进行三级编码，从而构成节点从属关系，并以轴心式编码结构进行管理。为确保文本编码的信度与效度，在编码过程中，采取以下措施：(1)合众对比法，因文本涉及大量编码工作，容易受到研究者主观情感与认知的影响而产生编码偏差，因此，在系统编码前，本研究采用多人分别编码、汇总对比的方式，进行校正；(2)内容分析信度测量，见公式①；(3)互相同意度计算，见公式②。

公式① 内容分析信度计算：$R=\frac{n\times\bar{k}}{1+(n-1)\times\bar{k}}$ 公式② 互相同意度计算式：$K_{12}=\frac{2M}{N_1+N_2}$

---

① 李金宝，鲁恒志，李馨雅.智能传播时代大型体育赛事的媒介话语构建策略与反思：兼议国内三大主要平台2022年卡塔尔世界杯传播实践[J].武汉体育学院学报，2024(2)：7-14.

② 张楷悦，卢兴.群体认同、群体狂欢与集体记忆：基于卡塔尔世界杯抖音直播弹幕的分析[C].中国体育科学学会.第十三届全国体育科学大会论文摘要集：墙报交流(体育新闻传播分会).

③ 唐雨晴，郭晴，陈昌杰.个体选择与结构限制：2019年女足世界杯中国受众媒介使用行为的影响因素[J].成都体育学院学报，2020(5)：59-66.

其中 n 为评判人数,$\bar{k}$ 为平均相互同意度,R 为信度,M 为两者完全同意的栏目数,N_1 为第一位编码人员分析栏目数,N_2 为第二位编码人员分析栏数目。经过信效度检测,本研究文本内容分析的信度 R 为 0.94。根据霍斯提公式,当信度大于 0.90 时,可以将主编码人员的编码结果作为分析依据,进而将文本分析数据作为史料分析的结果之一,为研究提供有力佐证。

四、仪式化询唤:媒介情境下的认知输出

在数智时代的沉浸式语境下,卡塔尔世界杯中文解说体系呈现出显著的仪式化特征。多元媒介平台借助流量信息与符号化激励策略,构建起跨圈层的传播网络,使原本离散的受众群体得以在数字化场域中实现聚合与交互。这种传播范式的变革推动了解说主体的结构性扩张。直播场景中,专业解说员、跨界嘉宾与虚拟主播的协同叙事,叠加虚实交融的传播空间,形成了表征不同文化圈层价值取向的话语谱系。相较于自媒体解说员能够依托平台技术快速进行赛事集锦的二次创作与碎片化观点输出,构建强参与性的内容消费模式,传统电视解说受限于线性传播范式与全景式叙事框架,其内容再生产往往局限于赛事片段回放或画外音解说等衍生形态,导致主流话语主体与受众间的"拟态亲密关系"建构相对滞后。这种询唤位阶的竞争,在流量经济与受众审美范式变迁的双重压力下,对传统解说话语权威形成解构性挑战。但是,技术反哺效应同时也为话语秩序重构提供了新路径:"5G+超高清"制播技术显著提升赛事画面的信息密度,使受众在赛前即可通过多模态数据可视化工具进行战术推演与赛果预测。这种基于技术赋能的自主内容生产行为,本质上是既往媒介询唤过程中形成的认知框架与新兴传播主体实践智慧的辩证统一。这类自主生产的内容,作为反馈性文本,通过算法推荐系统对专业解说形成话语调适压力,倒逼其叙事策略向即时性、交互性与跨圈层适配方向迭代。

(一)多元内容与价值延伸

本研究采用质性研究方法对卡塔尔世界杯中文解说文本进行系统性话语分析,通过三级编码程序对原始语料进行深度解析,在开放式编码阶段归纳初始概念,主轴编码阶段形成八个新范畴,最终在选择性编码阶段建构起三个核心维度。

编码结果显示，体育解说话语实践的内容结构与价值取向呈现出多维转向特征。在功能维度上，媒介数据与画面文本在一定程度上使体育解说从实况转述中得以解放，推动其话语功能逐渐向引领情感共鸣演进，进而实现其在认知维度上的跨场域输出。与此同时，技术维度作为驱动内容结构转变的关键因素，不仅推动构建人机协同的新型生产范式，扩展了体育解说话语内容的知识覆盖范围，而且也引发传播者对技术理性的思考与阐释，见表 1。

表 1　卡塔尔世界杯中文解说文本三级编码表

一级编码	二级编码	三级编码	参考点
竞赛实况解析（509）	球员对抗（283）	对抗技术运用	171
		对抗程度评判	112
	球队布局博弈（174）	部署策略比较	125
		管理策略比较	49
	技战术分析（186）	技术动作	121
		效率评估	65
场外要素阐释（435）	情绪渲染（267）	赛事氛围	88
		场外人员反应	75
		故事化讲述	104
	赛事环境（33）	场馆描述	20
		气候影响	13
	赛事文化（135）	历史背景	23
		球队文化	51
		赛事符号隐喻	61
技术审视（127）	判罚技术（75）	技术新规	25
		犯规判决	33
		VAR 等新技术应用	17
		公正性评估	9
	场地技术（52）	制播手段	20
		赛事保障技术	32

聚焦“竞赛实况解析”这一范畴，解说话语的询唤功用主要体现在专业知识输出方面。在这一范畴下，球员对抗、球队布局博弈与技战术分析构成了解说话语对比赛现场的剖析架构。球员对抗的分析聚焦于技术动作的运用细节与对抗程度的深度评判，解说员凭借专业视角，将球员在高强度对抗下的技术闪光点与身体对抗态势转化为生动的语言表述，使观众不仅知晓比赛进程，更能深入理解球

员技术能力与拼搏精神的交织展现。例如,通过精准描述球员在突破防守时的假动作运用、射门瞬间的发力技巧等,让观众领略足球技术的艺术魅力,同时借助对对抗程度的评判,如分析拼抢的激烈程度、犯规的可能性等,增强观众对比赛紧张氛围的感知。解说员对球队布局博弈的阐释则深入到战术层面,部署策略比较与管理策略比较要求解说员全面把握双方战术安排。从阵型选择到人员调配,从进攻路线规划到防守体系构建,解说员通过细致入微的对比分析,揭示球队在战术博弈中的优势与短板。其中,解说员对专业术语与战术理念的活用将抽象的战术构思具象化为观众易于理解的内容,使观众能够洞悉教练团队的智慧较量,进而提升对比赛的理解度与欣赏层次。技战术分析则进一步细化到技术动作层面,通过对技术动作的精准拆解与效率评估,解说员为观众呈现项目技术的精髓。从传球的精准度、射门的力量与角度,到盘带节奏把控等,对于上述技术动作的专业解析与研判成为体育解说与受众拉开认知差、获取询唤位阶的途径。效率评估则将技术动作进一步置于比赛情境中,考量其对比赛进程的实际推动作用,帮助观众建立对技术与战术效果的综合认知,使观众在欣赏比赛的同时,获得足球运动的专业知识。

"场外要素阐释"这一范畴下的情绪渲染、赛事环境与赛事文化,则突出解说话语对比赛外围因素的挖掘与呈现。解说员通过丰富观众的情感体验与文化认知,传递体育文化中蕴含的正向价值观。在这一范畴中,尤其值得关注的是情绪渲染与赛事文化这两个二级范畴。解说员为将观众带入赛事话语场域,往往通过营造赛事氛围、捕捉场外人员反应以及展开故事化叙述,将比赛现场的情感浪潮传递给观众。解说员运用富有感染力的语言,描绘赛场上的欢呼、紧张、激动等情绪氛围,同时关注教练、球员家属、球迷等场外人员的表情与反应,将其作为情感传导的纽带,进一步关联球员成长故事、赛场趣事等场外要素,使观众在情感上产生深度共鸣,提升观赛过程中的沉浸感与关注度。在此基础上,解说员通过深入挖掘历史背景、球队文化与赛事符号隐喻等元素,以专业化的口吻讲述世界杯的历史沿革、各球队的文化传统与风格特点,解读赛事标志、吉祥物等符号背后的文化内容,使观众在欣赏比赛的同时,领略足球文化的深厚底蕴与多元魅力,促使不同文化背景的观众对体育价值的认同与交流。

与此同时,有关数智技术的讨论与理性审视成为新兴范畴,这一范畴主要聚焦于判罚技术与场地技术,体现解说对比赛公平性与技术保障性的理性关注。在判罚技术方面，解说员通过对技术新规的解读、犯规判决的分析以及 VAR 等新技术应用的探讨，帮助观众理解现代足球比赛中技术手段对判罚精准度的提升作用，同时引导观众思考技术介入比赛的合理性，如技术判罚的边界、对比赛流畅性的影响等，促进观众对足球比赛规则与技术应用的全面认知。场地技术板块涵盖制播手段与赛事保障技术等内容，解说员通过对比赛转播技术、场地维护技术等的介绍与评价，使观众了解高质量比赛呈现背后的技术支撑体系，从摄像机位的选择、信号传输的稳定性到草坪养护技术、赛场照明系统等，全方位展现赛事组织与保障中的科技含量，增强观众对比赛专业性的认可，同时也为体育赛事的技术发展提供公众视角的反馈与建议。由此可见，卡塔尔世界杯期间，解说员通过对竞赛实况、场外要素与技术伦理等不同层面的深入剖析，构建起专业、精准且富有感染力的话语体系。其话语实践不仅为观众传递比赛信息，更在情感激发、文化传播与技术理性等方面发挥着重要的询唤功用，有力地推动体育赛事与观众之间的深度互动与意义建构，

（二）仪式互动与认同建构

体育赛事是一种仪式化行为，而体育媒介则是对赛事的象征性现实进行再现的重要渠道。[①] 在传播学视域下，体育赛事本质上构成了一种仪式化的社会实践形态，其媒介呈现过程则完成了对竞技现实的符号化重构。这类具有象征特质的仪式符号体系，往往因传播主体间的博弈关系而呈现出差异化的文化表征，最终将媒介赛事转化为承载多元价值系统的仪式化场域。媒介技术的生态级变革，往往率先在主流媒体的体育赛事制播中得到体现。国际赛事组织与主流媒体间的协同进化，使得官方话语生产在技术认知深度、媒介应用效能及信息迭代速率方面始终保持结构性优势。[②] 这种认知差异实质上构成了解说员建立专业权威、构建话语层级的核心基础。

从实践维度来看，解说员对赛场技术的阐释正逐渐内化为赛事话语不可或缺的组成部分。主流解说群体与多元传播主体通过内容层面的互文性对话，共同凸显媒介赛事的仪式化特征，并在交互传播中持续强化赛事蕴含的积极价值共识。在人工智能技术与全媒体矩阵深度融合的背景下，世界杯赛事的影像呈现已演化

---

① 费斯克，哈特利.解读电视[M].郑明椿，译.台北：远流出版事业股份有限公司，1993：105.

② 魏伟，王铮朗.奥运全球传播的发展、困境与前景[J].沈阳体育学院学报，2024(1)：121-128.

为体育奇观的聚合体。符号化的主持人形象与制度化的传播框架,建构起具有排他性的解说权威体系。围绕这一话语核心,受众的视听体验与交互感知经由技术中介的选择性过滤与权威重构,最终演变为一种仪式化互动实践。多元传播主体纷纷介入赛事信息的解码与再生产,形成与主流解说并行的话语生产网络。这种媒介化的仪式共建不仅显著强化了体育传播的集体建构属性,更成为不同层级传播主体适应媒介生态变革与受众需求迭代的范式参照。传播主体在提供差异化阐释的同时,实质上参与着赛事话语体系的系统性建构,这种动态平衡关系深刻反映了当代媒介体育传播的复杂生态格局。

然而,传播主体间文化背景与职业属性的异质性,使得多元主体的立场选择成为媒介体育赛事多义性解读与互文性建构的关键变量。不同传播主体基于其专业素养、个人经验等差异,往往对同一赛事画面产生截然不同的话语阐释。这些差异化解读经由数字化处理后,在媒体平台上进行二次编码与扩散,最终演变为多元文化交织下的流动数字景观。在此过程中,媒介体育赛事逐渐演化为具有“超真实”特征的数字化仪式空间,而主体间的互动行为与符号标记则成为强化赛事仪式属性、拓展文本意义边界的重要媒介实践。传播主体间既存的话语权威差异与社会责任分野,使赛事话语生产实践逐渐转化为媒介体育仪式场域内的跨圈层对话。在这种对话机制中,群体间的观念输出与舆论建构可能成为消解主流话语、扭曲赛事真实、激化社会情绪的风险因素。以大众文化为代表的自媒体内容生产者为例,其倾向于采用符合流量经济的叙事策略,对赛事信息进行夸张化解读与衍生性阐释,以此强化群体认同与自我认同。面对这一传播生态,主流平台解说员在深入考察各平台内容生态的基础上,要始终坚持职业伦理与话语规范的底线,通过主流媒介渠道对多元内容进行选择性传播与及时回应。这种实践策略不仅体现主流解说员在媒介技术革新与媒介种群竞争双重挑战下的专业担当,更展现其在复杂传播环境中的价值坚守与话语引导能力。

正如学者魏伟指出的,在如此繁杂的多声部中,主声部依然会被清晰地“标出”,即便是多解说声道的新媒体体育赛事转播,也会重点推介“招牌”解说员组合,以吸引主流受众的关注。① 主流话语体系的权威性与专业性构成其话语询唤层面的基础支撑,也构建着叙事层面的认知差,成为引导受众认知取向的核心动

① 魏伟.解构当代媒介体育赛事的权力迷思:基于约翰·费斯克的视角[J].上海体育学院学报,2019(1):72-79,102.

力。在当代媒介生态中,体育赛事技术的深度发展与全面渗透已使媒介信息演变为具有“超叙述”功能的反馈性角色。媒介转播通过视听符号系统所建构的叙事神话,促使受众对赛事客观现实产生多维度解码行为,这种转变显著增强了受众在传播过程中的主体性地位。诚然,从询唤机制的主体建构维度分析,受众在观赛过程中主体意识的显著提升总体上具有积极意义。然而,多元主体的自主阐释能力对解说员确立专业权威、实施正向询唤提出新的适应性挑战。在此背景下,解说员如何通过拓宽信息获取渠道、优化专业表达方式等途径重构其传播主体性特征,已成为解说职业发展的必然要求。在这一过程中,解说员对社交媒体平台的策略性运用,不仅成为其回应舆论热点的重要渠道,更是提升公众形象亲和力的关键手段。这种双向互动模式既强化了解说员的话语影响力,也为传统体育传播注入新活力。

在数智时代的体育传播话语实践中,解说员通过直播即时互动、评论动态响应等立体化传播路径,与受众建立起多维度的价值连接。这种机制不仅增强了受众的参与自觉与社群凝聚力,更构建起基于实时反馈的内容优化系统。以 2022 年卡塔尔世界杯为例,中央广播电视总台创新性地采用“世界杯就在眼前”的传播理念,通过构建跨媒介、跨终端的沉浸式传播网络,实现对异质化受众群体的精准覆盖。其中,全景式多机位架构与 VR 沉浸式观赛技术的协同应用,不仅重构了赛事解说的话语场域,更在技术层面实现了解说空间的延展与传播效能的增长。

在技术驱动的传播环境中,中央广播电视总台通过深度解析受众的交互诉求,在延续“大咖陪你看”等传统优势栏目的传播势能基础上,策略性地开发“数说世界杯”“球迷热词”等特色板块。这种分众化传播策略不仅精准捕捉了圈层受众的收视倾向,更通过参与式传播设计有效激活了受众的深层交互,从而推动传播主体在实践维度完成从信息传递者向价值共创者的范式转型。这一过程要求解说员精准把握受众需求,通过情感化互动与场景化关怀提升受众的主体性认知,进而培育其交互惯习,并在仪式化叙事建构、话语范式革新、价值谱系延续三个向度持续完善话语询唤体系。

五、结　语

伴随媒介生态的变革,数字传播技术重构了多重主体间的互动范式。不同传播层级的行动者在技术赋权下形成了动态交织的跨圈层对话网络,在此过程中,赛事内容的多维协同生产机制成为显著特征。体育解说通过去中心化的话语策略与情感浸润的符号系统,引导受众借助媒介渠道进行观点表达与意义再生产,进而在主体间性层面强化价值认同,实现对受众传播主体性的有效激发。在询唤过程中,圈层化传播在认知升级中的建构作用日益显著,专业知识的交换与审美经验的共享将体育赛事转化为具有文化展演性质的媒介仪式,数字空间内的交互行为不仅实现了主流观点的扩散,更形成了反哺解说话语的用户内容反馈路径。然而,自媒体生产机制在提升受众参与度的同时,也导致原始赛事信息经历着碎片化解码的过程,这一过程易异化为趣缘群体进行数字身份建构的符号资本。这不仅加剧了受众认知模式的固化与价值观念的离散,更使得主流话语体系面临被边缘化的风险。

面对多重传播困境,专业解说群体展现出显著的主体调适能力。其不但通过技术工具的创新性运用拓展内容生产边界,借助多源信息的系统性整合重构知识传播架构,而且在价值认知层面始终保持着对职业伦理的自觉坚守,进而在提升传播影响力的同时,积极探索专业话语与大众文化的对话路径。这种兼具技术敏感与人文关怀的实践智慧,为数智时代体育解说主体的身份重构提供了具有范式价值的参照体系,其内在的询唤机制更昭示体育解说员在数智时代引领主流价值观的职业方向。

情感共振何以日常:播客主持人的身份定位与互动范式

◎ 段江盼*

摘要:本文旨在探讨播客如何重塑主持人与听众之间的互动秩序、身份定位与职业生态。研究采用深度访谈法,对4名播客创作者和18名听众进行线上访谈,访谈内容覆盖角色认知、创作动机、收听偏好等维度。研究发现,播客平台中的主持人与听众身份界限趋于消融,主持人的角色定位从信息传递者转变为文化媒介者和对话引导者,听众参与度提升。此外,播客平台的算法推荐和内容推送,使得主持人与听众之间的互动更为高频和密切,亦对内容生产的方向和质量产生影响。研究认为,播客作为一种新型媒介,不仅影响到主持传播的职业生态,也为研究数智时代的口语传播提供了新的视角。

关键词:播客;主持人;身份定位;互动秩序;职业范式

随着数字化传播技术的迅猛发展,播客(Podcast)作为一种新型的媒介形式在全球范围内迅速崛起,并逐渐成为现代传播生态中的重要组成部分。相较于传统的广播与电视节目,播客以其自由开放、门槛低、内容多样化等特点,吸引了大量创作者与听众。越来越多的个人、企业及组织开始利用播客平台进行传播和互动,推动了媒介场景的多元化。

在此媒介转型进程中,主持人的角色随之发生显著变化。传统媒体中的主持

* 段江盼,兰州大学新闻与传播学院硕士研究生。

人通常具有高度的专业背景和严密的角色规范,他们凭借受过专业训练的主持技巧,承担起信息传递、场景把控和内容引导等职责,展现出较强的权威性与控制力。然而,随着播客平台的兴起,主持人与受众的互动方式开始转变。播客主持人不再需要高度的专业化背景,个人化、生活化的表达风格成为其吸引听众的重要手段。他们更像是对话的参与者与引导者,与听众共同探讨广泛的社会话题,强调情感连接与个性表达。

该变化也带来了主持人身份的流动性。在播客场景中,主持人不仅是信息的传递者,还充当着文化的媒介者与社区的引导者。其通过个性化的风格、真实的生活故事和情感共鸣,拉近了与听众的距离,重塑了主持人与听众之间的互动秩序。这一现象表明,专业主持人与播客主持人之间的界限逐渐模糊,二者在不同的场景和受众需求中相互渗透,共同推动了现代主持传播的多样化与共生化发展。

一、研究综述

(一)新型主持模式:身份流动与场景变化

播客平台中的主持角色包含“主持人”和“对话者”两个概念,角色的转换在传统媒体的主持与数智时代的主持中呈现显著差异。传统媒体的主持人身份通常较为固定,具有专业训练背景,发挥着引导场景讨论、维持节目连贯、控制内容节奏等功能。而在当前数字化的传播生态中,主持人与对话者的身份日益交融,受众对主持人的要求从纯粹的信息传递者转变为“文化媒介者”或“对话的引导者”。尤其是在播客或视频直播等场景中,主持人和嘉宾可能在角色上互换,甚至主持人也会成为对话的一部分,而非仅仅是“提问者”。相关研究指出,主持传播业态以去专业界限、反专业传统的“多态化”为主要变化趋势,具体则体现在传播主体多源态、传受互动多屏态、有声表达多语态、形象塑造多面态等四个方面[①]。

此外,媒介场景的多样化则进一步加剧身份流动。研究认为,播客是一个极

① 王媛. 主持传播多态化与主持人专业身份再构建 [J]. 中国主持传播研究, 2021(1): 53-64.

其动态化、多样化的媒介,构成了某种“你来我往”的共享空间①。与传统电视节目或广播相比,数字平台上的节目形式更具多样性,涵盖了从严肃访谈到轻松对话等不同风格的节目类型。主持人需要根据不同的场景进行自我调整,以适应不同的传播需求。戈夫曼(Erving Goffman)的自我呈现理论揭示了在不同情境下,个体会根据周围环境与他人关系呈现出不同的身份②。这一理论在传统面对面互动中具有较强解释力,但数字媒介场景中的互动缺乏面对面交流的即时性和身体语言线索,主持人需要通过声音、语言风格和内容设计来呈现自我,这种“去身体化”的自我呈现方式可能削弱了戈夫曼所说的“前台”与“后台”的清晰边界。

继而,在当下的播客语境中,主持人与对话者都面临着身份的流动,主持人在面对不同的嘉宾或不同的媒介场景时,需要灵活地调整自己的角色定位。这种角色流动性与平台技术、媒介场景之间的互动关系,重新定义了主持人与听众的交流方式。在此进路中,多位研究者着眼于聆听过程的关系面向,探讨了播客主持人与听众之间的声音联结如何赋予了其在情感传达、社群建构和知识经济等方面的优势。由此看出,对播客主持人的观照已跳出传统的窄化范畴,而转向至流动场景中的主体特性与角色功能。

(二)听众参与:从单向传播到互动共生

主持人与听众之间的关系同样发生了深刻变革。这种变革不只体现在传播形式上,更是在传播理念和互动方式上的质变。香农(Claude Elwood Shannon)和韦弗(Warren Weaver)的线性传播模式将传播过程视为一个单向的过程③,以此理论理解主持传播,主持人是信息的发出者,而听众仅仅是被动的接收者。但在数字化的传播环境下,听众的参与度大幅提升,传播过程变成一个双向甚至多向的互动过程。之后,詹金斯(Henry Jenkins)的参与文化概念指出,现代传播场景中,听众不再是单纯的信息接收者,而是成为内容生产的积极参与者④。通过评论、反馈、点赞等方式,听众能够影响甚至决定内容的生产方向,听众的反馈往往会影响

① 王婷. 耳朵何以叫醒:播客复兴的技术逻辑、情感召唤与听觉共同体[J]. 现代传播(中国传媒大学学报),2024(6):113-120.

② 戈夫曼. 日常生活中的自我呈现[M]. 冯钢,译. 北京:北京大学出版社,2008.

③ SHANNON C E, WEAVER W. The mathematical theory of communication[M]. Urbana: The University of Illinois Press, 1949.

④ 詹金斯. 文本盗猎者:电视粉丝与参与式文化[M]. 郑熙青,译. 北京:北京大学出版社,2016.

主持人和节目的走向。此理论为理解数字媒介中的互动传播提供了经典视角,但其仍存在局限性。因为听众的参与程度可能受到技术门槛和文化差异的限制,而算法推荐等平台技术也可能影响听众的参与方式,如通过强化某些内容的主导地位,便能够削弱听众的多样性表达。

基于此,多位研究者从当下的传播情境出发,探讨主持人与听众的双向交往形态。相关学者从人际交往层面介入,认为播客剥离了视觉性的展演系统,开放了“自我披露”的空间,主播透过对自我内心更深层的展示,与听者之间形成了更为亲密的心理联系,通往一种“社会渗透”过程①。许苗苗则认为,播客在听众群体间引发共情。声音借助口语塑造的人格化播客形象,构造起基于情感的共同体,而维系这一共同体的则是延伸人类身体的新型媒介无处不在的陪伴②。

从单向传播到互动共生,听众的参与不仅仅改变了传播的技术形态,也重新定义了主持传播的生态格局。这种共生关系下,听众的声音和反馈成为内容生产的重要组成部分,呈现出更为去中心化的传播特征。相关研究者从听觉共同体的意义上例述“小宇宙”平台的实时互动评论功能,即听众在收听播客的过程中会对引起共鸣的观点进行实时评论,这样的互动结构营建了共同体的深度联结,亦是对信息茧房的一种自省与突围③。此外,平台技术的介入进一步强化了这种互动。通过数据算法,平台能够分析听众的偏好和行为,推送个性化的内容,进而提升听众的参与度。这种高度互动的传播模式,使得主持传播中的听众不再是被动的旁观者,而是内容共生的关键一环。郭光华和余思乔提出,移动网络音频作为互动传播平台,将传统的听众身份转变为用户角色。用户主动使用这一平台,在互动中完成了内容的共构和情感的交流,从而获得了全新的体验与满足④。

(三)职业生态:从固定范式到活跃生态

伴随数字媒介的崛起,主持传播的职业生态面临着深刻变革。传统的主持传播往往依托固定的媒介平台,但在数智时代,媒介场景的多样化和碎片化改变了

---

① 拜厄姆. 交往在云端:数字时代的人际关系[M]. 董晨宇,唐悦哲,译. 北京:中国人民大学出版社,2020:148.

② 许苗苗. 播客:声音里的情感共同体[J]. 首都师范大学学报(社会科学版),2021(3):144-152.

③ 王婷. 耳朵何以叫醒:播客复兴的技术逻辑、情感召唤与听觉共同体[J]. 现代传播(中国传媒大学学报),2024(6):113-120.

④ 郭光华,余思乔. 用户体验:移动网络音频传播效果研究[J]. 新闻爱好者,2018(2):55-58.

主持人与听众之间的关系。据麦克卢汉(Marshall McLuhan)所提出的媒介即讯息理论,技术的变革不仅仅是传播手段的更新,更重要的是它改变了传播内容和模式[①]。他认为,媒介本身的形式比其传递的内容更具影响力,因为媒介的形式决定了人们如何感知和理解信息。数字媒介的多样性和互动性使得传播内容和形式之间的关系更为复杂,平台技术通过改变传播方式,进而影响到主持传播的职业生态。一方面,数字平台允许更多个体进入主持行业;另一方面,平台技术也通过算法、数据分析等手段,推动了内容的个性化推荐,使得主持人与听众的互动更为高频、密切。

既有研究已然关注到声音媒介生态的演变与影响,高贵武和王彪关注到播客的全民参与、个体表达以及在社群空间营造方面的特性,从声音媒体的嵌入式生存与社交化发展的研究路径切入,论证其丰富的功能如何改变和建构媒介与社会公共空间的关系[②]。王婷将播客定义为微观层面的网络社交媒介形态、中观层面的新型生活方式,以及宏观层面的当代文化现象[③]。此外,还有研究者从技术逻辑、发展逻辑和内容逻辑三方面讨论媒介复兴的现实条件,并从媒介场景、媒介角色和媒介内容三方面阐明媒介实践的意义,认为播客平台是以一种“中间者”的方式为使用者们共同提供了声音陪伴、知识分享、公共讨论的空间[④]。

笔者认为,职业生态不只是一个封闭的结构,而是一个受到多种因素共同影响的开放系统。在数字技术的驱动下,传统主持传播职业的边界正在消解,主持人不再是单纯的职业角色,而是与听众、平台技术、媒介场景共同构成互动生态系统。基特勒(Friedrich A Kittler)的媒介考古学理论言明,媒介技术的每一次变革都会重新塑造人类的感知与社会结构[⑤]。由此铺展,媒介不仅是信息传递的工具,也是塑造人的认知和社会关系的重要力量。从书写到印刷,再到电子媒介的演变,每一次技术变革都革新了人对时间、空间和自我的理解。在数智时代,职业生态的变化正是媒介技术进步的结果,生态的变化亦使得主持传播领域的职业流动性大幅提升。许多主持人不再依赖于固定的机构或平台,而是通过多个数字平台

---

① 麦克卢汉. 理解媒介:论人的延伸 [M].何道宽, 译. 北京: 商务印书馆, 2000.

② 高贵武,王彪. 从广播到播客:声音媒体的嵌入式生存与社交化发展 [J]. 新闻与写作, 2022(7): 98-104.

③ 王婷. 耳朵何以叫醒:播客复兴的技术逻辑、情感召唤与听觉共同体 [J]. 现代传播(中国传媒大学学报), 2024(6): 113-120.

④ 王媛,梅雨浓. 播客复兴何以可能:情感、知识与流动的声音建构 [J]. 当代传播, 2024(1): 108-112.

⑤ 基特勒. 留声机　电影　打字机 [M]. 邢春丽, 译. 上海:复旦大学出版社, 2017.

进行自我品牌的打造。这种职业生态的灵活性为主持传播提供了更多的可能性,也为研究这一领域提供了更广阔的视角。同时,主持人和听众的创造性实践同样塑造了媒介的使用方式。

综上,现有研究多从已有理论或发展现况中觅得并解释问题,较少使用实证的方法探究主持人与听众的个体交往与群体情感。基于此研究现状,本文采用深度访谈法,试图回答播客作为一种"慢媒介"如何通过声音的联结创设出独特的听觉范式和情感体验。

二、研究方法

本文将小宇宙 App 选定为研究对象,因其作为中国播客市场中迅速崛起的播客平台之一,在年轻用户和都市人群中具有较高的渗透率。同时,注重内容质量和社区氛围的特性使其在行业中具有典型性,便于窥见播客行业从"泛娱乐化"向"深度化"和"情感化"转型的趋势。因此,作为一个以情感连接和深度互动为特色的平台,小宇宙 App 适配本文的研究目的。

本研究主要采用深度访谈的方法来收集资料。作为质性研究广为选用的材料收集方法,深度访谈有利于对具体问题或经验展开深入考察,进而适用于解释性探究。2024 年 7 月,通过熟人推荐等滚雪球抽样方式,本研究对使用"小宇宙"播客 App 的 4 名播客创作者与 18 名播客听众进行了线上访谈。笔者采用半结构式访谈方法,内容涉及角色认知、创作思路、收听偏好、平台互动、技术应用等。每位听众或创作者的访谈时间在 30—60 分钟。在征得对方同意的前提下,笔者对录音或文字进行了整理留存。本文对受访者姓名和播客昵称等信息进行了技术处理,下文使用 S1 至 S4 作为创作者编号、使用 L1 至 L18 作为听众编号。

表 1　访谈对象信息

编号	年龄	学历	职业	接触播客时间
S1	24	本科	自媒体工作者	2021 年 11 月
S2	27	硕士	企事业单位职员	2023 年 2 月
S3	29	硕士	自媒体工作者	2023 年 2 月
S4	21	本科	学生	2023 年 9 月

续表

编号	年龄	学历	职业	接触播客时间
L1	24	高中	电商客服	2024 年 6 月
L2	23	硕士	学生	2020 年 9 月
L3	23	硕士	学生	2022 年 2 月
L4	26	本科	新闻工作者	2023 年 7 月
L5	27	博士	学生	2020 年 3 月
L6	30	本科	婚礼司仪	2022 年 4 月
L7	23	本科	自由职业	2022 年 8 月
L8	22	本科	学生	2023 年 5 月
L9	19	高中	学生	2024 年 2 月
L10	22	本科	学生	2022 年 5 月
L11	26	硕士	自媒体工作者	2022 年 5 月
L12	24	硕士	中学教师	2021 年 12 月
L13	24	硕士	自由职业	2023 年 9 月
L14	23	本科	学生	2021 年 4 月
L15	21	本科	学生	2023 年 12 月
L16	20	本科	学生	2024 年 2 月
L17	24	硕士	自由职业	2024 年 8 月
L18	23	硕士	学生	2022 年 6 月

对于质性材料的分析,本研究采用常用的主题编码(Thematic Coding)方法,该方法涉及材料分类、阐释和主题识别等过程①。笔者根据既有理论框架和研究问题析出材料主题,通过对相同主题不同受访者的访谈材料进行汇总和分类,以期发现共有的身份认知、场景和范式。并试图回答以下问题:主持者与收听者如何编织出口语传播的新范式?平台技术以何种方式参与了声音媒介的场景构建?由此,笔者搭建出“播客主持传播场景整合分析框架”,意在整合主持人的身份定位、听众的情感共振机制以及平台技术的场景构建功能三个核心维度,系统地探

① BOYATZIS R E. Transforming qualitative information: thematic analysis and code development[M]. Thousand Oaks, CA: Sage Publications, 1998.

讨播客主持人与听众之间的互动范式,以及平台如何通过算法推荐、社区互动等功能参与声音媒介的场景构建。

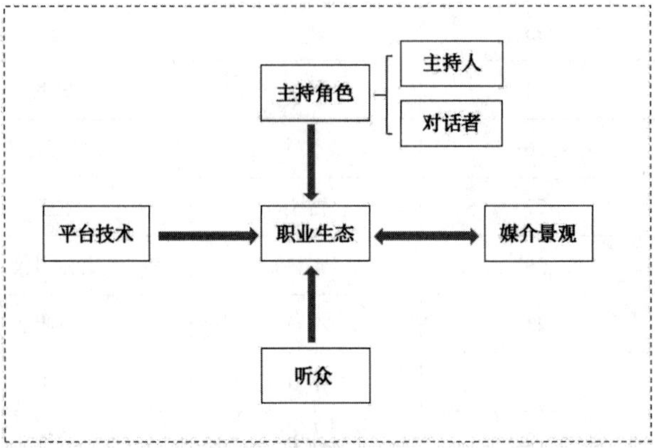

图1 播客主持传播场景整合分析框架

三、研究发现

(一)身份边界:多方对话形式代替固定主持规则

在传统的传播模式中,主持人作为声音媒介生产者,其和受众之间的界限高度明确。广播、电视等大众传播媒介通过单向的沟通方式,塑造出较为严格的权威话语体系。主持人的身份被固化为信息的传递者,具有一定的权威性和不可置疑性。然而,随着数字技术和网络平台的发展,尤其是播客等具有高度开放性的新媒介形式的兴起,传播过程中主持人与受众之间的身份边界变得更为模糊,甚至呈现消解趋势。这种身份定位的变化改变了传统媒介对主持人的固化界定,亦重塑了受众与主持人之间的互动秩序。

> 你知道之前就是只能在电视里或者收音机里听主持人或者客座专家讲,不管是内容、形式,还是播出时段都比较固定化,最多就是打听众热线,你还记得这种吗?我打过,所以我非常开心看到更多样式的“听”的平台出现,我也爱听。我想到前几天还在听的一期播客,题目好像是叫“我们是否要在意鄙视链”,是两位我非常喜欢的商业人士和建筑学者

的聊天,感觉一下就击中了正在求 offer 的我……(L17)

广播和电视节目中的主持人通过专业化的语言表达与听众建立连接,此过程中的情感共振主要通过主持人单向的情感输出和听众的被动接受来实现,这种连接往往是单向的、短暂的,且受限于媒介的技术条件和传播形式,反馈的即时性和互动性较低。因此,情感共振在传统媒体中更多是一种“偶发性”的现象,而非日常化的互动。但播客通过其低门槛、高互动性和个性化的特点,为主持人与听众之间的情感连接提供了新的可能性,促使情感共振逐渐从偶发性转变为日常化。

播客主持人作为非传统意义上的主持人,承载着主持话题与引导对话的功能。主持人的身份不再是以往“不可接触的专业权威”,而是成了与受众平等对话的参与者。主持人与听众的互动关系不局限于“接发信息”,更发展为一种共情式的沟通,听众的生活体验和主持人的人生故事通过播客媒介产生联结。这种身份上的模糊化甚至打破了地域、阶级、职业等传统的社会身份界限,让普通听众与主持人之间产生了亲近感、认同感。

其实有很多创作者也都是普通人,我听过找不到理想工作的 985 毕业生的播客,也听过单亲妈妈的有力量的讲(话)。虽然有的主持人不出名不出圈,甚至普通话也不标准,掺杂着地方口音。但因为他们讲的是自己的故事、自己的世界、自己的感悟,就挺独特的,也很珍贵。就像我们刚聊到的,我觉得他们不是传统主持人,而是真实生命的讲述者,也很动人。(L5)

依托播客形式的创作者的个人背景、语言特点、主持流程等不再是传统意义上专业化的标尺,地方口音甚至成为播客魅力的一部分。主持人不再是被要求符合同质化的“专业”标准,而是通过分享个人故事与真实生活,达成与听众的双向认可与身份认同。正如哈贝马斯(Jürgen Habermas)的“公共领域理论”所指明,在传统公共领域中,受制于媒介和技术条件,传播中的权力关系通常是单向的,话语权掌握在精英群体手中,普通大众往往缺乏发言机会①。而播客这种新媒介通过

① 哈贝马斯. 公共领域的结构转型[M]. 曹卫东, 王晓珏, 刘北城, 等译. 上海: 学林出版社, 1989.

去中心化的形式,重新分配了传播过程中的话语权,让更多不同声音的发出成为可能。这种去中心化的传播模式部分实现了哈贝马斯所设想的“理想言谈情境”。但平台算法、资本控制和信息茧房等现象依然致使某些声音被放大,而另一些声音被边缘化。

此外,身份界限的模糊性并非完全消解了主持人的作用,而是将主持人从“传统主持与主导者”转向“共情与引导者”。这不仅体现在创设内容的多样性上,还体现在他们与听众的深层次互动中。播客不单作为信息的传递工具,更是一种情感交流的媒介,此种交往形态削减了以往传统广播和电视节目中主持人与受众间的身份疏离与认知间隙。

> 我开始听播客是我初中同学推荐给我的,她也是我的朋友。因为个人的一些原因,我高中之后就没再继续上大学。我朋友感觉是知道我现在生活压力大,那天微信转给我一个播客,叫“不结婚就能拥有更多自由吗”。我吃饭的时候听完的,虽然我学历不高,但是居然能融入文化人的谈话中,居然能感受到他们懂我(L1)。

播客平台的开放特性与当前的社会文化背景关系密切。作为网络时代的传播媒介之一,播客的出现一方面表现了技术进步与社会需求的融合。它使得普通用户成为内容生产者,并将生产的内容传播给公众群体,进而影响了传统声音传播体系中的权力结构。另一方面,主持人作为个体存在,他们通过个人化的叙述方式,与听众建立起更为平等的对话关系。播客改变了主持人与受众之间的身份边界,塑造出更为包容的民间传播文化。这一现象在传播学上可以被视为对传统媒介时代的衍变与补充,同时亦是数智时代身份政治的重要体现。

(二)内容共生:新型主持身份推动平等互动秩序

如果说主持人身份的模糊化打破了传统威权秩序,那么主持人与听众之间的互动则创造了一种新的内容共生关系。传统大众媒体时代,内容的生产与消费是分离的,受众是内容的被动接收者,参与度非常有限。但在播客这种以互动为核心的媒介形式中,内容的生产和消费之间的界限变得模糊,受众也能够成为内容生产过程中的参与者和推动者。通过评论、点赞、分享等功能,听众能够即时表达情感反馈。这种即时互动在增强主持人与听众之间的情感连接的同时,也允许高频的情感反馈机制贯穿于播客收听的全过程。

看到好的内容或者有共鸣的点,我会评论。一方面是我分享自己的类似听后感的东西,希望主持人看到 Ta 的内容是有意义的,能在我心里泛起涟漪,算是双向奔赴的一种形式。另一方面就是我希望通过我的留言或者点赞来鼓励主持人写出类似方向更好更多的内容,这点就是我的私心了。(L3)

一方面,听众在收听播客的同时会通过评论等方式向主持人反馈,这种行为不仅是出于表达观点的原因,更是对能与主持人和嘉宾产生互动,进而影响内容生产的期待。在现代传播环境中,受众不再满足于被动接收信息,而是通过互动在内容的生产中发挥更大的作用,这种双向的互动秩序使得主持人与听众之间形成了一种新的合作关系。正如"参与式文化"理论所指明的,在参与式文化中,受众拥有了更多的话语权,他们不仅可以对内容提出反馈,还可以在内容的生成过程中发挥积极作用[①]。这种现象改变了传统媒体中"生产者"和"消费者"的二元对立关系,形成了一种内容共生的生态系统。

我经常看留言,因为像我这种新手小白,想要马上有高的播放量、好看的数据是不太现实的,所以我会看大家喜欢什么样的主题或者内容,哪期的反馈会高一些,我会记录下来。我现在没有人脉邀请嘉宾,自身也还需要修炼,平时就多学一学语言的艺术,模仿一下喜欢的主持人的风格,不断进步吧。(S2)

另一方面,从创作者的角度阐释这一共生关系的具体表现,即播客主持人成为集节目内容的把控者、脚本内容的策划者、外联事务的联络者、设备调试的试验者等多重身份与职业特性于一身的融合型人才。他们通过分析听众的反馈,调整自己的内容方向,满足听众的需求,反映出内容生产和消费之间的动态互动。同

① JENKINS H. Convergence culture: where old and new media collide[M]. New York: New York University Press, 2006.

时,主持人不只是内容的提供者,他们仍需要持续倾听、学习和改进,这促使其在内容生产过程中不仅要具备传播技巧,还应具备与听众建立联系、理解受众需求的能力。这种以互动为基础的内容生产模式不同于传统媒体中创作者和受众之间的关系,将进一步促进平等的互动秩序的形成。

主持人不再是单一的“信息控制者”,而是充当了“社区引导者”的角色。通过主动倾听听众的反馈,主持人可以塑造一个更具包容性和互动性的内容空间。这种共生互动的模式,打破了传统媒体固定的传播模式,形成了更为活跃、开放的传播环境。在此环境中,受众不再只作为内容的接收者,他们的反馈和参与也将成为内容生产的一部分。通过主持人与听众的互动,创造出一种新的内容共生机制,这也在很大程度上改变了传统媒体中的生产和消费关系,推动了传播形式的发展。这一突破与媒介生态学派的研究发展不谋而合,传统的媒介生态学理论强调传播过程中媒介的技术特征和社会功能,而在数智时代,媒介生态学的关注点转向了媒介如何通过互动和反馈机制塑造内容的生产和消费。

(三)平台基底:屏前幕后布局圈定多元用户声量

平台在数智时代中的角色已不再是传统意义上的技术工具,而是一个具有强大影响力的传播主体。平台通过技术手段和算法规则,能够直接影响内容的生产、分发和消费。对于主持人而言,平台不仅是内容发布的工具,更是传播生态系统的重要组成部分。在此系统中,主持人与平台之间形成了一种共生关系,其依赖平台的技术支持进行内容生产和推广,而平台则通过内容吸引用户并从中获取数据和收益。该循环结构在改变传播结构的同时,也对内容的质量和多样性产生了深刻影响。

> 这个App的设置很简洁,不是广子(广告)。我一般不会付费,只在“发现”和“订阅”两个板块检索。虽然它也会根据我的收听历史推送,但是它不像短视频平台那么夸张,还是会留给我选择的空间,能接触不同的内容领域,如职场、医疗、电影等多方面的内容,我觉得这也是我一直用它的一方面原因。(L12)

数字技术不仅改变了内容生产者与受众之间的关系,也从根本上改变了传播平台在信息流通中的角色。播客平台的算法虽然会根据用户的收听历史推送相关内容,但相比于短视频平台,播客平台在推送时保留了一定的用户自主性,此现象可以被视为现代平台在用户体验设计中寻求平衡的体现。算法的推送机制在一定程度上保证了用户能够接触到与自己兴趣相关的内容,但过于依赖算法的推荐也会限制用户的多样化体验,进而导致"信息茧房"的产生。"小宇宙"播客 App 在信息推荐的过程中,试图在个性化推荐和内容多样性之间找到一个平衡点,以保证用户既能接触到感兴趣的内容,同时避免陷入单一的信息流。

> 操作也挺简单的,建立自己的播客后,录制、分类、上传三步走就可以。以前是在电视里搜索哪个台是什么频道,现在有我自己的频道,挺有趣的。但是也真的体会到,脚本是真的难写,节奏也要一遍遍练习。就是客观评价吧,我觉得平台的数据观测和智能推送还是挺准的,希望我的播客有一天也能——不敢说多高——冲个 1 万播放量吧。(S1)

从创作者的角度来看,平台的技术功能能够影响受众的使用体验和主持人的内容策略。平台的数据观测和智能推送帮助播客创作者了解用户的偏好和收听习惯,协助其更为精准地定位自己的内容方向。这种依赖数据反馈进行内容优化的行为反映了现代传播中的一种重要趋势:内容生产越来越依赖于平台提供的技术工具和数据分析。这一现象不仅仅是技术进步的结果,更是平台在内容生态中逐渐掌握主导权的体现。

尼克·斯尔尼塞克(Nick Srnicek)指出,数字平台在现代经济和社会中扮演着越来越重要的角色,它们通过数据收集和算法推荐,控制着信息的流动和内容的分发①。在播客平台中,算法不仅决定了内容的推送,还影响了内容生产者的创作方向和策略。这种算法驱动的内容生产模式,使得平台在传播过程中具有了极大的影响力,甚至可以说,平台本身已经成为现代传播中的一种新的"中介者"。

但这种依赖平台算法的传播模式也存在隐患。一方面,平台通过算法优化提高了内容的传播效率,帮助主持人更好地理解和把握用户需求;但另一方面,过于依赖数据和算法也可能导致内容的同质化和创新能力的减弱。创作者为了迎合

① SRNICEK N. Platform capitalism[M]. Toronto: Polity, 2017.

算法的偏好,可能会选择制作更符合大众口味的内容,而忽视了内容的独特性和创新性。这种现象在一定程度上反映了现代传播中的一种悖论:技术进步在提高传播效率的同时,也可能限制内容的多样性和创造力。

四、结论与讨论

以"小宇宙"App 为例的播客是方兴未艾的媒介形式,正通过重塑主持人与听众之间的身份关系、推动内容生产中的互动秩序,以及利用平台技术改变传播生态,对现代传播结构产生深远影响。主持人与听众之间的身份界限不再如传统媒体那样固定和单向,而是通过平等的对话形式构建了一种共情与互动的传播模式;内容的生产与消费也从过去的分离状态转变为共生关系,听众通过反馈直接参与了内容的生成;而平台技术则通过数据和算法影响着内容分发和创作策略,塑造了现代传播中的新型媒介生态系统。

传统媒体中的情感共振更多是单向的,主持人通过专业化的情感表达,试图与听众建立连接,听众的反馈渠道有限。因而传统媒体中的情感共振往往是偶发的,受限于媒介的技术条件和传播形式。而在播客平台中,主持人的个性化表达和真实故事,拉近了与听众的距离,使得情感共鸣更为真实和持久。通过即时反馈、个性化表达和社区互动,主持人与听众实现了从单向到双向的转变。

首先,播客通过其开放性和低门槛,重塑了主持人与受众之间的关系。主持人不仅作为信息的传递者,更是内容的创作者和社区的引导者。播客主持人的角色特征包括个性化和多样性,他们往往通过个性化的表达和真实的生活故事,拉近与听众的距离;互动性则使得主持人与听众之间能够通过评论和反馈,实现双向交流。通过评论、点赞、分享等功能,听众能够即时表达情感反馈。这种情感反馈机制,使得情感共振不再是偶发的,而是贯穿于播客收听的全过程;社区导向则强化了听众的归属感和参与感①,社区氛围的营造,使得情感共振不限于单次收听体验,而是通过持续的互动和内容推荐,成为双方日常生活的一部分。

然而,尽管播客主持人在个性化和互动性方面具有优势,但其在特定方面仍无法取代传统媒体中的主持人。传统媒体主持人通常具备较高的专业性和权威

---

① 麦奎尔. 麦奎尔大众传播理论[M]. 崔保国, 李琨, 译. 北京: 清华大学出版社, 2010.

性，其系统的专业训练和广泛的影响力使其在处理复杂议题时更具权威与公正。在播客中，缺乏专业训练的主持人可能无法准确把握信息的真实性或议题的重要性，导致“信息噪声”的增加。此外，传统媒体拥有成熟的资源和平台，这些平台能够为主持人提供技术支持和广泛的观众基础。

其次，主持人与听众之间的新型互动秩序可以被视为数智时代社会文化变迁的一部分。在全球化、网络化的背景下，信息的传播不再是单向的，而是呈现出多向、多层次的互动特征。这种特征在播客的内容生产过程中尤为显著，受众不仅可以直接影响播客创作者的内容选择，还可以在一定程度上推动内容的传播。个性化的表达方式使情感共鸣不再是单向机制的，而是通过主持人与听众之间的双向互动得以实现。同时，播客平台通过社区互动，营造出更为稳定的情感归属感。这种共生关系从根本上颠覆了以往传播过程中信息流动的方向性，使受众也成为传播生态系统中的重要一环。

最后，这种传播变革不仅仅是技术发展的结果，更是社会文化需求的反映。随着数字技术的进步，传播过程中的权力结构和话语权分配正在发生深刻的变化，播客为研究数智时代的口语传播提供了新的视角。通过深入分析平台在内容生产和分发中的角色，我们得以更好地理解数智时代传播结构的变迁及其背后的社会文化动力。

青年视点

青年主持人的职业成长进阶之路

◎ 林 泉*

毕业至今,我已工作满15年。这15年可以清晰地划分为三个阶段:第一个五年在合肥市广播电视台,第二个五年在河南广播电视台,第三个五年在中央广播电视总台。再往前追溯,我还参加过老家县台的主持人大赛,并取得了不错的名次,当时差点听从母亲的建议留在那里工作。我或许是年轻从业者中少有的,拥有中国四级办电视工作经历的人。所以,如果各位专家学者在研究中国四级办电视相关内容,欢迎与我交流,我能分享一些工作感受和几次职业选择的内情。比如我进入合肥市广播电视台工作,就是通过主持人大赛。我在合肥市广播电视台负责的第一个节目是民生新闻节目,上班第一天,资深记者就带我前往一个采访现场,到了才知道是惨烈的车祸现场。一下车,他右手拿着摄像机,左手将话筒直接递到我嘴边,催促我赶紧报道,因为再过一会儿,伤者就要被120全部拉走了。这就是动态新闻现场,我也因此明白了,新闻工作的准备,一半在路上,一半在日常积累。在合肥市广播电视台工作时,最多的时候我同时负责过七八个节目,可以说是电视行业的"搬运工",非常辛苦,也参与过一些大型晚会活动,但很快就进入了瓶颈期,工作一眼就能看到头。我向老师和同学倾诉时,强老师建议我,如果感到犹豫徘徊,就先考研回来继续读书,迷茫的时候读书总归是没错的。

第二个阶段,读研一还不到半学期,河南广播电视台举办主持人大赛。我想着去试试看。结果我原单位的老领导,在河南卫视看到了总决赛现场直播,这位老领导非常大气地给我发了短信祝贺、加油。就这样,我辞去了第一份工作。刚

---

* 林泉,中央广播电视总台主持人。

到河南广播电视台的前三年,我还在读研,属于半工半读状态。很荣幸,我加入了河南广播电视台王牌民生新闻节目《都市报道》。我入台时,省级地面频道一年的创收可达三四个亿,成绩相当可观。我刚去的时候,领导下达指令:取消提词器。有从业经历的人应该能体会,日播一小时的民生新闻节目没有提词器,段落之间全靠主持人即兴串联和点评。在这个过程中,我从不敢说自己准备好了,但这五年给了我极大的锻炼。后来领导对我们充满信心,经常安排突发新闻的大直播。我印象深刻的是一次河南暴雨直播,接到领导通知后,我一小时内赶到台里,没来得及化妆就直接上了主播台。导播倒计时"10、9、8、7、6"时,我连耳返都还没戴好,镜头切换时,第一段我都没有耳返,只能依靠自己准备的 A4 纸大小的资料开始现场直播。那场直播持续了 6 个小时,结束后,领导和同学们评价甚好。说实话,在完全没准备好的情况下,领导愿意让我承担这样的压力和责任,是给予了我充分的信任,这样的环境和平台,对于每一个播音主持从业者来说都值得感恩。所以直到现在,我始终感恩河南广播电视台对我的栽培,无论是新闻主播、外出采访,还是晚会活动、综艺节目,各种节目类型我都有机会尝试,不仅有锻炼的机会,还有制度的创新,领导总是给予大家创新创业的可能,培养了我作为播音主持青年人才应具备的综合素养,包括编导能力、策划能力、应急反应能力以及经营创收方面的探索能力。河南广播电视台真的是一方宝贵的成长沃土。

第三个阶段,从省台到中央台完全是机缘巧合。很多人可能不信,我接到央视一位主任的电话,直接问我有没有意愿加入即将成立的国防军事频道。我的第一反应是遇到骗子了,毕竟做了 10 多年新闻,警惕性很高。后来确认是真事,经过层层考核和多轮资料审核,我进入了央视。尽管我有多次从头再来的经验,但从郑州到北京,离开舒适区,压力还是很大。而且,我并非因精通军事而加入国防军事频道,我研究的是播音主持专业,跨专业和领域在内容上的门槛非常高。观众不会接受主持人是小白,他们要求一开口就得专业。当时我问自己,如果现在不去,五年、十年后会不会后悔?答案是肯定会后悔,于是我去了北京。现在在总台的工作,除了大家看到的播音主持工作,大部分时间我都在基层。走基层的工作中,这五年平均每年在一线工作的时间超过 120 天,最多时有 150 多天,单次出差最长 50 天。若不是这份工作和这个平台,我可能永远没机会到高山、海岛、大漠等偏远地区去,也无法走近坦克、军舰、航母等武器装备,感受战士们的日常训练和生活。除了国防军事领域,还有国际视野方面。近年来,国防军事频道收视率很好，因为国际局势不太平，俄乌、巴以、朝韩等地区冲突日益加剧。比如今天（2024年10月26日）凌晨，以色列军队再次对伊朗实施报复性精准打击。这与我们今天“再造、重构——智媒时代的主持传播”的主题相关。在军事宣传领域，我们这几年一直关注“认知攻防”。认知攻防不是战争爆发后才有的，在各国，包括中国，这方面的任务都很重，其中包含国际传播、专业输出以及武器装备相关领域的输出。以俄乌冲突为例，在欧洲和北约，由于立场倾向，这场战役的正义性、主动与被动方、谁占领道德制高点、谁掌控舆论导向，都是一场无形的战争。作为国防军事领域未来打赢战争宣传的主力，我们深知还有很长的路要走。甚至可以说，军事新闻可能是新闻媒体中唯一不完全以事实为依据的垂直新闻宣传领域，这让我们深感任务艰巨、压力巨大。细化来看，与今天主题相关的军事主持传播这一垂直领域，还有很多工作要做。

最后，我想分享一段话，与年轻的同学们共勉：首先，要提升适应能力，以“好吃就多吃点，不好吃就当减肥”的心态，去适应任何环境，在其中扎根生长、开花结果，先适应环境，才能找到机会展现能力；其次，热爱是原动力，要扎实努力投入工作，主动策划、精益求精，即便工作与绩效工资无关，我们也是为自己而努力，为的是不留遗憾、全力以赴，作品与作业的区别往往在于完工后是否坚持钻研、弥补短板，还要找到同行中的强者，虚心学习；最后，要勇敢跳出舒适圈，跳出的过程肯定会有诸多不如意，但回首那些坎坷，会发现它们已成为生活的调味剂，如意与不如意都是收获。有时别人表现欠佳，我们正常发挥就能脱颖而出。大舞台空间大，总能让人感觉有上升空间，当你觉得自己在周围人中最优秀时，要么反思自己，要么向更高的舞台投递简历。

（整理丨河南大学新闻与传播学院硕士研究生 杨明昊）

融媒主播短视频中新闻主持人的职业身份再现与社会角色冲突

◎ 黄劭光*

摘要:融媒主播是媒体融合深化发展的产物,是广播电视媒体顺应媒介信息短视频化趋势的一种探索,然而在短视频平台中受众却对融媒主播的角色扮演产生认知差异。本文通过对融媒主播短视频的内容观察及话语分析,发现融媒主播通过职业身份的自我呈现、主持传播符号再现的方式在短视频中完成了新闻主持人职业身份的建构,被受众赋予了与新闻主持人相同的社会角色期待。但由于受到短视频平台"流量"规则制约,融媒主播产生了新的角色认知与角色行为,背离了受众对新闻主持人的角色期待,这造成融媒主播的角色扮演与新闻主持人职业身份之间的不匹配,从而导致融媒主播与新闻主持人之间的社会角色冲突。

关键词:融媒主播;短视频;新闻主持人;职业身份;角色冲突

一、研究缘起

当前,媒体融合进程不断深化,媒介生态发生深刻变革。移动短视频的普及,极大地改变了受众的阅读习惯与视听需求,同时也推动了传播格局的重构。以广播电视行业为代表的传统媒体,面临严峻挑战与转型压力,亟须顺应媒介发展、谋

* 黄劭光,四川大学文学与新闻学院硕士研究生。

求媒体转型，持续加强向短视频领域的倾斜布局。因此，主持人、记者、主编、制片人等一大批广电机构的新闻从业者通过个人IP孵化的模式，以大屏联动小屏，积极顺应媒体融合发展，转型成为融媒主播，参与到了新闻短视频的生产与传播当中。

融媒主播依靠传统媒体的品牌效应，在短视频平台中具有天然的传播优势。以主持人群体为例，他们凭借自身在广播电视节目中打造的良好形象和高辨识度，以及受众长期以来对主持人职业身份形成的惯性认知，在同类融媒主播短视频中拥有更高的关注度。根据中国广视索福瑞（CSM）发布的短视频用户价值调查数据，在2022年，有超过40%的用户会“专门去看”电视主持人、记者所发布的短视频，这一比例达到了近四年调查数据的峰值。由此可见，用户对于融媒主播短视频的观看黏性正逐步形成，同时也展现了融媒主播短视频在当下短视频传播生态中日益增长的影响力①。2023年CSM媒介研究数据显示，所有融媒主播共发布短视频13.2万条，揽获132.6亿传播量。其中以发布热点评析、民生资讯等内容为主的新闻类融媒主播占传播总量的81%，位居榜首②。2024年上半年在抖音、快手平台上持续更新的融媒主播仍有499位，其中头部融媒主播阵营竞争十分激烈，更迭率达30%，拥有500万至1000万粉丝的主播是内容创作最活跃、传播贡献最大的群体③。在2022年8月，国家网信办发布了《互联网用户账号信息管理规定》，对新闻信息发布主体的资质进行了严格限制。这项规定促进了互联网信息环境的健康发展，同时，也无形中为新闻类融媒主播短视频的关注度和数据量提供了保障。

融媒主播依靠职业光环和政策支持的双重保障，本应在短视频平台中收获大量的关注和认可，然而现实中却屡遭受众的不解和质疑。笔者以新闻主持人群体为例，通过对“新闻姐”“主持人阿喆”“主持人程皓”等头部短视频账号的视频内容进行观察后发现，在视频弹幕中存在“他是主持人”等对新闻主持人认可的话语以及关于视频内容的正向反馈，但同时有更多类似“哪儿都有你”“新闻搬运工”等

① 收视中国.2022年省级广电融媒主播短视频传播观察：加速转型[EB/OL].（2023-02-22）[2024-08-15]. https://mp.weixin.qq.com/s/EhJ-0yHSTCEM5M4v6beZ7w.

② 收视中国.2023年省级台融媒主播短视频传播观察：精耕垂直[EB/OL].（2024-01-30）[2024-08-15]. https://mp.weixin.qq.com/s/x0hFaXvH3biTo_THWmSCkg.

③ 收视中国.2024上半年省级台融媒主播传播观察：竞争中进阶[EB/OL].（2024-07-24）[2024-08-15]. https://mp.weixin.qq.com/s/cI9ny1KXo5YAYp9LHweJWQ.

针对新闻主持人的负面评价,以上说明受众在观看融媒主播短视频后产生了相互冲突、矛盾的反应。是什么原因造成了受众对短视频平台中融媒主播的认知差异？受众如何通过短视频做出“他是主持人”的判断？对于融媒主播的负面评价是受到平台的影响还是个人行为导致？本文试图从职业身份与社会角色的研究视角,以新闻主持人群体的短视频账号作为研究对象,通过对新闻资讯类融媒主播短视频进行内容观察和话语分析,探讨目前融媒主播短视频的现状与困境,进而为优化融媒主播及新闻短视频的发展提供新思路。

二、文献综述

(一)主持人的职业化演进

主持人最早是作为一种“社会角色”出现的。自人类诞生伊始,交际行为便随之出现。交际活动的开展,必然依托于具体的活动形式,但凡存在活动,就往往需要“主持”这一角色的参与。主持活动的历史源远流长,在漫长的发展进程中,其形式逐渐演变出丰富多样的形态,广泛地存在于社会生活的各个领域。谈到“主持”的萌芽,学界普遍认为原始社会至奴隶社会时期的祭祀活动是最早孕育“主持人”萌芽的场所。祭祀活动中的“大司乐、乐师、乐正”也被视为“现代主持人之祖”[①]。礼仪主持活动与戏曲表演都从祭祀文化中演化而来,而礼仪活动与戏曲表演也正是主持人诞生的摇篮。随后到了宋元年间,戏曲表演中的“参军色”“竹竿子”“副末”等角色被认为是“主持人的雏形”,然而在当时,“主持人”还没有规范的称呼,而且“主持”的形式与涉及的行业领域也远不如现在多[②]。进入近代以来,“司仪”“报幕员”等社会角色的出现,代表着主持人的角色内涵和意义随着社会文化的发展得到了不断丰富。而主持人能够成为一种“职业身份”,是伴随广播电视节目主持人的诞生和发展而实现的。1952 年,美国哥伦比亚新闻部为了改变总统大选报道的传统模式,提升新闻影响力,在报道中设立了“Anchorman”一职。“Anchorman”原本指的是体育接力赛中跑最后一棒的运动员,由于克朗凯特在工作中实际上的确是从其他记者手中接过新闻素材,并且由他最后完成新闻的串联、概

---

① 应天常.节目主持人通论[M]. 武汉:武汉大学出版社,2007:5-7.

② 谢伦浩,陈杰.主持人历史溯源[J].现代传播(中国传媒大学学报),2014(11):83-86,90.

括和播出，于是从此“Anchorman”便成为主持人的固定称谓，克朗凯特也成了“主持人”名称出现后的第一位主持人[①]，这也被认为是主持人职业化发展的开端。我国的第一位节目主持人诞生于 1983 年中央电视台开播的节目《为您服务》中，此时广播电视节目的主持形态仍处于由播音员向主持人过渡的中间阶段，与严格意义上的节目主持人仍有一定的差别。沈力在节目中的表现完成了从播音员到主持人的身份转型，被公认为我国电视史上第一位固定栏目的专职节目主持人[②]。1986 年，随着广东珠江经济广播电台成立而推出“珠江模式”，对主持人的专业素养提出了更高的要求，主持人、大板块、直播式等节目形式被国内电视节目广泛采用，这标志着我国的主持人节目完成了从播音员向主持人的过渡，“节目主持人”正式成为一种受到业界及全社会认可的独立职业。经过了漫长的职业化发展，主持人被认为是“在广播电视节目中，以个体行为出现，代表群体观念，以有声语言为主干或主线驾驭节目进程，直接面对受众，平等地进行传播的人”[③]。根据主持内容的不同，主持人在节目中的不同表现也会有所差异。“新闻主持人”作为主持人的一种类别，特指以传播新闻信息，报道新闻资讯和新闻人物为主的节目主持人。同时，由于新闻传播本身具有客观、真实、权威的特殊属性，这也要求新闻主持人应当具备庄重、严肃的气质以及具有一定的新闻发现和新闻分析评论的职业能力。

（二）新闻主持人的社会角色定位

“角色”这一术语最初源于戏剧领域，指表演者在艺术剧目中所承担的特定人物。美国学者米德在社会科学领域首次对该概念进行了跨学科讨论，指个体在社会中基于特定身份衍生出的制度化行为[④]。除此之外，罗伯特·帕克、林顿等人在角色理论建构发展的过程中做出了重要贡献，阐明角色意指“行为规范”或“行为模式”[⑤]，强调个体在社会生活中所处的社会地位与他人期望。如今大多数学者将“角色”视为处于一定社会地位的个体，依据社会客观期待，借助自己的主观能力

① 高贵武.主持传播学概论［M］. 北京：北京大学出版社，2019：49.

② 於春，李娜.主体性建构：改革开放初期节目主持人的话语转型研究［J］.现代传播（中国传媒大学学报），2018（8）：110-114.

③ 赵玉明，王福顺.广播电视词典［M］.北京：北京广播学院出版社，1999：212.

④ 杨秀玉，孙启林.教师的角色冲突与职业倦怠研究［J］.外国教育研究，2004（9）：10-13.

⑤ 特纳.社会学理论的结构［M］.吴曲辉，等译.杭州：浙江人民出版社，1987：382.

适应社会环境所表现出的行为模式①,认为角色是身份的动态表现,一个人占有的是身份,而扮演的是角色②。

新闻主持人作为一种"职业身份",所扮演的角色不仅需要符合自我的角色认知以及社会的角色期待,更受限于该"职业身份"带来的角色行为规范③。播音员、主持人被视作党和政府的"喉舌","意见领袖"被认为是新闻主持人最理想的状态④。他们同时也被视为"新鲜资讯的传送者"⑤"犀利的社会评论家""地道的民生专家"⑥。新闻主持人需要作为"中介者角色"客观公正地向观众传达信息、准确报道事实,在新闻采编过程中要以"证人角色"增加新闻报道的可信度,更要在新闻报道中承担"宣传教育者的角色"使观众从新闻事件中受到启发⑦。随着自媒体的发展,传统的传播生态和舆论格局也逐渐发生改变,出现了"人人皆媒"的传播格局,自媒体平台开始与传统媒体争抢舆论话语权。同时主持人也面临着生存空间缩窄、职业认同感降低等多种负面影响。为了维护信息传播秩序,提升舆论影响力,新闻主持人需要超越其传统的职能属性,所扮演的角色也应当承担更多的社会责任和文化意义⑧。主持人需要发挥主观能动性,夯实既有能力,克服外部压力与障碍,注重塑造独特思想、精准表达情感、完善知识逻辑,积累人生阅历与实践经验,以此形成个人特质,展现人格魅力,实现专业能力进阶,拓展职业发展空间。⑨ 以央视《主播说联播》为例,新闻主持人回归其人格化形象,以流行化的语言和意义性的解读实现了角色扮演的转变,赢得受众认可的同时在新媒体平台建造了舆论场新阵地⑩。因此,置身于媒体融合环境中的主持人,只有适时地转变和调整语态,及时地丰盈和创新形态,才能更好地将"新闻"讲述得完整、清晰、生动

① 周晓虹.现代社会心理学:多维视野中的社会行为研究[M].上海:上海人民出版社,1997:360.

② LINTON R.The study of man[M].New York:D. Appleton-Century Company,incorporated,1936:113-131.

③ 常媛媛,曾庆香.新型主流媒体新闻的身份建构:角色展演与道德规训[J].新闻界,2020(2):29-36,79.

④ 柯涛.意见领袖:新闻节目主持人的理想状态[J].传媒观察,2003(7):15-17.

⑤ 顾一菲.广播新闻节目主持人的角色定位及语言特点[J].青年记者,2019(11):67-68.

⑥ 郭琳.电视新闻评论节目主持人的角色定位:以《新闻1+1》为例[J].传媒,2021(15):47-49.

⑦ 魏立宏.电视新闻节目主持人的角色艺术[J].电视研究,2003(3):67-68.

⑧ 丁韬文,刘朝霞.融媒时代主持人的自我坐标、身份认同与角色超越:以中央广播电视总台2019主持人大赛为例[J].当代电视,2020(7):97-100.

⑨ 李亚虹,邵玉潇.困境与突围:从主持人大赛看主持人专业能力再培养[J].中国主持传播研究,2020(1):43-52.

⑩ 段峰峰,王琳.短视频化新闻叙事的表达范式研究:以《主播说联播》为例[J].电视研究,2020(8):35-37.

和易于理解[①]。在短视频平台中新闻主持人更应当在把握正确价值导向的前提下，学习传播新技术，适应媒介新格局，以提升新闻舆论传播力、引导力、影响力和公信力为目标，寻找新的角色定位[②]。

综上所述，研究认为新闻主持人的社会角色是一个丰富的"角色丛"，其角色定位并非单一不变的"孤岛"，而是不断顺应媒介发展，与新闻舆论工作紧密相连的存在。融媒主播作为新闻主持人转型发展的方向之一，被赋予了丰富新闻主持人的身份意义和角色扮演，拓宽新闻主持人职业边界的期待，然而受众却对融媒主播产生了大量的负面评价，其根本原因在于融媒主播与新闻主持人之间角色扮演的冲突。对此，研究具体提出以下问题：融媒主播如何在短视频平台中重新再现"新闻主持人"的职业身份？融媒主播与新闻主持人的角色扮演之间产生了哪些冲突？是什么原因造成了这些冲突？

三、"他是主持人"：新闻主持人职业身份的再现

融媒主播在进入短视频平台后，为了减少观众的陌生感，强化其移情心理[③]，从而更快地获取关注、得到流量的倾斜，通常选择在短视频平台中重新建构起新闻主持人的职业身份这一方式来实现。"他是主持人"的弹幕反馈，反映了受众通过短视频内容对融媒主播身份信息的成功获取。职业身份的再现不仅实现了粉丝在不同媒介平台间的转移，更传达给了受众"融媒主播在短视频平台中同样权威和专业"的信号。

（一）职业身份的自我呈现

账号名称、虚拟形象、认证说明和在线资料等内容是短视频平台中表明身份属性的基本信息[④]，这些内容不仅能够直观呈现账号的个人情况和主要内容，更是

---

① 林阳.姿态、语态、形态：媒体融合进程中的主持传播创新：以《主播说联播》为例[J].中国主持传播研究，2021(1)：90-104.

② 许向东，吴洁.提升主流媒体新闻舆论"四力"[EB/OL].(2022-06-12)[2024-08-08].https://m.gmw.cn/baijia/2022-06/12/35804233.html.

③ 陈丽丹，邓海霞.移动互联网时代主流媒体新闻短视频生产策略：以《主播说联播》为例[J].电视研究，2020(4)：39-42.

④ 郭小安.舆论引导中情感资源的利用及反思[J].新闻界，2019(12)：27-37.

帮助受众快速了解账号、提高关注度和吸引粉丝的重要途径。首先,融媒主播的短视频账号名称具有一定的统一性,都直接或间接地将职业身份向受众进行了告知。“主持人阿喆”“主持人程皓”“主持人桑桑”等多数融媒主播选择直接将职业身份在账号名称中呈现,以“主持人+个人昵称”的固定名称搭配,凸显个人IP的同时强化自我的身份认同,大规模出现的固定名称模式也会丰富和完善受众对融媒主播群体的认知,形成一定的固有印象。而“新闻姐”则是借助“新闻”这一具有专业属性意味的名词,让受众对其产生关于新闻职业的联想,进一步对账号身份产生好奇,再通过视频内容中专业化的新闻表达来间接表明自我的职业身份。其次,社交平台中账号的认证说明,一定程度上代表着账号主体的官方身份以及个人影响力,也是受众判断其权威性的重要参考①,融媒主播均完成了账号的个人认证。“主持人阿喆”“新闻姐”“主持人徐倩”等融媒主播以广电机构的官方身份完成账号认证,其认证标识为省级广播电视台的新闻从业人员,不仅延续了省级广电机构的品牌影响力,更为其职业身份作出了保障。而“主持人程皓”“主持人桑桑”等融媒主播则是以个人完成账号认证,认证标识为“媒体人”。“媒体人”认证是短视频平台对融媒主播职业身份审查把关后的结果,也是对其专业能力的认可,认证详情中职业一栏“主持人”的显示也与受众心理预设的职业身份相匹配。最后,融媒主播还通过在线资料的设计加深受众对其职业身份的印象。“主持人程皓”的账号背景放置了一张其在央视新闻节目中出镜报道的照片、“主持人阿喆”的账号背景则是本人在播音台前播出节目的照片。除此之外,融媒主播还将短视频封面中的新闻栏目与标题进行规范化和统一化的处理,具备电视新闻节目的基本视觉要素。融媒主播合理运用了短视频账号基本信息的身份属性,完成了新闻主持人职业身份的建构,实现了在短视频平台中对新闻主持人职业身份的再现。

(二)主持传播符号的再现

符号是信息的外在形式或物质载体,是信息表达和传播过程中不可或缺的基本元素。新闻主持人在广播电视媒体中搭建起了一套以有声语言为主,非语言表达为辅的主持传播符号体系,不仅是新闻主持人信息传播的基本范式,更是其职

① 李永宁,吴晔,杨濮宇,等.内容为王:社交短视频平台的知识传播机制研究[J].新闻与写作,2019(6):23-32.

业身份的典型代表。融媒主播在短视频内容创作过程中,继续采用了大量主持传播符号体系中的语言符号和非语言符号,通过主持传播的符号再现,不断在信息传播过程中对受众进行心理暗示,唤醒受众内心对于新闻主持人的职业身份的惯性认知,以抽象的符号表达完成职业身份的再现。

在广播电视媒体中,有声语言符号是第一重要的传播符号,新闻主持人的有声语言由口头用语和书面用语两个部分组成。口头用语的基本前提是能用普通话,有力而得体地达到说话目的①。在新闻节目当中,多数均采用普通话作为第一官方用语,仅有少数地方电视台的特色新闻节目采用当地方言。融媒主播无论所在地位于何处,均采用普通话作为短视频当中的口头语言,这不但能够扩大短视频的受众范围,同时也展现了其作为新闻主持人的职业素养。在运用普通话的基础上,具有"新闻感"的表达则是新闻主持人专业水准的展现。所谓"新闻感",指在新闻播报中,通过精准的语言表达、恰当的情感传递、合理的节奏把控,将新闻信息有效传达给受众,引发受众关注与共鸣的专业素养和能力体现。它区别于日常口语、朗诵、演讲等语言表达形式,是新闻节目当中的特定表达形式。新闻主持人通过长期以来的专业训练以及节目实战练就了深厚的"新闻感",让观众形成了接收新闻信息的固定听觉模式。融媒主播在新闻短视频的创作中延续了这种表达形式,通过"新闻感"激发了受众对其职业身份的想象。在主持传播中,书面用语则是作为一种口头用语的补充而存在,具有规范性、权威性的特征,主要体现在报道框架和新闻内容两个层面上。从报道框架来说,新闻主持人在新闻播报时会首先点明新闻来源以增强新闻的真实性,这也是电视新闻节目的报道习惯和规范。融媒主播在新闻短视频的创作中继续沿用了"内容先导+新闻来源"的报道形式,虽然其大多来源于网络,但符合新闻主持人的报道规范,更适应了短视频的创作风格。从新闻内容来说,主持人在追求口语化的同时,也会依据新闻稿件原文保证播报用语的规范。融媒主播在新闻短视频中以第一人称的表达,最大限度地还原了新闻的主要内容,不仅拉近了与受众之间的距离,同时没有出现缺少实际意义的语气词与口头禅,提升了主持传播的效果。

在新闻节目当中,主持人主要借助语言符号来传递信息、表情达意,而非语言符号则更多起到一种补充信息和解释说明的作用。非语言符号不仅丰富了主

① 俞虹.节目主持人通论[M].杭州:杭州大学出版社,1996:173.

持人职业身份的组成元素,也能使其形象更加立体化。新闻主持人在节目中,通常是在专业的演播室取景,身着西装,以端庄优雅的体态面貌向观众进行新闻播报,融媒主播在新闻短视频当中也十分注重非语言符号的运用。以“主持人阿喆”和“主持人程皓”为例,两位融媒主播在短视频当中多以站姿或坐姿等固定姿态讲述新闻内容,从而区别于动态的vlog短视频,符合大众心目中新闻主持人的基本印象。融媒主播在讲述新闻的过程中,不仅会通过手部动作加强语气和强调重点,还会跟随新闻内容的变化丰富面部表情,更好地与受众互动和传情。在服饰和仪容的选择上,两位融媒主播均选择了深色系休闲西装以及较浅的妆容,既考虑到了短视频平台的传播特性,也十分符合个人的气质以及新闻主持人的形象。道具与背景方面,大多选择在实景演播厅录制或以绿幕作为录制背景,剪辑后搭配专业的新闻背景,强化受众在观看过程当中对新闻主持人的思维定式,最终通过非语言符号完成短视频平台中新闻主持人外部形象的建构。

四、“哪儿都有你”:融媒主播与新闻主持人社会角色冲突的归因分析

融媒主播在短视频平台中完成新闻主持人身份的再现后,被受众赋予了与广播电视媒体的新闻主持人相同的角色期待。但融媒主播却在短视频平台的影响下,产生了新的角色认知和角色行为,没有继续遵循符合新闻主持人职业身份的角色规范,造成了融媒主播与新闻主持人之间的角色冲突,从而在短视频弹幕中产生了类似“哪儿都有你”等对于融媒主播的不解与质疑。

(一)从“内容为王”到“追逐流量”:短视频平台对融媒主播角色扮演的规约

播出平台的选材规则、运营理念和战略定位是影响新闻从业者角色扮演的重要因素。新闻从业者的角色扮演不仅是展示播出平台形象的窗口,更是播出平台业务工作开展的有效保障。新闻主持人的职业化发展是依托于广播电视媒体进行的,其角色扮演及行为受到了我国传媒体制和规则的制约,在一定程度上也是广播电视等传统媒体形象的缩影。广播电视等传统媒体一直以来将“内容为王”

的准则作为其在行业中生存的基点[①],对于"内容为王"中"内容"的理解则主要体现在"原创内容""独家新闻"和"能够满足受众需求的内容"[②]。新闻主持人正是在"内容为王"的导向之下完成了各类角色扮演,塑造了受众心目当中"党的喉舌""意见领袖"等经典角色形象。在传统媒体环境的长期影响下,新闻主持人在受众心目当中也形成了相对较为统一和稳定的角色印象。

然而,随着互联网技术的高速发展,以短视频为主的自媒体平台,凭借其时长短、方便快捷、娱乐程度高、社交互动强等因素迅速崛起。过去由新闻从业者主导的大众传播,已经扩展为全民参与的传播,进入了一个"人人皆媒"的时代。短视频平台通过独特的"流量"运营机制,增强了用户的使用体验,满足其个性化需求,使得用户渗透率逐年上升。这不仅对传统媒体的"独家新闻"的生产造成了冲击,还以更加丰富的内容形式捕捉了"受众需求的内容",使得传统媒体"内容为王"的新闻运营理念逐渐难以适应当下社会的信息模式,"追逐流量"不断动摇"内容为王"的生存根基。在移动短视频技术带来的加速环境下,传统媒体的巨大变化之一就是时间性结构的变化,具体表现为时间性在更新频次和持续时长层面上以及先后顺序和节奏层面上的变化[③]。广播电视等传统媒体纷纷开设新媒体账号,融媒主播也正是传统媒体适应加速环境下的产物。从新闻生产层面上来说,许多媒体开始提前预设新闻内容,通过"抢新闻"的方式以保证在新闻事件发生后的第一时间发布,从而赢得"流量"。在更新频率层面上,大多数融媒主播的日更频率均在3次以上,其中"主持人阿喆"的日更频率在6次以上,以"高频次"满足"流量"的高需求。在新闻加速的影响之下,"内容为王"开始不断转向"追逐流量","流量"也开始替代"内容"成为新闻从业者及新闻评价体系中的重要指标。融媒主播在短视频平台中完成新闻主持人身份再现的同时,其角色扮演就已经受到了"追逐流量"的影响,从而突破了新闻主持人统一且稳定的角色形象,产生了新的角色行为。

(二)"电子杂志"与"新闻搬运工":融媒主播与受众的角色认知差异

角色认知指的是个体依据社会文化环境以及与自身所处地位相关的社会角

① 王军峰.场景化思维:重建场景、用户与服务连接[J].新闻与写作,2017(2):97-99.

② 高贵武,刘娟.内容依旧为王:融合背景下的媒体发展之道[J].电视研究,2015(4):27-30.

③ 王海燕.加速的新闻:数字化环境下新闻工作的时间性变化及影响[J].新闻与传播研究,2019(10):36-54,127.

色规范和角色评价信息对角色扮演所产生的基本认识,并指导其进行角色实践①。新闻从业者的媒介角色认知具有重要的作用,既可能决定新闻报道的风格和内涵,也可能影响新闻媒介的社会功能。主持人的角色认知,既包括主持人自己对角色扮演的认识,同时也包括受众及外部社会环境对主持人社会角色的认识,角色认知的内容涵盖角色的定位、属性、职责、规范等多个方面。

融媒主播将自身在短视频平台当中的角色定位为“电子杂志”。“杂志型”的引入最早是作为一种电视新闻节目的类型,指借用杂志的编辑手法进行节目编排的电视新闻节目②,以《东方时空》为例,具有“鲜活的、新闻性、板块式”的栏目格式理念。融媒主播对于“杂志型主持人”的理解则着重在于新闻内容上的全面丰富。以“主持人阿喆”为例,他在视频中提到要将“有趣的、娱乐的、正能量的,包括突发的、广受关注的,甚至是具有科普性质的新闻传递给大家”,播出的视频内容几乎同时包含了时政、民生、财经、娱乐等全部的新闻类型,以此来满足“电子杂志”的角色扮演需要。对此受众则作出了“哪儿都有你”的评价,将其视为“新闻搬运工”的一种表现。一方面原因在于融媒主播短视频虽然在新闻选材上满足了“杂志型”中丰富全面的要求,但忽略了新闻价值以及报道深度。“主持人阿喆”“主持人程皓”等融媒主播的视频内容虽然关注领域十分丰富,几乎涵盖了所有网络热点话题,但其根本目的是迎合平台的流量机制以及观众的猎奇、好奇心理,而并非看重新闻本身的价值所在。同时,他们对于相同新闻内容的报道方式和关注视角十分单一,对新闻事件的挖掘与追踪浅尝辄止,忽略了“杂志型”中对于内容深度的要求,与受众心目中新闻主持人“聚焦、独家”的身份特性产生了冲突。另一方面原因在于不同融媒主播的短视频内容同质化程度较高。融媒主播的新闻来源于流动的互联网信息,且视频文案大多统一改编自“四川观察”“封面新闻”等媒体平台,缺少了对于新闻事件的全面了解、新闻现场的进入以及新闻事实的核查,从而导致融媒主播对于新闻内容的报道十分相似,受众会重复多次接收相同的新闻讯息,产生了信息倦怠和厌烦心理,从而作出对融媒主播的负面评价。融媒主播在短视频平台中试图丰富新闻主持人的角色扮演,但平台规则的制约以及他们对于“杂志型”理解的偏差,导致受众对于融媒主播的角色产生“哪儿都有你”的评价,造成了主体与受众双方对于新闻主持人角色的认知差异。

---

① 陈卫平.角色认知的概念与功能初探[J].社会科学研究,1994(1):106-111.

② 苗棣,任阳梅.我国电视节目类型的发展与创新[J].电视研究,2008(10):20-22.

(三)从“意见领袖”到“舆论追从者”:融媒主播与受众角色期待的背离

“事实与评论分离”是传统媒体新闻生产中遵守的专业规范①。一部分新闻主持人承担“告知”的功能,向受众进行新闻事实的报道,而另一部分主持人被赋予新闻评论的职责,侧重意见表达,提供评价事实的观点。新闻评论是在集体化的生产机制下形成的专业话语,代表着官方的立场和意愿,不允许被随意篡改和曲解②。新闻主持人正是在这样的话语体系之下完成了“意见领袖”角色的扮演。然而在短视频平台当中,由于对新闻播出时间的严格限制以及在侧重流量的推荐机制的影响之下,为了满足受众在短时间内最大限度地获取信息的需求,融媒主播采取事实与评论相结合的报道方式,以提纲性的表达简要带过新闻事实,偏重观点的表达和输出。

融媒主播在脱离集体化的观点生产机制后,对新闻事件的评论以及观点主要来源于网络舆论与个人看法,容易造成“理性主义”让位于“主观情感”的局面。当热点事件爆发之后,由于缺乏事实核查以及规范化的新闻生产流程,融媒主播的主要信息来源为网络中碎片化的信息,所表达的事实与观点容易“偏颇失实”,被网络舆论所裹挟。例如在“胡鑫宇事件”当中,融媒主播“新闻姐”在官方通报之前,多次根据“可靠消息”“网友提供的线索”对新闻事件进行报道和评论,将“小道消息”大范围传播,让社会舆论不断发酵的同时,也让公安人员以及遇难者家属深陷网络暴力之中。而在面对具有争议性的讨论话题时,大多数融媒主播则通过“有网友表示……而另一部分网友则说”的话术,选择将争议双方的观点表达进行集合,不再输出新观点的同时,进一步扩大争议双方的讨论场地,实现引流的目的。由此,融媒主播在“意见领袖”的角色期待中逐渐沦为“舆论追从者”。

五、结论与讨论

融媒主播是广播电视媒体顺应媒介信息短视频化趋势的一种探索,是媒体融合深化发展的产物,同时成为广播电视媒体在短视频平台中的形象展示窗口。本

① 龙强,冯强.“在抖音做新闻”:新闻从业者的短视频平台生产实践研究[J].新闻与写作,2023(12):78-87.

② 张丽,刘念.互文叙事与感官重塑:融媒体时代的新闻文本特征[J].现代传播(中国传媒大学学报),2021,43(9):91-97.

文从职业身份与社会角色的研究视角出发,从主体与受众的双重角度,对融媒主播的短视频实践进行考察。融媒主播为了更快地接棒新闻主持人的身份特性,完成流量的积累和粉丝用户的转移,选择通过职业身份的自我呈现、主持传播符号再现的方式,完成了新闻主持人职业身份的建构,实现了短视频平台中新闻主持人职业身份的再现。但是在短视频平台中,由于受到了平台规则的制约,融媒主播不得不突破新闻主持人的身份边界,产生了新的角色行为。一方面,融媒主播自身脱离了新闻主持人的职业轨道,对角色扮演产生了新的认知,生成了新的角色行为且在一定程度上违背了新闻职业规范。另一方面,从受众视角来说,受众还未能接受融媒主播的职业身份,对其仍停留在新闻主持人的认知当中。但是新的角色行为未能满足受众对于新闻主持人的角色期待,从而造成了融媒主播与新闻主持人之间角色扮演的冲突。

在“人人皆媒”的数字化时代,传统的信息传播格局发生了深刻变革,传播主体从专业媒体机构向多元个体广泛延伸,舆论生态呈现出复杂多变的态势。在这样的环境下,主流媒体面临着前所未有的挑战,如何在海量信息中凸显自身价值,重新掌握舆论主导权成为关键问题。融媒主播作为主流媒体在数字化时代的新型传播主体,凭借其跨平台、近距离的传播能力,有效整合了传统媒体的权威性与新媒体的互动性、即时性优势,让主流媒体重新握住了舆论场中的关键发声“话筒”。他们以多元化的传播形式,向受众传递权威且深度的新闻内容,在舆论引导中发挥着核心作用,成为掌控舆论环境的“新舵手”,维护主流媒体的公信力与影响力。然而,当下融媒主播的发展仍存在一些不容忽视的问题。部分融媒主播为了便利条件,一成不变地照搬新闻主持人的身份信息。一方面,容易导致受众对新闻主持人与融媒主播的职业界限产生混淆,误解两者在职责、传播方式及内容定位上的差异,削弱新闻主持人长期以来积累的专业形象;另一方面,也会使受众对融媒主播产生陌生感与排斥心理,难以认同其作为新兴传播主体的价值,进而阻碍融媒主播的职业化进程,不利于其在媒体融合进程中充分发挥作用。融媒主播在未来的发展中首先需要更加规范和专业的职业化发展道路,逐渐在职业化演进过程中形成相应的身份属性和角色定位,从而建构起独具特色的职业身份。其次,对于融媒主播自身而言,在新闻短视频的生产与传播当中,更应当坚守新闻从业者的职业规范。即便受到了短视频平台“流量”规则的制约,也要在“追逐流量”中继续坚守“内容为王”之道。

割裂与延伸:AI主播传播角色的媒介实践与主体性建构策略*

◎ 王鼎添　严浦高**

摘要:处于高速发展期的AI主播是以声画语言结合完成信息传播的技术集成主体和传播中介,是智媒时代播音主持艺术发展中的创造性实践。AI主播传播角色主体性建构的价值内核是技术进化过程中的社会期待与认知再造,在技术、受众和样态的深层次耦合的媒体实践格局下,暴露出在人机协作模式中的"传—受"割裂问题。本文基于播音主持的创作视角,从媒介实践现状出发,针对AI主播的传播角色主体性建构进行分析考察,旨在提出AI主播角色建构和创作能力的进阶与优化路径,以期推动其在传播性、艺术性与创造性方面的效能延伸,从而更好地服务于智媒时代播音主持创作和媒介实践的发展。

关键词:AI主播;传播角色;主体性;人机协作;媒介实践

一、引　言

"数字中国"建设引发的智能技术革命正在驱动新闻业态与传播格局发生结构性变革。《广播电视和网络视听"十四五"科技发展规划》①等文件中明确将人

* 智能戏剧艺术空间教育部重点实验室(中央戏剧学院)阶段性成果。

** 王鼎添,中央戏剧学院数字戏剧系硕士研究生;严浦高,中央戏剧学院电影电视系硕士研究生。

① 国家广播电视总局.广播电视和网络视听"十四五"科技发展规划[EB/OL].(2021-10-20)[2023-11-21].http://www.nrta.gov.cn/art/2021/10/20/art_3713_58260.html.

工智能主播纳入新一代视听技术重点攻关方向。AI 主播作为智媒时代播音主持艺术的创新转型方向之一,已逐步成为学界业界应用与研究的趋势所向。

从媒介哲学的视角来看,AI 主播的兴起本质上是一场关于传播"主体性"的技术重构实验。传统播音主持的主体性根植于人类身体的在场性与社会关系的具身互动,而 AI 主播通过算法、数据和虚拟形象构建的"技术具身性",正在挑战并重塑这一传统主体性范式。

在 AI 主播的传播实践中,受众并非被动接受者,而是作为关键"社会行动者"深度参与主体性建构。观众通过感官交互将心理预设投射至虚拟形象,其认知再造过程与 AI 主播的技术具身化形成动态互构,从而在技术中介的拟态身体基础上,完成对其传播角色的社会性定义。这种技术中介的主体间性表明,AI 主播的主体性建构,既依赖于算法构建的虚拟身体承载传播意图,也需要通过受众的认知投射获得社会主体性,这种双重属性揭示出主体性建构的复杂本质。行动者网络理论为理解 AI 主播的主体性提供了全新视角,其主体性建构既非源自单一技术逻辑,也不完全受控于人类意志,而是依托"技术—受众—样态"构成的异质行动者网络持续转译与协商的产物。在此行动者网络中,AI 主播理想的主体性建构应呈现出辩证的存在形态:作为技术客体,其必须遵循预设程序,执行标准化演播任务;而作为传播主体,其又能通过机器学习动态调整传播策略。这恰恰印证了传播主体性本质上是多元行动者通过能动性动态建构的过程。从中国播音学理论视角来看,播音主持的核心任务涵盖实现信息共享、达成认知共识、满足观众审美诉求、引发情感共鸣以及实现良好传播效果。此时,传播实践中的"技术—受众—样态"三元结构具有双向驱动特性,三者的深度耦合不再停留于功能互补层面,而是决定了 AI 主播在媒介实践过程中所能展现的主体性特征和创新潜力。

然而,当前 AI 主播在媒介实践中主要充当媒介技术工具,被嵌入社会行动交互和新闻生产流程中,仍处于编码化、程式化逻辑阶段,尚未突破工具属性,其困境在于"技术具身性"与"拟人主体性"的断裂。虚拟身体虽能模拟人类表达,却缺乏基于生命体验的情感生成能力,导致在实际艺术创作和受众感知中表达机械化、僵化,其创作手段与方法仍停留在流程化、框架化的"制造"阶段,缺乏主观能动性和个性化的艺术创造力,出现"传—受"割裂的问题。① 破解这一困境的关键

① 王秋硕,鲁昱晖.智媒时代播音主持艺术的创作嬗变与价值考究:以"AI 合成主播"为例[J].中国电视,2021(4):86-91.

在于重构技术与受众的主体间性关系，突破传统播音学的人类中心主义视角，建立人机协作的主体性分析框架，并随着“传—受互动的内在需求”等因素而做出相应的协调跟进，更主动地适应智媒时代播音主持传播的变革与创新。

二、“割裂”现状：AI 主播创作实践的技术观

（一）形象设计的刻板印象与视觉疏离

在当前媒介实践中，多数 AI 主播的形象设计通过算法抓取并重构人类的面部表情、肢体动作和声音特征等，依赖对真人主播生物学“元件”特征提取实现数字化重组，试图以“同体效应”触发受众的情感投射与身份认同。① 现阶段，动作捕捉与数字建模的精度不足，导致虚拟形象常陷入“可爱化”动漫的刻板印象或“数字蜡像”的视觉疏离之中，这种机械复制难以复刻真人主播的人格魅力与艺术风格，技术性“拼贴”使受众难以对其产生深层次的情感投射，从而引发认知排斥与信任危机。

（二）技术逻辑对声音艺术创作方法的异化

播音主持艺术创作方法要求传播主体将文字语言转化为包含情感温度与思维深度的有声表达。而 AI 主播的语音合成技术以数据喂养为根基，通过海量音频资源的算法实现重组。这种技术路径导致声音同样沦为数字碎片拼贴物，缺乏内在情感逻辑与艺术创造性，频现机械断句与语流阻滞，破坏语言节奏的审美意蕴，成为纯粹的“技术活动”而非“艺术创作”。这一技术逻辑缺乏感受、理解、思考和判断的过程，导致其在传播中无法有效传递显性与隐性信息，使声音的艺术性消弭，无法实现播音主持创作所应具备的情感表达与艺术创造。

（三）对话场的“机械回路”式交互与主体性缺失

在传播“对话场”中，真人主播通过动态情感反馈与受众建立双向认知互动，而 AI 主播受限于技术框架，陷入“预设程序”与“即时响应”的矛盾。当前 AI 技术

---

① 彭兰.智能时代人的数字化生存：可分离的“虚拟实体”、“数字化元件”与不会消失的“具身性”[J].新闻记者，2019(12)：4-12.

虽能完成标准化播报,却基于既定程序进行"见字发声",信息交流显得狭隘,互动几乎依赖人工台本,导致交互行动沦为技术展演。而未来风险规避需求,一定程度上强化了内容生产的保守性,抑制创造性表达。这种工具理性主导的传播模式,将复杂的交互简化为"输入—输出"的机械性回路,而不是"创作—传播"的良性生态闭环,更多体现的是"技术狂欢"下 AI 主播的"工具性"而非"智能性",其背后更多承载的是人工设计者的行动意图与限制。

三、技艺互嵌下的耦合:AI 主播传播角色建构路径

AI 主播在媒介实践中所承担的社会职能与功能定位是其传播角色的外化。人工智能技术的迅速发展赋予了 AI 主播传播角色更多的主体性和创造性,涉及语言技巧样式与表达创作、情感投射与交互、人格主张与期待等方面的数字化转型。

(一)"语言技巧样式与表达创作"的数字化

"语言技巧样式与表达创作"是播音主持艺术的核心内容之一,涉及如何通过语言的规范化、艺术化达到信息传播、情感传递、认知共鸣与美学效果的统一。中国播音学理论要求声音传达出清晰的思想和情感,声音形象要求具备音色纯正、语音规范、自然大方、权威可信等特征,还应通过声音的情感传递和艺术表现来激活受众的感知与情感共鸣。①

语言技巧作为播音主持创作的基础和艺术性的体现,影响着受众的感知与理解,涉及不同的语音要素和技巧,包括语气、重音、停顿、节奏和"语流音变"等,会在发声时适时变化、相互影响,不仅帮助传递语言的情感与态度,还能增强信息的有效传递,体现有声语言表达中的音韵美与节奏美,令受众对此的感知也尤为明显。例如,重音的设置要依据语义背景进行深刻的理解和判断。有研究表明,重音是表达语言态度和情感的重要手段,能够有效地突出关键词的意义。② 同样,停顿作为播音主持中的重要技巧,能够起到节奏调控与情感渲染的作用。曾志华教授指出的播音"留白"艺术,便是通过合理的停顿使受众在信息的流动中产生想象

---

① 符进叶.广播节目主持人声音形象塑造[J].中国广播电视学刊,2017(4):65-67.

② 户鹏飞,林玄悦,汤俊贤,等.AI 新闻主播播报语言的脑科学研究[J].科技传播,2021(11):143-145.

空间和情感共鸣，增强信息的深度与感染力。① 而值得注意的是，停顿与重音设置仅仅是在播音创作语言技巧与艺术表达中需要深刻揣摩的众多创作要点之一。

AI 主播作为技术与艺术结合的产物，在这一过程中面临的挑战是如何将传统语言技巧转化为数字技术可以实现的表达方式，特别是在声音的情感传递、语气变化以及声音与情境的匹配度上。

AI 主播的合成语音经由音节拼贴而成，现阶段技术上能实现在语谱图共振峰上处理弥合间隙过渡的缺憾，但声母与韵母之间的辅音元音的细微间隙相较于真人主播不能做到平滑过渡等问题使受众对比 AI 主播与真人主播后，在音律上的感知差异仍然较为明显。然而，AI 主播的语言表达虽然能够高效、准确地完成信息传递，但在上述提到的重音准确、停顿恰当上已“稍显无力”。特别是在应用较广的 AI 新闻播报中，语气与节奏往往给人一种固定腔调的印象，难以呈现传统主播所具备的艺术性与感染力。具体而言，AI 主播的语言技巧更依赖于数据和算法的处理，无法像真人主播那样通过“二度创作”来对语言进行深入理解与艺术化表达。真人主播在播音创作中的备稿过程包括广义备稿（丰富的生活经验与艺术修养）和狭义备稿（对稿件的理解与判断），并通过这些过程形成具有情感和艺术性的表达。而 AI 主播则通过音高、音强、音色、音长等语音物理要素的数字化处理，直接生成合成语音。虽然这种处理方法可以提高效率，但它缺乏对创作内容的深度理解和情感表达，无法完全复制传统播音主持中通过“感知—理解—表达—反馈”而形成的创作流程。

随着人工智能的发展，AI 主播的语言表达逐渐从简单的语音合成迈向更加精准、流畅的语言技巧再造。在语料音频中对于文字的音律、语法等语言学特征进行详细标注，并作为机器识别样本，完善机器语言模型，是 AI 主播声音进化的突破点之一。正如夏晓晨所指出的，AI 主播的创作思想需要寻求差异化的智能创作思想与知识性观念创作思想，以期突破传统创作框架，实现更加具有审美价值的语言表达。② 这一过程不仅是技术的发展，更是对播音主持创作艺术性需求的回应。

（二）“情感投射与交互”的数据化

情感是播音主持艺术创作的核心和基石，施拉姆在其传播理论中指出，“情感

① 曾志华.主持人语言中“留白”的机理探微[J].现代传播（中国传媒大学学报），2006(1)：78-80.

② 夏晓晨.论智媒时代有声语言创作主体意向弧思想[J].东北大学学报（社会科学版），2022(2)：145-150.

的呼吁相比逻辑的呼吁对于态度的转变更为有效”,这充分体现了情感在传播过程中的重要作用,也要求播音员主持人不应仅仅是表象化的语音输出,而是通过对节目内容的深入理解后呈现的精细化、层次感的情感表达。

吴洪林教授曾提出播音员主持人要以鲜明的意识,从富有形态感的节目出发,用最佳的演播状态,走进整体融合的个性形象。梳理这条播音主持演播创作流程后不难发现,情感传播具象化要求和层次与其并行同构。对于 AI 主播来说,其情感传播的具象化始于对物理特征的量化分析。虽然其创作流程依赖于数据模型和算法,但同样需要在情感表达上实现“形态”和“状态”的融合,以提高其情感交互的真实感与感染力。根据研究,受众对 AI 主播的情感反馈受到声音的语调、语气、节奏等多模态因素的影响,这些影响因子的组合决定了 AI 主播是否能引发有效的情感互动与认知反馈。① 因此,情感传播“形态”和“状态”的精准性,直接影响了 AI 主播能否成功地达到受众对其传播角色的主体性认同。反观当下,AI 主播的“传情达意”的能力仍处于初级阶段。

表 1　多模态情感数据表征与播音主持情感传播具象化要求对应表

分类	数字化情感表征指标与线索②	播音主持情感传播具象化要求
播音主持意识 (生理)	生理特征、皮肤电反应、呼吸、心率、体温、脑电波、ECG 信号等	参与节目的自觉程度和掌控节目的自主能力(播出状态、呼吸方法、紧张程度、临场反应等)
富有形态感的节目 (文本)	基本特征:词性、极性词、词频、位置等 语义特征:内容专业性、可理解性、合理性、价值性、有用性、可靠度、倾向度等	在广义备稿和狭义备稿之上,对于节目定位、内容、风格的深刻理解
最佳演播状态层次 I (语音)	韵律特征(如音高、音强、带宽、能量、短时平均幅度、持续时间、高阶共振峰、基音过零率、语速)、频谱特征(谱截止频率、相关密度、梅尔频率能量)、倒谱特征(线性预测倒谱系数、梅尔频率倒谱系数、感知线性预测)	镜头与话筒前创作演播的语言表达艺术(语音发声、外部技巧、内部技巧、播音主持创作表达规律等)
最佳演播状态层次 II (视觉)	面部表情特征:几何特征(ERS:33 个几何特征) 局部区域特征:纹理特征、姿态特征	主持人与节目创造融合的形象表现艺术(面部表情、仪态、动作、眼神、口型、副语言等)

在传统播音主持创作中,情感的传递可以通过主持人的语音技巧、语调变化、

① 喻国明,王文轩,冯菲.“声音”作为未来传播主流介质的洞察范式:以用户对语音新闻感知效果与测量为例[J].社会科学战线,2019(7):136-145,282.

② 饶元,吴连伟,王一鸣,等.基于语义分析的情感计算技术研究进展[J].软件学报,2018(8):2397-2426.

停顿等手段体现层次。以最佳演播状态层次Ⅰ(语音)层面为例来看,通过合成语音的局部音频元素进行特征分布的方式,是将情感这一抽象概念转化为“可感知、可量化”的物理数据特征的主要路径。通过对有声语言层次的解析后发现,情感能通过语音的音高、语速、重音、节奏等具体的音频元素反映出来。比如,表达疑问并带有愤怒情绪的语句,“你凭什么要这么做?”语调的上扬、重音的强调会在语音的基频、共振峰等结构上有所体现,其基频曲线呈现陡峭上升趋势。而后,通过数字分析和具象化标注呈现这些变化,能够在合成语音的过程中准确再现情感的细腻变化,从而提升情感表达的真实性与自然度。

再往深层次来剖析,情感投射与交互关系的主要连接路径是“共情”。亚里士多德认为共情作为一种人类与生俱来的天赋,一切情感的最大动力与最终归属都是“移情”带来的作用。真人主播依靠自身的情感体验与表达技巧,通过语言、表情、联想、提问等形式与受众建立联系,调动自身经历或感受将情感外移到他者身上,牵引起“传—受”双方之间具有感染力、亲和力的情感关系,激发共鸣,并促使受众在思维与行动上产生反馈,从而增强信息传播的效果。

目前,多模态数据表征学习情感已经成为情感计算领域的实现方案之一。研究表明,情感计算不仅依赖于语音数据,还涵盖了文本、图像和生理数据等多层次的多模态输入。① 这种多模态学习框架为AI主播的情感传播的“共情”提供了新的思路和技术路径。AI主播的情感传播建构需要在数据采集(多模态传感器)、算法优化(深度迁移学习)、硬件支撑(边缘计算)等层面协同突破,将语音的韵律特征、文本的情感极性、面部表情的AU动作单元等进行张量融合,生成个性化情感表征。同时,基于情感计算模型,系统通过条件随机场(CRF)建立情感状态转移矩阵,结合用户画像(年龄、文化背景)进行动态调整。例如,面对老年受众,系统自动增强基频稳定性并降低语速,从而在实时交互中构建“感知—推理—表达—反馈”的完整闭环。

通过情感计算,AI主播能够在感知与学习情感的基础上进行情感推理和表达。这种“数字共情”是通过技术嫁接到传播角色上的虚拟“想象”,使AI主播的传播角色作为虚拟技术的表征将“想象的再现”变为“真实的再现”,使人类共情机制实现最大化呈现,其营造的高仿真的效果能够充分激发受众的感知能动性,情

① 周进,叶俊民,李超.多模态学习情感计算:动因、框架与建议[J].电化教育研究,2021(7):26-32,46.

感与虚拟化身体同步时实现了形象角色的潜能。① 不过,需要明确的是,“数字共情”往往也是薄弱的,不应只依赖于技术的高度模拟,需要同时达到内容的高度感性化才能充分激发受众共情。AI 主播理应通过技术手段结合现实表现,同步接入叙事与符号相联结的动态互动,实现情感投射目的。这也与播音主持创作情感共鸣要求的路径相吻合:基于作品的理解与作品深度对话,从而匹配受众场景想象,实现认知共情与心灵共振。②

(三)“人格主张与期待”的智能化

“人格”这一概念最初源于戏剧领域,涵盖外在形象特质与内在角色定位,构成了“人格”的原始意涵。后又在心理学中被定义为个体在社会互动中的相对稳定且独特的心理与行为模式。在播音与主持领域,“人格化”已成为媒介传播中的关键要素,赋予传播角色鲜活的生命力。20 世纪 80 年代,中国电视节目主持人角色的出现标志着电视从大众传播向人际传播的转变,“人格化”与“人际性”作为其本质特征初见端倪,这一特征也成为播音主持传播的内涵之一。③ 当前,传播效果出众的传播角色普遍具有人格力量释放的特征,同时作为“人格符号”随着表达语态与形式演进变迁。

根据凯恩斯的需求理论,播音主持的人格化传播功能可分为“满足受众绝对需要的物质性功能”和“满足受众相对需要且超越实用性功能的文化功能”。④ AI 主播作为传播交往的参与者,具备部分行为意识、决策能力及互动特性,其“主体性”特征应使其区别于传统工具,并能深度融入社会交往。只有当传播技术进化到可以将传播者的声音与形象真实地复现到受传者的耳畔和眼前,营造出一定的“面对面”交流场景时,传播主体才能在一定程度以某种“拟人际化”形态融入传播进程,而这也正是主持传播得以存在的基础。⑤ 为突破其辅助工具局限,AI 主播需要强化“人格符号”特质,实现从被动服务的客体向可供受众平等交流、深度互

---

① 吴飞,李佳敏.虚拟现实:共情传播的技术实现路径探析[J].西南民族大学学报(人文社会科学版),2021(7):178-184.

② 李颖,袁缘.声音的共情:从文本到语言的情感传递:以关山口述史为基础[J].浙江工业大学学报(社会科学版),2021(3):332-337.

③ 宋立,管永超.从语态改变到人格解放:主持传播的二次转向[J].传媒,2021(23):45-48.

④ 邱蔚.“温度”与“距离”:播音主持人格化传播探究[J].未来传播,2020(4):106-112.

⑤ 高贵武,杨航.现实虚拟:技术发展与主持传播的人格进化[J].中国主持传播研究,2019(1):3-15.

动的主体身份的转型跨越，从而推动媒介实践的创新发展。①

当下，部分 AI 主播基于真人主播打造，其人格源自原型主播通过社会实践与认知累积的人格经验，这类 AI 主播的人格呈现不能与真人原型一分为二区别看待，应抓取原型主播在具身实践中的代表性人格特征，确保其行为表达逻辑符合原型主播的行为习惯。为实现这一目标，采用迁移学习框架对原型主播的人格特征进行数字化萃取。通过多模态数据采集（如语音韵律、微表情和肢体语言），构建 Bi-LSTM 时序模型，提取原型主播的个性化表达模式，从而实现 AI 主播人格的精准重建。这一方法使 AI 主播能够更真实地再现原型主播的个性特征。

受众对虚拟人格的热衷，实质上是对其内在心理欲望和理想追求的外化映射。弗洛伊德的精神分析理论提示，受众对虚拟人物的认同和喜爱，是在社会规范框架下，个体深层自我与理想的重塑和理想化。通过精心雕琢符合受众心理预期与物质诉求的虚拟人格，能够增强受众对虚拟主播所承载价值理念的认同感，并建立起平等、互动的"传—受"桥梁。虚拟合成的 AI 主播由于没有绝对参考，在人格塑造多元化方面展现出巨大的潜力，但在数据支撑的"人格化"打造的过程中，需要警惕人格"扁平化"和"同质化"的风险。数字技术的底层依赖于二进制编码机制，虽然在某种程度上保证了虚拟人格比真人主播的"人设"更为稳定、可信，但过度稳定可能导致个性和表现上的单一性，也可能引发人格的扁平化，甚至出现"人格自我中心"倾向。② 因此，避免个性伪装与同质化是构建可信、独特虚拟人格的关键，否则就会陷入"工业化复制"的困境，导致受众误入"技术算法设计思维"的误区，从而削弱虚拟主播的吸引力与传播效能。

为规避这一弊端，亟须制定一套 AI 主播人格特征的动态进化机制，分别从功能定位和演进逻辑角度进行考量。结合深度学习技术，强化情感生成和识别技术，使 AI 主播根据受众情感反应和传播场景，调整语态和表现形式，完善其传播角色的人格架构。同时，可以尝试通过生成对抗网络（GAN）架构与知识图谱的结合，突破传统人格打造方法的局限。生成对抗网络架构避免了单一化的风险，知识图谱通过节点和边的关系，构建出复杂的人格特征网络，为虚拟主播的人格特征组合与演进提供了丰富的语义关联和层次结构。这种融合式生成方法与动态进化机制，使虚拟主播的人格特征更加多元立体。

---

① 丁未.回归人际性：大众传播的另一个视野[J].现代传播-北京广播学院学报，1997(6)：12-15，34.

② 陈昌凤，张梦.由数据决定？AIGC 的价值观和伦理问题[J].新闻与写作，2023(4)：15-23.

(四)“非语言符号与身体景观”的多元化

播音员主持人的基本工作是以有声语言符号为主线、非语言符号为副线进行播音主持创作。其中,非语言符号(副语言)如手势、动作、眼神、表情、发型、服饰等,直接作用于受众的视觉和心理知觉,除了承担信息传递的任务外,还能有效地扩展信息增量,与有声语言共同构成双向立体的传播。非语言符号与身体景观的多模态特性对 AI 主播的数字化身体建构提出了极高的技术要求。

AI 主播的非语言符号体系及身体景观从最初仅展现半身拓展至全身全貌,视觉维度也从二维平面跃升至三维立体空间,姿态模式则从单一固定姿势逐步演变为灵活多变、富有动感和活力的表现形式。深入探究 AI 主播非语言符号与身体景观的底层技术支撑,可以发现其建构过程主要依赖于 3D 建模、动作捕捉、表情捕捉和数字渲染技术的协同作用。在面部表情的采集过程中,为了真实呈现 AI 主播的情感表达,需要在面部标注肌肉点信息,并采集符合演播状态的表情组合及数据。结合文本语义,组合生成协同的视听效果。在此基础上,为了使合成效果更加生动自然,结合“唇动技术”等优化修饰手段,接近真实的面部表情。在动作数据的采集环节,借助高精度的动作捕捉设备,实时追踪并标注实体原型的骨骼节点,将复杂多变的运动轨迹转化为计算机可识别、处理的量化数据。① 这一过程为虚拟形象的真实复现与动态演绎奠定了坚实的基础,并确保了 AI 主播的非语言符号和身体景观具备更强的表现力和互动性。在这些过程中,数据的采集、处理和合成环节都至关重要。为了确保数据具备高度的稳定性与纯净度,必须严格遵循科学的操作流程。通常,根据数据的不同类型、属性与来源,采用分类隔离式采集策略,并进行精细化的数据降噪处理,去除干扰信息,以确保最终生成的数据更为准确与可靠。

随着包括 AI 主播在内的各类数字人层出不穷,数字人“非语言符号和身体景观”的呈现质量参差不齐。考察近年来的数字人制作案例发现,数字梅兰芳的制作流程较为规范且科学。制作团队将“人”的呈现与“技术”的创新相统一,从声、形、神、韵等多种维度将大师以数字人形象真实复现。为尊重史实,在收集梅兰芳历史照片并制作实体肖像雕塑后,通过高精度激光扫描获取基础静态表情。制作

---

① 杨刚,张宇姝,宋震.人体动作识别与评价:区别、联系及研究进展[J].计算机科学与探索,2022(5):991-1007.

团队邀请梅派弟子演绎经典动作,使用动作捕捉技术录入数据,并结合梅兰芳表演资料进行精细加工。在面部表情重建过程中,通过技术采集并拆解梅兰芳的60组表情,生成数千种组合,精准再现其面部微表情,最终实现高度真实的虚拟复现。该方案为AI主播非语言符号与身体景观的技术构建打开了思路,通过风格化参数调整虚拟身体维度,利用情境自适应系统调节动作幅度,并结合伦理评估确保文化适宜性,从而增强数字人表现的多样性与规范性。

四、AI主播传播与呈现的优化与进阶

回溯媒介技术的变革轨迹,从以实体介质为依托的物理媒介阶段,历经聚焦人际交往连接的关系媒介时期,一路发展至当下以智能算法为驱动核心的算法媒介时代,这一动态转化进程持续重塑着传播格局,AI主播承载的角色已然凝练为具有强烈仪式感的标志性视听符号。为了适配多元场景与拓宽深度应用边界,AI主播的能力进阶只有锚定言语生成与情境适应能力、视听呈现与数字化演播这两个高阶的实践方向,持续优化探索,才能切实推动其传播效果迈向新的台阶。

(一)言语生成与情境适应能力

真人主播的言语生成能力来自自身积累与经验,需要根据不同的语境快速生成与产出言语,具备应对新闻、评论、现场报道、综艺主持等多变场景的交互能力,从而服务于符合社会传播交往规范与表达逻辑的播音主持创作。姚喜双教授将播音主持创作的言语功能及要求界定为按照视听规律完成创造与再造双重任务,融合二度性规律还原内容现实,符合传播特性,结合创造手段,使得表达交流规范、清晰、真实、有分寸、有对象感,并有着一定的临场应变能力。[①]

AI主播作为一种言说工具,在人工智能认知进化过程中,其言说能力得到一定程度的提高,让时空、地域甚至我们的身体无论在场不在场都产生了一些新的变化。[②] 在不断裂变的新语境与形势下,AI主播的言语表达不断向着形式多元化、语态创新化、风格个性化等方向发展,也面临创造性表达与传播规范的

① 姚喜双.播音员、节目主持人的语言评价[J].语言文字应用,2005(2):2-13.

② 高贵武.进化中的异化:AI合成主播的言说之困[J].中国主持传播研究,2023(1):20-24.

双重约束。

当下,DeepSeek 的深度思考推理等人工智能技术为创造性表达与动态交互提供了更多可能性。当跨模态情境模型与认知推理高度融合后,有望解决困境。在技术实现层面,需要突破传统自然语言处理的单向度逻辑,重点解决基于语境的动态交互技术难题,并尝试采用混合预训练语言模型架构,结合层次化注意力机制,融合场景类型(新闻、综艺、访谈)、受众类型(性别、年龄)及实时交互状态(对话轮次、情感强度)等多维特征。同时,依据算法实现对话策略的动态调适,从而贯通“认知—决策—表达”的言语生成与情境适应技术路径。

未来,AI 主播能在采访进程中利用强大的全网检索功能做好背景调查与知识储备;面对提问时能够依据现实情况与环节设置围绕某一主题进行深入交流,并结合现场采访对象的临场反应多角度、随机应变地切入提问与串联;在现场报道当中基于全景式的实况再现影像语言,结合演播语言表达全面呈现真实的第一现场,并在话术中嵌入更多的情感抚慰表达,体现人文关怀;在真人无法深入的特殊场景,灵活实现第一时间的具身在场报道。

(二)视听呈现与数字化演播

目前大部分包括 AI 主播在内的虚拟数字人在演播现场并不是真实存在的,而是通过技术手段合成后播出的。因此,在录制过程中,真人主播与 AI 主播的互动仍然是基于预设台本的“技术展演”模式,没有展现真人与 AI 主播共时创作的魅力,反而导致真人主播只能在形式上配合技术操作,演播内容的多元性和灵活性也因此受到束缚。同样的,在传统认知中,受众对传统主播的视听记忆主要局限于固定场景或演播室,镜头的封闭画幅限制了视听展示的广度,束缚了受众对虚拟数字人的视听呈现与数字化演播的想象。

事实上,AI 主播在视听呈现和数字化演播上具有巨大的潜力。在“双演融合”的背景下,通过 VR/AR/MR、全息投影、裸眼 3D、虚拟拍摄、超高清转播等技术,打破时间与空间的限制,在虚拟空间与现实空间、小屏与大屏、线上与线下之间实现远程传输和无缝衔接,在打造沉浸感和互动体验的同时,基于人工智能的创演模式通过数据训练,生成更具创意性和灵活性的艺术传播形式,拓宽创作与传播的边界,带来强烈的视觉冲击力和独特的视听观演体验。

然而,技术上的诸多创新归根结底是形式嬗变,众多成功的实践案例表明,受众对这些表现形式的认同,本质上依旧源于媒介记忆带来的情感共鸣,是对特定传播主体在时代背景、社会关系和经验路径中创作出的艺术作品与风格的认同。无论是齐越在《县委书记的榜样——焦裕禄》等作品中的真挚表现,还是虹云、陈铎在《话说长江》等作品中的自然讲述,又或是董卿在《朗读者》中跪地采访的平等亲切,这些名场面都并非偶然,而是由演播者在实践中不断积累创造的,并将主观能动的感受融入作品当中,从而打动了受众。这进一步说明,未来 AI 主播与真人主播应当在合理平衡分工的前提下,向着更高级别的播音主持创作目标进阶,以人机协作的形式共同丰满播音主持创作的理想形态。

五、结　语

智能传播时代,AI 主播正经历从“工具性替代”到“主体性存在”的转型,AI 主播通过技术赋能、传播增效及形式奇观等多重维度,正在重塑传统播音主持的主体性范式,推动传播实践从“人类中心主义”向“人机协作”的多元主体性建构转变。然而,当前 AI 主播在媒介实践中仍面临“技术具身性”与“拟人主体性”的断裂,其传播角色尚未突破工具属性,情感表达与艺术创造力仍有待提升。AI 主播的传播角色主体性的多元建构方面仍然存在许多“传—受”割裂的问题,亟待进一步解决和探讨。这种矛盾本质上是技术逻辑与人文逻辑的动态博弈过程,是技术理性主导的标准化生产与播音主持艺术个性化创作之间的价值张力,深层根源体现在工具理性对传播主体“灵韵”的消解,使 AI 主播在“拟主体性”的框架内难以充分展现其独立性与创造力。

未来,AI 主播的传播角色建构需要在技术与艺术的交融中寻求突破。一方面,通过多模态数据表征学习、情感计算等技术手段,提升 AI 主播的情感表达与人格化特质,增强其与受众的情感共鸣与互动性;另一方面,需要突破传统播音学的人类中心主义视角,建立人机协作的主体性分析框架,推动 AI 主播从“工具性”向“智能性”转变。同时,AI 主播的视听呈现与数字化演播应结合前沿技术,打破时空限制,打造沉浸式演播体验,进一步拓展其应用场景与传播效能。因此,需要更加深入地思考技术、受众、样态之间的驱动关系。技术进步满足受众需求,而受众反馈则推动技术与传播样态的优化。唯有将技术定位为艺术创作的“增强插件”而非“替代主体”,探索技术逻辑与人文艺术逻辑相互交融下的互补型实践路径,才能在人机协同中重塑具有情感温度与创造张力的新型传播生态,使 AI 主播在“传—受”的双向互构中达到最大化的能力“延伸”,更好地服务于智媒时代的播音主持实践创作与媒介实践。

会议综述

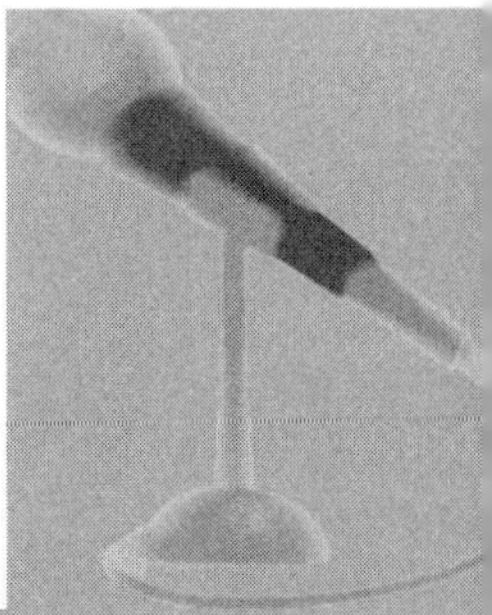

再造·重构:智媒时代的主持传播

——第八届中国主持传播论坛(2024)会议综述

◎ 李静雯　张　超*

2024 年 10 月 25 日至 26 日,由河南大学新闻与传播学院、中国人民大学新闻学院联合主办,河南大学口语文化传播研究中心、国家级新闻与传播实验教学示范中心(河南大学)、中国人民大学新闻学院视听传播研究中心协办的第八届中国主持传播论坛在河南大学成功举办。伴随数字技术与智能媒介的迭代更新,数智科技深度融入现代传媒行业的各个层面,持续推动传媒行业数字化转型与重构,不断拓宽用户对媒介形态及其运用方式的认知边界。对于以人际互动、个性化表达及人文底蕴为优势的主持传播领域而言,技术的每一次飞跃都在改变其言说逻辑、权力架构及内容生产方式,促使主持传播的理论框架、知识体系与职业生态等方面经历前所未有的更新与重构。本届论坛以"再造·重构:智媒时代的主持传播"为主题,由一个主论坛和九个分论坛构成。河南大学党委副书记杨萌芽,中央广播电视总台总编室播音员主持人管理中心副主任海霞,中国人民大学新闻学院院长、博士生导师周勇,中国人民大学新闻学院视听传播系主任、中国新闻史学会视听传播专业委员会副理事长、博士生导师高贵武分别发表了开幕式致辞,河南大学新闻与传播学院院长王鹏飞主持了开幕式。

主论坛特邀十位专家学者从不同维度对主持传播领域的学科前沿和学术焦点进行主题发言。中国传媒大学教授、国家督学、国家语委咨询委员、中国语文现

* 李静雯,河南大学新闻与传播学院硕士研究生;张超,河南大学新闻与传播学院副教授、河南大学口语文化传播研究中心副主任。

代化学会会长姚喜双以“突出特色 提高质量:培养高素质播音主持人才”为主题,强调在智媒时代下培养特色素质播音主持人才的重要性。天津传媒学院执行校长、教授李晓华围绕“智能时代播音主持专业教育的发展趋势”展开发言,为播音主持专业教育的破困与立局提出新的思考角度和实践方向。中国传媒大学教授曾志华从仪式传播的角度入手,带来题为“仪式传播视域下主持人服饰元素的文化影响力”的发言,揭示在主持传播仪式中,服饰元素的符义阐释与象征价值。河南广播电视台播音指导、大象新闻编委办副总监吴震宇结合自身实践经验,以“行棋·象上——智媒时代中原媒体播音主持专业发展复局与展望”为主题,分析播音主持专业在智媒时代的行业现状与发展图景。中国传媒大学教授张政法聚焦于人机伦理与创作主体、传播主体与传媒教育发展等方面,对“智媒时代语言传播相关理论命题推析”这一主题展开深度剖析。山东师范大学教授姜燕紧扣“智媒时代 口传三问”,对口语传播的时代表征与发展机遇进行多维度论述。中央广播电视总台主持人林泉以自身从业经历为切入点,进行“没准备好？那就在路上准备——从个人从业经历浅谈专业学习感悟”主题发言。上海体育大学播音与主持艺术专业学科带头人、教授朱俊河围绕“口语的近处与文字的远方——智媒时代主持传播的再造与重构”进行生动发言。河南广播电视台导演、一级导演钱琳琳结合中国节日与中国节气系列节目制作,带来“从中国节日到中国节气”的发言。最后,中国人民大学教授高贵武以“作为中介的人格:主持传播中的关系建构”为主题,深入分析主持传播领域的关系建构问题。此次论坛围绕智媒时代,数智科技对现代传媒行业各个领域产生的影响进行深度研讨,吸引来自全国近百家高校、媒体的专家学者、播音主持一线从业者及在读研究生的积极参与,涵盖了新闻学、传播学、广播电视学、戏剧影视文学、播音主持等多个学科。

为促进研究生之间的学术交流与思想碰撞,本次论坛特别设立了两个“新声论坛”,并进行优秀研究生论文评选。最终,来自广西大学、中国人民大学、河南大学、陕西科技大学等院校的十篇论文被组委会专家评为优秀研究生论文。

一、技术驱动视域下的主持传播:内部维度拓展与外部价值延伸

伴随人工智能、大数据、云计算等技术的广泛应用,主持传播的媒介生态版图不断延展,在话语生产、内容呈现、文化拓新等各环节领域持续提质增效,智媒时

代作为技术革新的新浪潮,为主持传播业态环境的再造与重构提供不竭动力与崭新方案。本次论坛中的专家与学者针对相关议题展开深度思考和讨论,从不同学科视角研究智媒时代下的主持传播,呈现出内部研究学科的交叉性与外部专业价值的实用性。

(一)内部向度:主持传播领域的跨学科融合与多维度发展

在智媒时代的背景下,主持传播领域正处于快速变化与重构的过程,该领域的学者在坚守主持传播学科主体地位的同时,积极探索跨学科研究的可能性,以应对复杂的传播环境和日益多元的受众需求,不仅涉及传统主持传播理论的深化与创新,还包括与认知神经科学、神经语言学、信息技术等领域的交叉融合,形成多维度的研究视角与方法。一方面,主持传播领域的各位专家学者不仅注重对学科领域自身传统的传承与发展,而且积极反思该学科在智能媒体环境中的角色与功能。张政法教授提出在新技术背景下,主持传播依然是以人为主体的传播,传播是因人而存在、因人而发起的,人类是机器的发明者、使用者、评判者。高贵武教授在主旨发言中强调人格化在传播中作为中介的重要性,把媒体和受众进行连接,人格不仅仅是主持传播的中介,更是主持传播的技巧和目的。无论何时,我们的传播,都是人与人之间的一种交流活动,更应该体现的是贴合人性、回归人性、以人性为底色的传播理念。另一方面,跨学科研究的深入开展为主持传播领域的创新提供新动能。在面对持续变化的传播环境时,主持传播领域既能保持自身的独特性,又能与其他学科形成有效的互动与融合,不断拓宽其专业边界。

数字媒介技术持续进阶发展,AI主播、数字人等新兴形态不断涌现,但主持人作为传播主体,仍然是媒介与受众建构联系的关键一环。智媒时代,主持人在传播过程中的作用显得越发重要,既要承担信息传递的功能,也需要在情感沟通、文化传承等方面发挥积极作用。因此,主持人优秀的专业素养与综合能力,能够有效提升受众对信息的接受度与影响力,从而在日益复杂的传播环境中,促进观众对内容的深层理解与共鸣。浙江传媒学院副教授詹晨林以民国主持前史为参照,通过追溯民国时期新闻类节目、儿童类节目与服务类节目的“主持传播”实践,更全面、准确、直接地把握主持传播的真正内涵。同时指出无论是在民国时期的广播,还是在当今多元化的媒介环境中,主持传播的实质都在于:具有明确自觉意识的传播主体,通过现代电子媒介,采用相对稳定的内容编排方式和个性化的语言技巧,进行信息传播,与受众建立深层次的联系。这与高贵武教授的主旨演讲相呼应,他强调具有独特人格魅力的主持人,能有效提升节目的吸引力,并建立起观众的信赖,进而更加有效地传递信息内容。

在探讨智媒时代主持传播领域的多维度发展时,国际传播和跨文化传播的主题在全球化背景下显得更加重要,信息传播已不再局限于单一文化或地域,而是呈现出多元交融的趋势,国际传播与跨文化传播强调在不同文化背景下,主持人与播音员在文化交流过程中扮演着桥梁的角色,以促进不同文化之间的对话与理解。习近平总书记指出:“展形象,就是要推进国际传播能力建设,讲好中国故事、传播好中国声音,向世界展现真实、立体、全面的中国,提高国家文化软实力和中华文化影响力。”河南大学副教授胡芃原和硕士研究生王岩以纪录片《中国》为例,对配音员在传播中国故事中的作用展开分析。他们在研究中指出纪录片《中国》的配音员通过高超的造境和控场能力,将观众拉入情境之中;配音员的专业能力与其具备的文化影响力相得益彰,人格化特征与情感建构相互连接,这使得配音员在传播中国故事中发挥着重要作用;最后提出配音员的专业素养、文化影响力及其人格化传播实践,是AI和其他行业所无法取代的,对于更好地“传播中国声音”,在国际上展现中国风范具有重要意义。暨南大学副教授林小榆和硕士研究生汤君妍共同完成的研究聚焦于数智时代以数字音频为媒介的听觉文化,运用深度访谈的研究方法,探讨如何构建适合境外受众偏好的新平台、新产品、新内容,并将中国文化有机融合于数字音频中,即探究“中国文化+声音+互联网的有机融合”,发现通过音频内容可跨越语言障碍,加深境外受众对中国文化的理解和共鸣,为中国文化的国际传播提供新思路。台湾世新大学博士研究生郭唐星深入分析国际传播下主持人的话语建构,对主持人在国际传播时的话语逻辑进行分析,同时将利益相关者要素加入国际传播中,形成一套利益相关者的认知、态度以及行事逻辑,这一研究将有利于中国故事的国际传播。

河南大学副教授张超与硕士研究生李静雯利用眼动仪技术探讨纪录片中主持人过度身体消费的影响。研究发现,观众观看纪录片时,视线常集中于主持人,如果主持人通过夸张的服饰或刻意的体态语言吸引观众的注意力,会干扰观众接收纪录片的核心内容,使观众将注意力从历史、文化、社会议题等深度内容转向表面视觉刺激,从而削弱纪录片的纪实意义和审美价值。尽管身体消费短期内能提升纪录片曝光度和关注度,但长远效果却不一定能尽如人意。在媒介内容多样化的今天，主持传播应审慎处理角色定位，有效地利用身体等非语言符号，同时警惕身体消费的过度商业化，确保节目成为连接观众与真实世界的桥梁，而非商业消费符号。郑州工商学院讲师郭强从神经语言学视角入手，分析神经语言学与主持人即兴口语表达的关联。实验研究发现，大脑可以对基础性语言进行存储加工。主持人可以利用现场环境刺激语言中枢，构建即时性口语表达。该研究通过探究媒介语境中的情感神经输出传导，得出人的情感介入对语言表达有巨大作用和影响。神经语言学对主持人即兴口语表达作用的研究指出，利用神经影像技术可以对主持人主题语言表达进行个性化的指导和反馈，优化语言技巧，针对主持人在直播或现场活动中可能面临的情绪变化和压力，开发情绪管理和压力应对的训练程序。神经语言学方面的研究成果可以根据大脑活动指标评估不同口语表达风格对观众的吸引力，进而推动主持传播技巧的优化。

（二）外部价值：主持传播的社会意义、文化传承与创新服务探索

海霞老师在此次论坛的开幕式致辞中提到，智媒时代是一个充满机遇与挑战的新纪元，传统的传播方式正在被改变，新的传播形态和模式层出不穷，如何再造主持传播的新生态，重构主持传播的新格局，是我们必须面对和解决的问题。在这个充满变革与创新的数字时代，主持传播仍须以人为主体，发挥该学科领域的真正价值。随着数字媒体技术的不断进步，AI 主播和虚拟主持人等新兴形式虽然一定程度上具有信息传播效率高、应用范围广等优势，但它们无法完全取代人类在情感交流、文化传承和深度思考方面的独特能力。四川大学硕士研究生张润雪从具身性视角出发，认为媒介技术的演化带来传播方式的变化，人与人之间的直接接触和情感表达逐渐减少，口语传播逐渐变得机械化和冷漠，但人们逐渐渴望真实的情感交流与具身体验。数智时代，具身性的回归和强化，是对于现代社会与“人”交流的原初需求的肯定和回应。四川师范大学副教授米斯茹和硕士研究生朱琨从当下流行的“围炉夜话”活动展开论述，指出尽管技术迭代更新使传播主体的接受空间从“面——面”交流转变到“人——机”互动，但口语传播的本质依然是人际传播。不可否认，AI 技术在一定程度上可以辅助情感交流，但其本质上的情感缺失使人类的情感交流仍然无可替代，而“围炉夜话”场景中的“身体在场”是主体间交往互动的实在关系，具身性的回归强化了“数字人”无法比拟的交流感，一定程度上弥补了数字媒介造成的“陌生感”。

在体育强国建设背景下,体育文化蓬勃发展、观众需求日益多样化,体育解说作为一种特殊的传播形式,更加受到学者关注。体育解说除了承担赛事信息传递的功能之外,还在塑造观众对体育赛事的情感体验和推动体育文化传播方面发挥关键作用。北京体育大学讲师宋扬、硕士研究生夏元元对智媒时代体育解说的转型进行研究,从媒介可供性理论出发,分析了媒介可供性视角下的体育解说,提出互联网、5G、AI、VR 等新技术的兴起,特别是 AIGC 入局后,给体育解说带来的变化,即 AIGC 可参与赛前、赛中、赛后的全流程内容生产,构建用户全时在线的一对一专属互动,并匹配更具个性化体验的观赛终端。最后从情绪供给、人为主体、技术破局三个方面提出技术卷入体育解说的应对策略。北京外国语大学博士研究生靳迪基于媒介生态视域视角对 2002 年—2022 年的足球世界杯中文解说询唤机制进行分析,揭示世界杯中文体育解说演变与深化的核心观点。早期(2002—2006),解说以 IP 宣发询唤为主,注重实况转述与技术分析,培养受众的赛事认知;中期(2006—2018),转向仪式互动与人文沉浸,通过情境建构与文化意涵的融入,增强赛事仪式的沉浸感;近年来(2018—2022),内容自制与主体泛化成为趋势,技术特长与明星凝视满足多元需求。在整体过程中,解说从客观解读转向人格化色彩,从单向传输到链式互动,体现媒介驱动、技术赋能与受众勃兴的共同作用。视听延展、赛事仪式重构与守正创新是未来足球世界杯中文解说询唤机制发展的关键路径。

语言是文化交流的桥梁与信息传播的工具,特别是在主持传播领域,语言作为信息传递的媒介存在,也是情感沟通、文化传递与价值塑造的关键媒介。从语言服务视域下看主持传播,不再只是局限于简单的言语表达,而是融合社会背景与情感互动等多维度要素。河南大学讲师栗江豪与硕士研究生乔琳聚焦于口语传播视域下理论宣讲的创新策略与实践理路,剖析理论宣讲存在的信息接收者注意力分散、传播效果难以评估等现实困境,针对理论宣讲的既有问题,提出情景化讲述、多媒介融合与互动性设计、角色代入与体验式宣讲等创新策略,以提升理论宣讲的传播效能,并强调要通过培育优秀宣讲队伍、形成线上线下联动新模式等多元路径塑造理论宣讲体系。四川电影电视学院教授李丹和讲师刘威以四川电影电视学院的“智慧助老”项目为例,深入探讨语言服务视域下主持传播的核心价值与实践路径。他们指出,随着老龄化社会的到来,老年人在语言理解、信息获取及沟通交流上面临挑战,社会对老年语言服务的需求日益增长,而播音主持专业凭借其语言规范、信息桥梁及心理支持等优势，在老年语言服务中发挥着重要作用。未来，播音主持与老年语言服务的融合将成为趋势，推动社会语言服务体系的完善与发展。河北传媒学院硕士研究生袁媛从老年群体的语言需求特点入手，探讨虚拟主持人在老年语言服务中的必要性及路径构建。她认为老年群体对语言服务的需求具有简洁明了、生动清晰及情感共鸣等特点，而虚拟主持人以其24小时在线、个性化服务等优势，能很好地满足这些需求。通过优化语言交互设计、提供个性化服务及加强情感交流与互动等路径，虚拟主持人可以有效提升老年群体的信息获取能力和社会参与感。她还设想了虚拟主持人在老年节目中的应用，为老年语言服务提供创新思路和实践方向。洛阳师范学院讲师石琳琳和陈冠霖从口语传播助力西藏发展角度展开讨论，认为通过口语传播，可以让文字“活”起来，增强文化自信与民族身份认同，发扬播音主持学科优势，创新口语传播形式，打造立体化传播体系，铸牢中华民族共同体意识。

二、社会文化层面的主持传播：人本坚守、情感劳动深化与伦理边界探索

尽管数字技术和人工智能的迅速发展为主持传播带来新样态，但人作为传播主体的独特价值不可或缺。在数字信息日益丰富和快速传播的时代，观众不仅需要获取信息，而且渴望与传播者建立情感联系。主持传播中的主体深层次地影响文化塑造和社会认同的形成，传播主体应通过自身的人格魅力和情感表达，使观众在接收信息时，也能感受到人性化的关怀与温度。

（一）主体性坚守与AI主播的伦理审视

在主持传播实践中，人的主体性地位不可动摇。然而，伴随AI主播的兴起，传播的主体性正面临前所未有的挑战，虽然AI主播一定程度上改变了信息传播的格局，但也带来了信任危机和伦理危机。当机器的声音充斥于耳畔，我们还能否保持对信息的真实感知与信任？AI主播的决策过程、数据来源及其背后的算法逻辑，是否真正符合人类的伦理标准？基于此，众多学者对人的主体性以及AI主播所带来的信任与伦理问题展开讨论。姜燕教授在主旨发言中分析语言传播，特别是口语传播在时代变迁中人的主体性所不变的价值。她以《小英雄雨来》等经

典作品为例,强调长久留存内容的规律性,并引出对当前时代语言传播的关切。姜燕教授通过实证研究,从双人足球解说中的句法不完整话轮入手,揭示人类语言的独特魅力,并强调口语表达的文化背景与审美要求。最后,姜燕教授以孙悟空的如意金箍棒为例,强调如意两个字最为重要,不要让 AI 代替人类过度传播,“如意”的永远是我们不忘的初心。宁波财经学院教授金重建分析了“数智”“他者”与播音主持艺术的紧密联系,数智技术的进步正重塑着播音主持的创作环境,要求创作主体不仅要掌握新技术,更要保持艺术创作的敏锐性和创新性,在研究中引入“他者”理论,强调在播音主持中,重视与不同主体的非同质性交流,激发创作灵感,拓宽传播视野。总之,在数智化时代背景下,播音主持艺术应坚守人的主体性,警惕 AI 主播带来的危机,推动播音主持行业的健康发展。中原工学院副教授宋立和青海民族大学硕士研究生杨子思剖析智媒时代主播文化的生成逻辑,探讨真实人格、虚拟人格及人工类人格等不同人格符号背后的文化学原理,主要强调主持传播研究的核心不仅在于技巧的锤炼,更在于使用媒介的力量塑造出个性鲜明、具有人性温暖且极具人格魅力的个体形象。河南大学副教授冯媛媛与新余学院助教阮孟婷以智媒时代主持传播的主体性解构与重塑为主题进行探讨,他们认为在生成式 AI 浪潮下,主持传播面临主体性困境,但主持人的主体性随媒介变迁而演化,并提出主持传播通过声音本体达成身体召唤,并立足主体发展、虚拟镜像和行为表征三重逻辑完成主体性建构。智媒时代,主持传播要顺应技术变革,实现主体再建构,这对于主持传播的主体应成为话语权力格局的引领者具有重要启示。

AI 在社会各领域广泛应用,从医疗健康到金融服务,从教育再到娱乐,AI 已经深入我们生活的方方面面。不过,受制于集体意志、平台主体、商业资本,AI 的数据隐私泄露、算法歧视和信息透明度不足等问题日益凸显。因此,在 AI 主播的应用方面,为促进 AI 主播技术的健康、可持续发展,此次论坛中的学者们对其进行伦理审视,明确其潜在风险并提出相应措施。复旦大学博士研究生、天津传媒学院副教授贾雪帆聚焦于 AI 主播在新闻实践中的伦理审视与信任问题,认为 AI 主播虽能节约成本、提升效率,但在表达与伦理层面存在明显短板。比如,表达上存在 AI 主播情绪处理较差、对象感弱、程式化强的问题,导致传播内容损耗;伦理上呈现出理解短板、认知缺陷、“非人化”与“无人化”等局限性,易引发表达伦理、政治伦理、潜在伦理及信任伦理问题,最后从技术与伦理双重维度出发提出 AI 主播的防范机制。河南大学副教授钟倩和硕士研究生张丽君从媒介可供性视角出发,研究 AI 主播的交互功能与创新实践。他们对 AI 主播作为客体与主体的不同定位进行分析,并基于媒介可供性理论,探讨 AI 主播在生产、移动、社交三个方面的可供性交互提升与拓展,指出 AI 主播虽然在内容再创作、算法分发与价值观层面存在局限性,但通过加强人机协作、技术创新和追求人文和谐共生,可以推动信息传播与文化交流的革新。武汉体育学院副教授郝斌和硕士研究生柳梦媛基于保罗·莱文森的媒介进阶理论视角,从智媒时代主持传播中传统实践主体的身份迷失、价值澄明与进阶逻辑出发,探讨 AI 合成主播"技术具身"的反思,AI 合成主播的技术变迁经历了从"玩具"到"镜子"的阶段,并引发传统实践主体的身份迷失。传统实践主体在"艺术"飞跃的围墙中仍映照出独特的存在价值,为实现职业进阶,传统实践主体应秉持工匠精神,强化社会实践,彰显个性风格,并拥抱前沿技术,实现人机双栖,以应对智媒时代的挑战与机调。

数字化浪潮的推动使传媒行业与新兴技术的融合已成为不可忽视的趋势,本次论坛还围绕数智时代主持传播的身份、场景等议题展开讨论,学者们积极讨论传媒行业如何通过创新适应时代需求,实现更加高效、多元和互动的信息传播。四川师范大学副教授张珊珊和硕士研究生张庆以文旅节目在新媒体时代的口语化重建为主题进行探讨,发现随着旅游业的发展和大众参与性的提高,文旅节目逐渐从单一的风景展示转向"文化+旅游"的高度融合,节目通过社交媒体、短视频等平台实现即时互动与精准推送,口语化表达有助于缩短与观众的心理距离,构建亲切包容的传播环境,成为新时代的节目主持传播的要求,节目中的口语化不单是词语句式的调整,更多的是传播理念的革新和共情力的重建,主持人的身份也更加多元,从体验者转变为建设者,语言表达从导览转为导向,引领受众融入节目主题。广西大学硕士研究生于特浩呼吁在数智时代主持传播应当扎根史实与史迹,强调详究"主持传播史"的必要性与合理性。他的研究采用质性与量化混合的实证方法,通过深度访谈和问卷调查,分析主持传播史研究的影响因素。其研究发现,民族民俗仪式中的主持性行动特征对主持传播史研究具有显著影响。他的研究构建了一个包含调节变量的中介理论模型,探究学术自主性、实践应用性、方法意识性等因素与主持传播史研究能动性的关系。

(二)主持传播的应用场景演变与情感劳动探析

数字化时代新型媒介形式如雨后春笋般涌现,深刻改变了人们的文化传播与互动方式。其中,播客与有声阅读作为现代传播生态中的重要组成部分,正逐渐成为连接创作者与听众的桥梁,通过对听觉文化的探讨,分析其对口语传播本质回归的作用。河北传媒学院讲师吕奕翰与中国传媒大学硕士研究生易乐基共同探讨全媒体视域下中式恐怖有声阅读中的情感劳动关系与价值空间,围绕情感劳动如何在中式恐怖有声阅读中构建听众与讲述者之间的紧密联系展开,分析中式恐怖音频主播兼有原生口语和次生口语的特征,以大量民间口头语言创造真实的交流感,有助于增强听众的沉浸感和认同感。恐怖故事的题材选取更倾向于"真人真事",主播会从海量的听众提供的故事素材中进行选取,这种情感劳动体系为中式恐怖有声阅读的主播与听众建构起一个乌托邦式的情感社群,让主播与听众间的情感连接更为紧密。兰州大学硕士研究生段江盼基于播客主持人的身份定位与互动范式展开分析,认为播客作为新型媒介形式迅速崛起,播客主持人成为文化的媒介者与社区的引导者。她通过参与式观察和半结构化访谈,结合质性分析工具 NVivo12,形成播客主持传播场景的整合分析框架。研究发现,播客主持人身份边界模糊,多方对话形式代替固定主持规则,内容共生机制推动平等互动秩序建立,播客主持人成为社区引导者,既作为传播中介也作为传播主体。

数智时代主持传播的应用场景在逐渐扩大,从电台、电视台到播客再到如火如荼的线上直播,这些应用场景中主持传播的主体涉及情感劳动与情绪价值的创造。主体在传播中通过生动的表达、情感的投入与细腻的互动,构建主体与受众间的情感连接,有效增强受众的参与感和认同感。伴随直播这一形式的兴起,主持传播领域的学者也将目光聚焦于带货主播。西藏民族大学副教授王彪和硕士研究生崔晴晴从情感劳动视角出发,揭示目前直播营销中情感劳动的运行机理,认为"情感"很大程度上决定直播营销的过程状态与营销效果。情感劳动在直播营销中主要体现在三个层面:互动中的情感劳动、营销仪式场中的情感共振、作为"销售剧"的情感展演。直播营销实际上是一种带有展演性质的互动,主播与用户的言行都受制于直播间的公开性与情景定义,情感劳动的目标在于与用户建立稳定关系链接,通过提升观众的愉悦情绪,增强信任度,最终影响决策行为,实现直播营销的成功。河南大学硕士研究生李仲豪和杨明昊借鉴数字劳动的发展规律,揭露平台对主播的劳动异化实质,进而探讨数字劳动视域下主播主体异化的外在形式与突破方式。他们认为在算法和公会的双重影响下,主播面临着劳动异化和情感异化的挑战,一方面,算法精准控制主播的劳动时间与过程,导致主播内容生产同质化，另一方面，公会通过家族化管理和情感联结，使主播成为被动“吸金”的客体。针对以上问题，他们提出主播应进行自我变革，重塑观念，加强与现实世界的联系；平台应优化算法技术，承担起社会责任，避免信息茧房效应，构建一个公平、和谐、可持续发展的数字劳动新生态。

数智化技术为主持传播提供新机遇的同时，也带来了前所未有的情感障碍，情感操控、情绪虚假等问题也随之浮现，对受众权益和媒体公信力构成威胁。如何确保情感劳动的真实性，如何在商业利益和道德原则之间找到平衡，成为亟待解决的问题。武汉传媒学院助教马嘉琪聚焦于数智化进程中主持传播的情感劳动伦理与规范，认为数智化劳动存在媒介技术驱动下的主持情感表达创新，从情感操控与真实性困境等方面分析情感劳动伦理，最后提出为确保传播效果，必须建立明确的情感劳动伦理原则与实施策略，促进数智化主持传播的健康发展。武汉体育学院副教授郝斌和硕士研究生马欣雨基于 TAM 模型探讨作为外驱变量的情绪价值和情感劳动与人们对于 AI 虚拟主播生成内容的感知有用性之间的关系，研究通过问卷调查收集数据，分析情绪价值需求、情感劳动要求与感知有用性之间的关系，发现情绪价值需求与感知有用性呈负相关，情感劳动要求在其中起部分中介效应。该研究拓展了 TAM 模型在主持传播领域的应用，为未来主持传播主体发展路径提供情感劳动模式下的新视角，帮助主体在飞速发展的数智时代中，找准合适的定位，适应时代变革的需要。

三、实践应用与教育培养模式的双重变革

姚喜双教授在主旨发言中强调播音主持的特色是新闻传播、语言交际、艺术创作及信息技术。现代播音主持既需要具备扎实的新闻素养和语言表达能力，也要能够灵活运用艺术创作的技巧和信息技术，以满足多样化的传播需求。李晓华教授在发言中强调，我们面向智媒时代，需要逐步掌握并应用 AI 技术，辅助播音主持的融媒体传播。这不仅体现数智技术对主持传播产业的深远影响，也为人才培养模式的重构提出新要求。

（一）主持传播实践：产业重塑、技能拓展与多元应用

在此次论坛主旨发言中，吴震宇老师以河南广播电视台主持人的发展策略为

例,阐述智媒时代融媒体传播的重要性。河南广播电视台实施的一项“大 V 孵化项目”专注于打造一批具有专业性、创新性和特定指向的新媒体产品。每位主持人都需要建立自媒体账号进行内容创作,增强与受众的互动。该项目既提高了主持人的个人品牌价值,也为他们在新媒体环境中的发展提供了广阔空间。河南广播电视台还通过每周通报主播账号在新媒体平台的传播情况,促进主持人对自身内容进行反思与改进。这一举措有效地推动了播音员主持人无论是在传统播音领域中创作,还是在新媒介形式的个体创作中都要持续发力,使他们具备更为丰富的技能和灵活的适应能力。主持人播音员在融媒体环境中既要掌握传统播音技能,还要具有新媒体内容创作、社交媒体运营以及受众数据分析等能力,以应对快速变化的媒体环境。智媒时代媒介的发展丰富了主持传播的内涵,推动了主持传播领域的进步与创新。

主持传播领域相关产业也在伴随时代浪潮的变化中不断重塑,从传统播音主持到如今多元化主持形态,技术迭代、受众需求变迁以及媒介生态革新,都在不断地为主持传播产业注入新动能。中国传媒大学博士研究生胡子豪以智媒时代体育赛事的创造性采访为主题展开阐述,指出体育赛事采访需要借助新技术,如大数据、人工智能等,实现内容创新。采访前,需要做好充分准备,了解赛事背景、选手信息等;采访中,要注重现场观察与即时反应,捕捉精彩瞬间,同时运用智能设备进行多角度记录。创造性思维在采访中具有重要作用,记者应在采访中要敢于尝试新思路、新方法,以独特视角呈现赛事魅力。他在汇报中分享多个成功案例,展现出智媒时代体育赛事采访的创新成果,为业界带来一定的经验和启示。四川大学硕士研究生黄劭光分析传统新闻主持人在向融媒主播转型的过程中,会通过个人 IP 孵化模式在短视频平台活跃,但会面临身份再现与角色冲突的问题。他阐述融媒主播如何在短视频中再现新闻主持人的职业身份,包括职业身份的自我呈现和主持传播符号的再现,同时探讨角色冲突的归因,如媒体对流量的追逐、融媒主播角色认知差异及与受众角色期待的背离等,具体表现为从“内容为王”到“追逐流量”“电子杂志”与“新闻搬运工”“意见领袖”再到“舆论追从者”的冲突。吉林艺术学院副教授付焱和澳门城市大学博士研究生李鑫宇以重大突发公共事件新闻发言人为主要研究对象,分析新闻发言人的应急言语行为及语言表达。天津师范大学硕士研究生王硕云分析主流媒体主持人在“Vlog+新闻”中的自我呈现机制,认为数字技术可供性增强新闻传播主体的可见性,Vlog、短视频、长视频是对传统新闻传播方式的时代补偿,面对智媒时代,无论是视觉层面的形象真实,还是听觉层面的语音真实,现有的人工智能数字技术仍不能替代真实存在的具有情感、人格、思维的主持人。

陕西科技大学硕士研究生赵仕明和王欣怡的研究聚焦于中国新能源汽车发布会中的话语行为对消费者购买意愿的影响,研究背景是全球气候变化和能源匮乏,新能源汽车被视为解决环境问题和保障能源安全的关键策略。通过量化分析比亚迪、华为问界等5家车企的42场发布会,揭示技术创新、产品属性、经济性和环保理念四大话语主题对消费者感知价值和购买意愿的影响。他们指出技术创新和经济性话语对购买意愿有着显著的正向影响,而环保理念话语的影响不显著,价格价值和情感价值在话语与购买意愿间起重要的中介作用,据此建议新能源汽车企业在营销中将环保理念与技术创新和经济性相结合,政府可通过政策激励引导消费者将环保意识转化为实际购买行为,以推动新能源汽车市场的可持续发展。媒介形式的多样化,使主持传播领域有了更多产业融合发展的可能。李晓华教授指出媒体与非媒体对主持传播人才的需求并重,相关产业对主持传播人才的需求逐渐加大,在未来,主持传播领域不仅可以将目光聚焦于媒体行业的需求,也可以展望于非媒体领域的发展,比如文旅解说、展览馆讲解等。

(二)主持传播教育:能力变迁、模式创新与人才培养

姚喜双教授在主旨发言中提到,在智媒时代,播音主持专业要与时俱进,重构播音主持能力的四个属性,即新闻传播属性、语言交际属性、艺术创作属性、信息技术属性,其中,信息技术属性是凸显掌握技术的能力素养,在新质生产力背景下,要应用好新技术,实现技术对播音的驱动发展。同时,强调人工智能在播音主持领域的应用,提出培养"人体肉身的人和机器主持人、智能主持人"的双重目标。周勇院长针对智媒时代下主持传播领域的人才培养方向提出思考:在主持传播这种领域、这种学科力量中,我们的人才培养,我们的科学研究对于社会需求的响应以及对于社会的不可替代性的价值到底在哪?这是需要重新去思考的。人才培养模式的变革显得尤为迫切。主持传播学科需要重新审视课程设置,注重跨学科知识的融合与应用,培养既具备扎实理论基础,又能够灵活运用新技术的复合型人才。

山东青年政治学院教授王海燕和副教授匡素萍以"如何对教育理念、教育模

式、教学内容、教学方法以及人才培养目标进行全面革新,如何让主持传播教育紧跟时代步伐,适应传媒生态的多元化变革,培养能够适应不同媒体平台、具备跨界融合能力的主持人才”为核心问题展开分析。运用媒介可供性理论,从生产可供性、社交可供性与移动可供性三方面出发,希冀为主持传播人才能力变迁与主持传播教学改革提供新视角,以适应传媒生态的多元化变革、提升人才培养质量、应对行业挑战与机遇、推动教育模式创新。浙江传媒学院副教授李斌从建构主义视域入手对新媒体主播人才培养的核心教学法进行探析,该教学法涵盖宏观教学理念、中观课程设计与微观教学方法,强调学生自主学习与教师“三导”(引导、督导、指导)结合,运用翻转课堂、情境实验、社会实践及分工协作等多元教学法。通过虚拟演播技术等实验手段,提供沉浸式学习体验,结合思政课程,提升学生的文化素养与传播能力。滁州学院讲师叶盛世以“数字化+人工智能”为背景,分析 AIGC 对主持传播人才的能力变迁、挑战与机遇。广西民族大学相思湖学院讲师陈莹从“GEPC 产教融合”教学新范式出发,对播音实践课程的数字化转型路径的建构展开讨论。

面对融媒体环境的复杂性,在主持传播课程内容上进行更新不仅要涵盖传统播音技能,还要加入数字内容创作、社交媒体运营以及数据分析等新兴领域的知识,融入更多关于人工智能和数字工具的培训,培养学生适应未来传播环境的能力。上海体育大学博士研究生李子彤在讨论体育解说行业对人才的迫切需求及教育中的不足时,引入新型建构主义理论,并通过对比实验发现,新型建构主义教学模式在提升学生解说能力、学习主动性等方面优于传统教学模式,为体育解说教育提供了新的思路,最后她也提到高等教育的最终目的是促进人的全面发展与成长,只有培养出高水平体育解说人才,才能为体育解说行业带来新的生机与活力。武汉传媒学院助教江天文与讲师昌沁将视角聚焦在数智赋能下的“音频节目播音与主持”课程教育优化,认为数智转型中的教学存在需求定位模糊、教学导向单一等问题,并提出以数据为依据、以行业为导向、以互动为核心、以技术为支撑的课程优化路径,培养学生的跨媒介传播能力和与受众互动的能力。

主持传播学科的教育在适应新时代需求、创新教学模式等方面正展开积极探索,这为培养高水平、专业化的主持传播人才提供了有力支撑,使主持传播以人为主体的不可替代性更有价值。正如张政法教授所言:“在媒介急剧变革的社会环境里,教育并不担任主角,但教育培养主角,并最终成为引领媒介发展方向的重要力量。”

第八届中国主持传播论坛以“再造 · 重构:智媒时代的主持传播”为主题,汇聚众多专家学者,共同探讨智媒时代主持传播的变革与发展。通过本次论坛的深度交流与思维碰撞,我们更加清楚地洞察了智媒时代主持传播的新趋势与新挑战,更在再造与重构的探索过程中,明晰了未来的发展方向。高贵武教授在开幕式致辞中讲道:“以人际性、人格化、人文性为主要传播优势和文化表征的主持传播,正在技术的演进中。随着重构言说观点、权力结构和生产范式,主持传播理论体系和知识体系也在同步更新再造。与此同时,我们所身处的主持传播、专业教育和人才培养领域也在经历系统性的变革。”智媒时代对主持传播提出了更多问题,但也为主持传播注入了新的活力与灵感,激发了更多可能性。展望未来,我们期待在智媒时代的浪潮中,持续探索与创新,共同开创主持传播事业的新篇章。

图书在版编目(CIP)数据

中国主持传播研究. 2025 / 强海峰主编. -- 北京：中国传媒大学出版社, 2025. 10. -- ISBN 978-7-5657-4061-9

Ⅰ. G222.2-55

中国国家版本馆 CIP 数据核字第 2025PZ8429 号

中国主持传播研究(2025)

ZHONGGUO ZHUCHI CHUANBO YANJIU(2025)

主　　编　强海峰
执行主编　卜晨光　薛　翔
策划编辑　张　笛　张　静
责任编辑　李　婷　张　嵘　高卓毓
特约编辑　蔡家玮
责任印制　秦　英
封面设计　拓美设计

出版发行　中国传媒大学出版社
社　　址　北京市朝阳区定福庄东街 1 号　　**邮　　编**　100024
电　　话　86-10-65450528　65450532　　**传　　真**　65779405
网　　址　http://cucp.cuc.edu.cn
经　　销　全国新华书店

印　　刷　唐山玺诚印务有限公司
开　　本　787mm×1092mm　1/16
印　　张　14.25
字　　数　255 千字
版　　次　2025 年 10 月第 1 版
印　　次　2025 年 10 月第 1 次印刷

书　　号　ISBN 978-7-5657-4061-9　　**定　　价**　68.00 元

本社法律顾问：北京嘉润律师事务所　郭建平